Hermanas
de la
resistencia

TILAR J. MAZZEO

hermanas
de la
resistencia

**Cómo una espía alemana, la esposa de un banquero
y la hija de Mussolini burlaron a los nazis**

AGUILAR

Hermanas de la resistencia
Cómo una espía alemana, la esposa de un banquero y la hija de Mussolini burlaron a los nazis

Título original: *Sisters in Resistance: How a German Spy, a Banker's Wife, and Mussolini's Daughter Outwitted the Nazis*

Primera edición: febrero, 2023

D. R. © 2022, Tilar J. Mazzeo

D. R. © 2023, derechos de edición mundiales en lengua castellana:
Penguin Random House Grupo Editorial, S. A. de C. V.
Blvd. Miguel de Cervantes Saavedra núm. 301, 1er piso,
colonia Granada, alcaldía Miguel Hidalgo, C. P. 11520,
Ciudad de México

penguinlibros.com

D. R. © 2022, Elena Preciado Gutiérrez, por la traducción

ISBN: 978-607-382-654-9

ÍNDICE

ELENCO
DE PERSONAJES

La familia Ciano-Mussolini

Edda Mussolini Ciano. Hija favorita del dictador italiano, **Benito Mussolini**, intentó chantajear a su padre y a Hitler para salvar la vida de su esposo, **Galeazzo Ciano**. Mientras huía de la Gestapo usó el seudónimo de **Emilia Santos**. Fue madre de tres niños pequeños durante la guerra: **Fabrizio, Raimonda** y **Marzio**. Su amante en esa época fue **Emilio Pucci**.

Galeazzo Ciano. Ministro de Relaciones Exteriores y yerno de Mussolini. Le repugnaban los secretos de Estado de la Alemania nazi y de la Italia fascista. Trató de organizar un golpe de Estado para sacar a Mussolini del poder y negociar una paz por separado con los Aliados. Su madre devota, **Carolina Pini Ciano**, desaprobaba a su esposa. Su cuñado **Massimo Magistrati** tenía un puesto diplomático en Suiza.

Benito Mussolini. Dictador fascista de Italia, inspiró al joven Hitler, pero a mediados de la Segunda Guerra Mundial descubrió que el Führer daba las órdenes. Mussolini titubeó al enfrentar la decisión de perdonar a su yerno o complacer a Hitler. Su esposa era **Rachele Mussolini**. Su amante era **Clara Petacci**. Envió a su hijo **Vittorio Mussolini** a atrapar a Edda de la forma que fuera necesaria.

Los otros italianos

Emilio Pucci. Experto esquiador y rico aristócrata, voló en la fuerza aérea italiana y asistió al Reed College, en Oregón. Fue uno de los jóvenes y atléticos amantes de **Edda Mussolini**. Se reencontraron durante la Segunda Guerra Mundial y, cuando las circunstancias lo requirieron, arriesgó su vida con valentía para proteger a Edda y los diarios de **Galeazzo Ciano**. Después de la guerra se volvió un famoso diseñador de moda.

Vittorio Emmanuele III. Rey de Italia relegado durante la dictadura de **Benito Mussolini**. Cuando tuvo la oportunidad de elegir, seleccionó al fascista **Pietro Badoglio** como su segundo primer ministro durante la guerra, lo cual precipitó la huida de la familia Ciano de Roma.

Zenone Benini. Amigo de **Galeazzo Ciano** de la juventud y beneficiario de su ascenso al poder, atestiguó de primera mano la detención de Galeazzo en Verona y su profundo amorío con la espía alemana **Hilde Beetz**. Zenone ayudó a la inteligencia estadounidense para contactar a **Edda Mussolini Ciano**.

Susanna Agnelli. Heredera, *socialite* y amiga incondicional de **Galeazzo Ciano** y **Edda Mussolini Ciano**. Estaba comprometida con el **príncipe Raimondo Lanza**, pero soñaba con ser médica. Con su madre mitad estadounidense, **Virginia Agnelli**, y sus hermanas, Maria Sole y Clara, jugó un rol importante en la carrera para ayudar a **Edda Mussolini Ciano** y salvar los diarios en Suiza.

Tonino Pessina. Con su esposa, **Nora Pessina**, y su amigo **Gerardo Gerardi**, intentó ayudar a sus viejos amigos Edda y Galeazzo con un gran costo personal.

Delia di Bagno. Amiga leal de **Edda Mussolini Ciano**. Edda y Delia fueron acusadas de compartir sus maridos una con la otra. Delia y su madre, la **condesa de Laurenzana**, se ofrecieron de manera valiente para ayudar a Edda y Galeazzo. Algunas fuentes sugieren que atrajeron a la célebre espía polaca-inglesa **Christine Granville** (Krystyna Skarbek) a su círculo de confianza.

Doctor Elvezio Melocchi. Con su hermano, el **doctor Walter Melocchi**, manejaba la clínica de descanso en Ramiola donde residieron **Edda Mussolini Ciano** y **Emilio Pucci**. Activos de la resistencia italiana como partisanos, ambos doctores accedieron a entregar los papeles de Galeazzo solo a alguien que conociera el código secreto.

Padre Guido Pancino. Sacerdote católico y confesor de la familia Mussolini. También trabajaba como espía para los alemanes, en la misma división que **Hilde Beetz**. Enviado a Suiza para intentar engañar a **Edda Mussolini Ciano**, descubrió que **Hilde Beetz** trabajaba como agente doble.

Mario Pellegrinotti. Carcelero compasivo en la prisión Scalzi en Verona, atestiguó de primera mano el profundo amorío de **Galeazzo Ciano** y **Hilde Beetz**.

Los alemanes

Hildegard Burkhardt Beetz. También conocida como **Hilde Beetz** o por su nombre en clave, Felicitas, era una brillante, hermosa y ambiciosa espía nazi. Su misión principal fue seducir al yerno de Mussolini: **Galeazzo Ciano**.

Joachim von Ribbentrop. Ministro de Relaciones Exteriores de Hitler y contraparte alemana de Ciano. Fue un notorio criminal de guerra, odiado incluso por los otros nazis. Vanidoso, cruel, pretencioso, detestaba a **Galeazzo Ciano** y estaba decidido a destruirlo. Dentro de la maquinaria nazi, había otros oficiales de alto rango que buscaban la oportunidad de aniquilarlo, entre ellos **Heinrich Himmler** y **Ernst Kaltenbrunner**.

Ernst Kaltenbrunner. Jefe de la Oficina Central de Seguridad de la Alemania nazi (la RSHA) y uno de los arquitectos del Holocausto. Fue un alto miembro del círculo cercano de Hitler y el "gran jefe" de **Hilde Beetz** en operaciones de inteligencia. **Joachim von Ribbentrop** lo odiaba.

Wilhelm Harster. General nazi, criminal de guerra y director de operaciones de inteligencia alemanas (la SD) en el sector de **Hilde Beetz** durante el juicio de **Galeazzo Ciano**. Después fue el superior inmediato de Hilde en Verona. Su oficial de enlace de confianza era **Walter Segna**.

Eugen Dollman. Hombre de las SS, leal a **Heinrich Himmler**, manejaba un llamativo Mercedes, tenía un perro de ataque llamado Kuno y era favorito de la *socialite* aristocrática italiana, que no dudó en pedirle favores especiales. Entre sus amigas estaban **Virginia Agnelli** y **Edda Mussolini Ciano**, ambas acudieron a él por ayuda cuando vieron que su vida y las de sus familias estaban en riesgo. Su superior en Roma, **Herbert Kappler**, ayudó a organizar la huida de la familia Ciano a Alemania.

Wilhelm Höttl. Contraparte de **Herbert Kappler** en Múnich, trabajó con la inteligencia alemana y ayudó a organizar el escape de la familia Ciano desde el lado alemán y su arresto domiciliario sorpresa en Baviera. Ahí envió a una joven secretaria y traductora, llamada **Hilde Beetz**, a su primera misión de espía: ganar la confianza de **Galeazzo Ciano**. Höttl no sería el primero ni último supervisor de Hilde que se enamoraría de la joven y hermosa agente.

Los estadounidenses y otros

Frances de Chollet. *Socialite* y madre estadounidense, casada con el banquero y aristócrata **Louis de Chollet**. Cuando vivió en Suiza, fue la anfitriona de la "casa de los espías", donde la inteligencia y comandos militares aliados se mezclaban con refugiados bien posicionados y contactos extranjeros bajo la apariencia de estridentes fiestas en casa. Frances pronto llegó al mundo del espionaje como agente *amateur* gracias a su colega estadounidense **Allen Dulles**, quien le encargó persuadir a **Edda Mussolini Ciano** de entregar los diarios de su esposo a los Aliados.

Allen Dulles. Pionero del espionaje estadounidense enviado a Berna para dirigir la rama suiza de la Oficina de Servicios Estratégicos (OSS), antecesora de la Agencia Central de Inteligencia (CIA). Los espías de carrera **Cordelia Dodson** y **Tracy Barnes** fueron operativos afiliados a su oficina y asignados a la misión de **Edda Mussolini Ciano**. Debido a la falta de agentes profesionales durante la Segunda Guerra Mundial, también recurrió a ciudadanos estadounidenses en Suiza, pidiendo a hombres y mujeres como **Frances de Chollet** servir a su país y a la causa antifascista con misiones extraordinarias.

Werner Balsiger. Oficial de alto rango de la policía suiza no del todo neutral. Fue invitado frecuente en la casa de los espías y asistió a los Aliados en asuntos sensibles. **Frances de Chollet** lo consideraba amigo de confianza (a él y a su esposa).

Paul Ghali. Corresponsal del *Chicago Daily News*. Estuvo entre los trabajadores informales de **Allen Dulles** como parte de la inteligencia aliada en Suiza. Entró en la cacería de los Diarios de Ciano para asegurarle a Edda que había una editorial dispuesta a ofrecer una oportunidad financiera. Trabajó de manera directa con **Frances de Chollet**.

EL INFIERNO

A la mitad del viaje de nuestra vida,
me encontré en una selva oscura
por haberme apartado del camino recto.
¡Ah! Cuán penoso me sería decir lo salvaje,
áspera y espesa que era esta selva,
cuyo recuerdo renueva mi temor;
temor tan triste, que la muerte no lo es tanto.
Pero antes de hablar del bien que allí encontré,
revelaré las demás cosas que he visto.

DANTE, *El infierno*, I

Este es un libro sobre la crisis moral, sobre un grupo de personas (y un grupo de naciones) perdidas en la oscuridad.

Llevo varios años escribiendo historias sobre mujeres, resistencia, guerra y, a veces, he escrito libros sobre personas inspiradoras, como la heroína polaca Irena Sendler o la partisana franco-estadounidense Blanche Rubenstein Auzello, quienes vieron el camino de la justicia con una claridad cegadora y simplemente actuaron. Esta no es esa historia y, salvo la esposa del banquero (una *socialite* con un matrimonio fallido que encontró a la mitad de su vida algo tan importante que nada de lo que vino después importó), estas no son esas personas.

Pero es una historia de valentía. Esta es la historia de cómo personas que se dieron cuenta de que estaban en el camino equivocado a la mitad de su vida encontraron el coraje para cambiar y luchar contra la oscuridad y las consecuencias que siguieron.

Una espía nazi. La hija de Mussolini. Un diplomático fascista. En el corazón de la historia está el yerno de Mussolini, un hombre con fallas, mujeriego y ministro de Relaciones Exteriores de Italia, que encontró la fortaleza de repudiar el fascismo e intimidar con la mirada a sus verdugos. También es la historia sobre sus sinceros diarios durante la guerra y los hombres y, en especial, mujeres que arriesgaron su vida y sus familias para preservar la verdad de los crímenes registrados en esos papeles.

Sus cuadernos, conocidos en la historia como los Diarios de Ciano, se escribieron durante su época como el segundo al mando de Benito Mussolini y parte del círculo interno de Hitler. Se consideran el "documento político individual más importante que existe sobre las relaciones exteriores italianas recientes"[1] y registran un viaje tan salvaje y enredado que incluso él se horrorizó. Galeazzo Ciano, a pesar de todos sus pecados, actuó, aunque tarde, a partir de ese autoconocimiento en medio de la guerra. También lo hicieron las mujeres que salvaron una parte de los documentos de la destrucción nazi. Los manuscritos que preservaron funcionaron después de la Segunda Guerra Mundial como evidencia crucial en Núremberg y siguen siendo uno de los registros históricos más significativos del Tercer Reich y las intenciones de sus líderes.

Estos fueron hombres y mujeres que, en su mayoría, desafiaron categorías claras y polarizadoras. Cuando se escribe del periodo de 1939 a 1945 hay una gran tentación de hablar del bien contra el mal, de categorías de blanco y negro, claridad y oscuridad moral. El problema de gran parte de la historia, incluyendo la historia del corazón humano, es que se da en escala de grises y entre las sombras. Debes andar con cuidado aquí. ¿Cómo cuentas la historia de la valentía de una espía nazi o de la hija de un dictador sin convertirla en heroína, sin deshonrar a los seis millones que

---

[1] Lorie Charlesworth y Michael Salter, "Ensuring the After-Life of the Ciano Diaries: Allen Dulles' Provision of Nuremberg Trial Evidence", *Intelligence and National Security*, 21, núm. 4 (2006): 568-603.

atacó el fascismo o a los cuarenta millones de civiles que fallecieron? ¿Qué significa, al escribir de fascismo y nazismo, ser, como Dante imaginó en su descenso al infierno, fiel a las cosas buenas, así como a los horrores? ¿A los momentos en que esos culpables de crímenes y pecados graves escogen un camino diferente?

Este no es un libro que pide perdón para ellos. El perdón pertenece solo a sus víctimas. Pero este libro sí nos pide considerar el drama honesto y esencial de cómo las personas (y las naciones, diría Galeazzo Ciano) pueden reconocer y repudiar sus errores y tratar de enmendarlos. La carrera para salvar los Diarios de Ciano es, en gran medida, la historia de una sorprendente misión de rescate, digna de cualquier *thriller* de espías, pero también es la historia de cómo estos hombres y mujeres, al intentar guarecer un conjunto de papeles que documentaban crímenes que pedían justicia, se rescataron como seres humanos.

PRÓLOGO

LA ESPÍA ALEMANA
Y LA HIJA DE MUSSOLINI

31 de agosto de 1939-5 de febrero de 1943

¿Dónde está Ciano? Ya habían retirado los alimentos. Todos esperaban a Galeazzo Ciano. Los invitados tomaban sus bebidas con lentitud después de la cena. En aquella última noche de agosto de 1939, el aire estaba caliente incluso a esas horas, como siempre, en Roma, a finales del verano.

Pero la ciudad más allá de los muros era irreconocible. El café estaba racionado desde la primavera. Los obreros hacían una pausa para tomar un *caffè corretto*, una bebida de achicoria "corregida" con *grappa*. Amas de casa irritadas callaban palabras equivalentes a *insurrección*[1] mientras esperaban en largas filas fuera de las tiendas, solo para descubrir que no había carne o mantequilla. Los automóviles privados estaban prohibidos y una bicicleta chirriante que pasaba por una calle vacía en la noche atraía a los vecinos curiosos a mirar por las ventanas oscuras. Había ansias flotando en el aire. Esa noche, en el salón, los empresarios sabían que sus secretarias guardaban máscaras de gas en los cajones, con su polvera y labiales. En privado, la gente murmuraba que la verdadera escasez todavía no llegaba.

A lo largo de Roma, todos excepto los más afortunados sentían el amargor de la austeridad. Aunque en las grandes casas de los ricos

---

[1] Paul Corner, *The Fascist Party and Popular Opinion in Mussolini's Italy* (Oxford, RU: Oxford University Press, 2012), 240, *passim*.

y bien posicionados como esta, con acceso a los salones de poder, solo el humor había cambiado de manera sustancial. Los invitados estaban melancólicos e inquietos y nada más pensaban en una cosa: Ciano.

Todos en Italia conocían a Ciano.

El conde Gian Galeazzo Ciano (vanidoso, superficial, ingenuo, con el brilloso cabello negro relamido hacia atrás y ropa elegante) era el segundo hombre más poderoso en la Italia fascista. Era el yerno de Benito Mussolini, así como su aparente heredero, y mientras la nación estaba al borde del precipicio de la guerra esa noche, Galeazzo Ciano también era el hombre responsable de las vacilantes Relaciones Exteriores: el ministro a cargo.

Una sola pregunta mantenía a Italia sin aliento: ¿habría una guerra en la mañana? Ciano se los diría.

Solo Benito Mussolini tenía más poder y él no quería una guerra (o eso era lo que decía). Había apoyado al Tercer Reich de Hitler y ahora, a menos que los Aliados no movieran un pelo, Italia se arriesgaba a ser arrastrada por los alemanes a un conflicto que Mussolini sabía que los italianos no querían y que su ejército no podía manejar. Pero Mussolini era optimista. Los Aliados fanfarronearían y gemirían. Al final *no* harían nada. No habían hecho nada cuando Hitler tomó el control de Austria, después de Checoslovaquia. No pelearían ahora por Polonia.

Galeazzo Ciano no estaba tan seguro. De hecho, tenía muchas dudas tanto de la guerra como del Tercer Reich.

Desde principios de año Galeazzo tenía un diario. Los puntos de vista sin censura e indiscretos que registró en esas páginas no dejaban bien parados a su suegro ni a los alemanes. En particular, odiaba a su contraparte alemana, el ministro de Relaciones

Exteriores de Hitler, Joachim von Ribbentrop, un hombre delgado y cruel con ojos inquietantemente pálidos, cuyo deseo de poder y servilismo político habían provocado el desprecio de casi todos los que lo conocían. El diplomático estadounidense Summer Welles remarcó de manera no tan diplomática que "la ostentación y absurdez de su comportamiento no se puede exagerar".[2] Una contraparte alemana señaló que "no se puede hablar con Ribbentrop, solo se escucha a sí mismo".[3] Otro lo describió como "una cáscara sin relleno". Era el tipo de hombre que planeaba una venganza solo porque el nombre de otro desafortunado teniente se mencionaba primero que el suyo en algún documento burocrático. Muchos en el círculo interno de Hitler deseaban verlo tropezar. Su caída del poder sería bien recibida. En las páginas del diario, Galeazzo resumió a Ribbentrop en dos simples palabras: "sinvergüenza repugnante".[4]

Ribbentrop, por su parte, odiaba a Galeazzo Ciano. Detestaba los modales aristócratas casuales del conde y su descarado amor por la lengua inglesa. Odiaba que Galeazzo no fingiera deferencia y cómo de manera impertinente cuestionaba la sabiduría del Führer. Cuando llegó el momento de la venganza (y sí, amaba la venganza), Joachim von Ribbentrop disfrutó mucho destruir al ministro italiano de Relaciones Exteriores.

Ribbentrop era un tonto y un adulador ante los ojos de Galeazzo, quien tampoco tenía expectativas sobre Hitler para el verano de 1939. Apenas unas semanas antes se había reunido con el Führer y, al regresar, le confió de manera peligrosa a su diario: "Estoy harto de los alemanes. Con su líder [...] nos están arrastrando a una aventura que no queremos [...] no sé si desearle una victoria a Italia o una derrota a Alemania [...] no dudo en provocar

---

[2] *The Ribbentrop Memoirs*, ed. Alan Bullock, trad. de Oliver Watson (Londres: Weidenfeld and Nicolson, 1954), XV.

[3] *Ibid.*, X.

[4] *Ciano Diaries, 1939-1943: The Complete, Unabridged Diaries of Count Galeazzo Ciano, Italian Minister of Foreign Affairs*, ed. Hugh Gibson (Nueva York: Doubleday, 1945), 164.

[en Mussolini] todas las reacciones antialemanas posibles […]
son traidores y no debemos tener escrúpulos para deshacernos de
ellos. Pero Mussolini todavía tiene muchos escrúpulos".[5]

Mussolini era ambiguo. En un momento se llenaba la boca hablando de guerra y honor y se veía determinado a probar a Hitler que
estaba ansioso de una expansión imperial como los alemanes. Los
italianos eran herederos del Imperio romano. Soñaba con un retorno
a la grandeza arrolladora. Pero al momento siguiente la realidad
caía sobre él. Italia no estaba preparada para este tipo de guerra
y criticaba la presión que los nazis le ejercían. Todo aquel día Galeazzo trabajó de manera frenética tras bambalinas para advertir el
desastre y prevenir el conflicto que estaba por explotar en Europa.
Negociar un acuerdo de último momento para una conferencia de paz
con los británicos tomó toda la tarde. No habría resuelto nada, pero
les habría dado algo de tiempo para navegar. Para cuando llevaron
a Mussolini a bordo, Galeazzo ya iba horas tarde para su cena.
    Cuando por fin cruzó la puerta del salón, rostros impacientes
voltearon hacia él, y Galeazzo Ciano sonrió radiante. Era un
hombre de espectáculo. Este era su escenario. Podían dormir tranquilos, aseguró riendo a los invitados, seguro de sí: "Descansen
su mente […] Francia e Inglaterra aceptaron las propuestas del
Duce".[6] Los británicos no habían hecho nada después de todo.
Por supuesto. *Apaciguamiento* era otra vez la palabra del momento.
No habría guerra esa noche. Los invitados soltaron una risita y
rellenaron sus copas antes de retirarse a sus habitaciones.
    Por un breve instante esa noche, Galeazzo estaba tan aliviado
como cualquier otra persona. No duró. A medianoche la paz se

---

[5] *Ibid.*, 153.
    [6] Iris Origo, *A Chill in the Air: An Italian War Diary, 1939-1940* (Nueva York: New York
Review Books, 2018), citado en Alexander Stille, "A Chill in the Air" (reseña de libro),
The New York Times, 21 de septiembre de 2018.

venía abajo de nuevo. Galeazzo estaba de vuelta en un automóvil del ministerio, el conductor uniformado de manera elegante se desviaba por las estrechas calles de Roma hacia una oficina con vista a la histórica Piazza Colonna. Alguien pasó un pedazo de papel a Galeazzo. Hubo rápidos pasos en el corredor. La noticia se filtraba a través de los cables diplomáticos. Hitler no estaba teniendo una conferencia de paz. Los titulares de los periódicos en Berlín ya estaban en las imprentas, anunciando la invasión alemana a Polonia. Al amanecer llegó la noticia de que Polonia estaba cayendo. Galeazzo sabía lo que significaba. Mussolini no se uniría a los Aliados. Su amistad con Hitler evitaría que Italia levantara las armas contra Alemania. Pero tal vez podían persuadir a Mussolini de permanecer al margen. En la tragedia que se avecinaba, la única esperanza era que de algún modo Italia se mantuviera neutral.

Durante casi un año, hasta junio de 1940, Galeazzo Ciano y sus aliados en Roma habían conseguido esa hazaña. Hitler sabía a la perfección a quién culpar por el estancamiento en Roma. Más adelante diría de Galeazzo Ciano: "No entiendo cómo Mussolini puede estar en guerra con un ministro de Relaciones Exteriores que no la quiere y que tiene diarios en los que dice cosas horribles e injuriosas sobre el nazismo y sus líderes". Esos diarios ya molestaban a Hitler con bastante fuerza.

Al final, Mussolini no pudo ser templado. Era al mismo tiempo muy débil y orgulloso. La agresividad estaba muy arraigada en su carácter. A los diez años lo habían expulsado de la escuela por apuñalar con violencia a un compañero de clase. A los veinte había apuñalado a una novia. A los treinta era fundador del Partido Fascista italiano, que ascendió al poder con la simple estrategia de asesinar de manera sistemática a miles de oponentes políticos para que no quedara nadie que se opusiera a él. A los cuarenta Benito Mussolini había peleado el poder con el rey de Italia a través de la fuerza de un culto a la personalidad [...] un acto que inspiró a un joven y sorprendido Adolf Hitler[7] a intentar algo similar en Alemania: el Putsch de la Cervecería. Después de uno o dos años, para 1925, desechó cualquier pretensión y gobernó como un dictador fascista, montado en una ola de apoyo populista, animado por invectivas, con una retórica arrogante y fanfarrona de nacionalismo y nostalgia que regocijaba a sus seguidores y aterrorizaba a sus críticos.

El machismo estaba en el centro del reclamo de poder de Mussolini. En el mundo que Mussolini había creado, los "verdaderos hombres" no se echaban para atrás en una pelea y los "verdaderos italianos", herederos del Imperio romano que había conquistado el mundo, no cedían ante nadie. Esto creó un dilema político que era claro para él: "Los italianos que han escuchado mi propaganda proguerra durante dieciocho años [...][8] no entienden cómo puedo ser un heraldo de la paz, ahora que Europa está en llamas [...] salvo la milicia sin preparación del país [del que] soy responsable".

Galeazzo Ciano peleó de cada forma que sabía para evitar que Italia entrara en la Segunda Guerra Mundial del lado de los alemanes. Desde el retrovisor del siglo XXI, incluso podríamos pensar que fue valiente. Pero sería muy forzado decir que Galeazzo Ciano fue un tipo de héroe. Él perseguía otras guerras, contra algunos menos equipados que Francia y Gran Bretaña; con pocos escrúpulos, era culpable, como su suegro, de jugar un rol en la ejecución extraoficial de oponentes políticos; se enriqueció en la oficina, mientras Italia moría de hambre; sus políticas, incluso si eran antialemanas

[7] Adaam James Levin-Areddy, "Thirteen Facts About Benito Mussolini", *Mental Floss* (revista electrónica), 1.º de noviembre de 2018.

[8] Ray Moseley, *Mussolini's Shadow: The Double Life of Count Galeazzo Ciano* (New Haven, CT: Yale University Press, 2000), 89.

o antinazistas, no eran antifascistas. Era, como la mayoría de sus contemporáneos cuentan, frívolo, indiscreto con sus chismes y muy mujeriego. Joseph Kennedy, el entonces embajador de Estados Unidos en Roma, señaló en 1938: "Nunca he conocido a alguien tan pretencioso, egoísta y estúpido como él.[9] Pasa la mayor parte del tiempo hablando de mujeres y no mantiene una conversación seria con nadie por miedo a perder de vista a las dos o tres chicas que persigue. Me fui con la convicción de que habríamos obtenido más de él si hubiéramos enviado una docena de chicas lindas en vez de un grupo de diplomáticos". Los estadounidenses no fueron los únicos que llegaron a esa conclusión. La debilidad de Galeazzo Ciano por mujeres atractivas también había llamado la atención de los alemanes.

Sería aún más forzado llamar a la esposa de Galeazzo Ciano, Edda, una heroína en esta historia, aunque es claro que el libro se trata de ella y el sorprendente valor, inteligencia y determinación que demostró en lo que estaba por venir.

Todos los italianos también conocían a Edda en 1939. La conocían, al menos por los dieciocho años que llevaba Mussolini en el poder, primero como la hija mayor y favorita del gobernante autocrático de Italia y como un pequeño demonio y, después, tras el célebre matrimonio con Ciano en 1939, como la glamurosa y llamativa condesa de Ciano. Edda tenía veintiocho años en la víspera de la guerra (el 1.º de septiembre de 1939 cumpliría veintinueve, si la suerte lo permitía), su reputación no era admirable y los diplomáticos alrededor del mundo también tenían un ojo sobre ella.

Aquella primavera, el embajador británico en Roma, sir Percy Loraine, reportó al primer ministro Neville Chamberlain que

---

[9] *Ibid.*, 58.

Edda "se ha convertido en ninfómana y una neblina de alcohol la lleva a una sórdida promiscuidad sexual".[10] Bebía mucho gin y jugaba mal grandes apuestas en el póker. Mientras Galeazzo hablaba con acento nasal agudo y no paraba de contar su pasión por la cerámica antigua[11] (difícilmente la idea de machismo de Mussolini), Edda vestía escandalosos pantalones de hombre, fumaba, usaba maquillaje y manejaba un automóvil deportivo mientras su esposo iba a un lado como pasajero. Mientras Galeazzo llevaba a la cama en modo ámalas-y-luego-déjalas a muchas mujeres aristócratas que la gente en Roma llamaba "las viudas de Ciano", los gustos de cama de Edda eran jóvenes atléticos y bien formados, como el marqués Emilio Pucci, un esquiador olímpico de veinticuatro años apasionado por conducir autos de carrera (y años después, renovado, diseñador de moda). Nadie está seguro de cuándo empezó su amorío. Es probable que comenzara en algún momento de 1934 en las pistas de esquí de Cortina. En 1939 Emilio Pucci estaba de vuelta en Roma y veía a Edda, pero nadie suponía que fuera su único amante.

    ¿Por qué los diplomáticos extranjeros estaban tan interesados en la vida disoluta de la esposa del ministro italiano de Relaciones Exteriores e hija de Mussolini? Simple: la influencia en su padre. Mussolini adoraba a su hija mayor y, a diferencia de su esposo, Edda era una entusiasta proguerra y proalemana. Después, en el momento crucial de la primavera de 1940, en víspera de la invasión de Bélgica y Holanda, Galeazzo escribiría en su diario:

> Vi [a Mussolini] muchas veces y, ¡qué pena!, descubrí que su idea de ir a la guerra crecía más y más. Edda también había estado en el Palazzo Venezia y, apasionada como es, le dijo a su padre que el país quiere guerra y que continuar nuestra actitud de neutralidad sería deshonroso para Italia. Esos son los discursos que Mussolini quiere escuchar, los únicos que toma en serio…

---

[10] Edda Mussolini Ciano, *My Truth* (Nueva York: Morrow, 1977), 86.
[11] Moseley, *Mussolini's Shadow…*, 10.

Edda viene a verme y habla sobre una intervención inmediata, sobre la necesidad de pelear, el honor y el deshonor. Yo escucho con cortesía impersonal. Es una pena que ella, siendo tan inteligente, también se niegue a razonar.[12]

Al final, Italia entró a la guerra en junio de 1940 y arrojó su suerte con la Alemania de Hitler. Galeazzo Ciano vio que eso solo podía terminar en desastre. Edda reconocía que era una apuesta. Pero le emocionaba, al igual que a su padre, la demostración de audacia. El peligro vigorizaba a Edda. Además, a finales de la primavera de 1940 tanto a Edda como a su padre les parecía que Italia había apostado sus fichas a un ganador seguro: Hitler.

Fue la primera apuesta atrevida de Edda durante la guerra. Solo cuando ya era demasiado tarde llegó a entender que los riesgos eran mayores de lo que había imaginado y que confiar en Hitler fue un error.

Que Alemania perdiera la Segunda Guerra Mundial no era obvio. De hecho, en los siguientes dos años y medio parecía que Edda Ciano y Benito Mussolini estaban en lo correcto, al menos en equilibrio. Los imperios alemán e italiano se expandían de manera constante. A finales de 1942 Mussolini controlaba grandes territorios del este Adriático, el norte de África y el Mediterráneo, incluyendo áreas tomadas de su vecina Francia cuando cayó ante el Eje en 1940. El Tercer Reich de Hitler había alcanzado su máxima expansión de la guerra en 1942 y abarcaba desde el este de Europa hasta Noruega y París. La Europa continental, salvo la llamada Francia Libre, estaba dividida entre tres dictadores: Hitler, Mussolini y Franco (en la península ibérica).

Pero Galeazzo Ciano vio el cambio de marea. Había visto en 1939 que unirse a Hitler solo traería desgracia y derrota al reino

---

[12] *Ciano Diaries…*, 278.

de Italia. El año de 1942 no fue fácil para los poderes del Eje. Estados Unidos había entrado a la guerra y hubo contratiempos y frustraciones para Hitler. Galeazzo seguía convencido de que Mussolini llevaba a la nación al desastre, pero ahora solo confiaba sus preocupaciones en los diarios. Sabía que no debía decir lo que pensaba de manera abierta o con mucha frecuencia. Fue testigo del destino de otro prominente escéptico de la guerra, Pietro Badoglio.

Galeazzo y Pietro Badoglio fueron rivales por más de una década, peleaban por poder e influencia y ninguno era incapaz de apuñalar por la espalda al otro. No se odiaban con la misma intensidad apasionada que Galeazzo reservaba para el ministro alemán de Relaciones Exteriores, Joachim von Ribbentrop, pero había mucho antagonismo. Galeazzo usó el poder de la policía secreta para amasar una gran cantidad de información vergonzosa y comprometedora sobre Pietro Badoglio. Badoglio lo sabía. Un día, esa sería una deuda que también saldaría.

Pero ambos estaban de acuerdo en una cosa: Mussolini estaba dando órdenes militares tontas y peleando una guerra que no se podía ganar y que no valía la pena. Badoglio, imprudentemente, compartió ese punto de vista con Mussolini un poco más de lo debido y pasó parte de la guerra en arresto domiciliario en su lujosa villa a las afueras de Roma, despojado de sus mandos militares y con un poodle mimado como compañía. Galeazzo registraba sus pensamientos de forma privada y tenía cuidado de poner bajo llave sus papeles cada noche antes de dejar la oficina. Lo mejor: quedarse callado.

Pero en sus memorias privadas era implacable. Como ministro de Relaciones Exteriores, tenía asiento en primera fila en la tragedia en desarrollo de Italia y mantenía una visión clara de los puntos débiles tanto de sus contrapartes alemanas como de su suegro. Estaba al tanto de secretos de Estado. Sus escritos plasmaban a los nazis en toda su brutal malevolencia.

Hermann Göring aparece en las páginas de Galeazzo Ciano como un niño patético, desesperado por elogios y adornos, pero el único nazi con un toque de vulnerabilidad. "[Él] vestía un gran abrigo de marta[13] —escribió Galeazzo sobre Göring en febrero de 1942—, algo entre lo que usaban los conductores en 1906 y lo que usan las prostitutas de clase en la ópera. Si cualquiera de nosotros probara algo como eso sería apedreado en la calle. Él, por el contrario, no solo es aceptado en Alemania, incluso es amado por eso. Eso es porque tiene una pizca de humanidad." Hitler, descrito no solo como un abusón sino como un fanfarrón tedioso, es reprendido por dar discursos interminables y autocomplacientes que aburrían a todos. "Hitler habla, habla, habla, habla",[14] Galeazzo confesó ese abril, anotando de manera irónica: "Mussolini lo sufre, él, que tiene el hábito de hablar él mismo, y en cambio, se debe mantener en silencio [...] los alemanes. Pobre gente. Tienen que aguantarlo todos los días". El archienemigo de Ciano, Joachim von Ribbentrop, lloriqueando, apuñalando por la espalda, estrechando la mano sin querer hacerlo, aparece como un hombre que deja en ridículo a Hitler. Pero es Mussolini quien aparece con la luz menos favorable: un dictador títere, con miedo de imponerse a ese hombre más joven que una vez lo vio como héroe y que ahora lo trata como un peón en un gran juego de política... y como un peón desechable.

En los diarios, Galeazzo registró con detalle las riñas políticas en el círculo interno del Tercer Reich, mientras Himmler, Goebbels, Göring y Ribbentrop competían entre ellos por poder e influencia con Hitler, así como la incesante búsqueda de guerra solo por dominación y saqueo. En las manos de cualquiera de esos nazis, el diario de Ciano tenía todo el poder de un arma. Tenía el poder de acertar un golpe mortal contra Mussolini en los ojos del Führer.

Galeazzo Ciano, garabateando, no se daba cuenta del peligro. Tampoco era discreto. Era un chismoso habitual, incapaz de mantener un secreto, en especial a una mujer bonita. Hablaba

---

[13] *Ibid.*, 443.
[14] *Ibid.*, 478.

de sus diarios sin preocupación con todos, desde diplomáticos extranjeros hasta su suegro. Incluso cuando las tensiones entre Italia y Alemania crecieron, él siguió escribiendo.

En la víspera de Año Nuevo de 1942, Hitler reconoció ante las fuerzas armadas alemanas que había sido un año difícil y que todavía había desafíos por delante. Galeazzo escribió: "Hitler se ve cansado. Los meses de invierno en Rusia le han pesado. Por primera vez le veo cabellos grises".[15] Hitler estaba cansado, pero también estaba "fuerte, determinado y parlanchín".[16] "El año de 1943 tal vez sea duro, pero seguro no más duro que el que acaba de pasar",[17] Hitler admitió a las tropas mientras con seguridad predecía una victoria del Eje en el horizonte.

Un paso en ese renovado impulso hacia la victoria fue la reorganización en el servicio de seguridad alemán a finales de 1942. La estructura organizacional del régimen nazi era muy compleja, pero, para ponerlo simple, la *Reichssicherheitshauptamt* o RSHA era la principal Oficina de Seguridad alemana. Heinrich Himmler la dirigió tras el asesinato de Reinhard Heydrich en junio. El dirigente de la RSHA supervisaba las operaciones de dos subagencias, la *Sicherheitsdienst* (SD) y la Gestapo. El rol de la SD era descubrir enemigos del Tercer Reich. El rol de la Gestapo, "responsable del cumplimiento" de la Alemania nazi, era arrestar e interrogar a esos enemigos y sus tácticas por lo general incluían tortura.

A finales de 1942 Himmler fue promovido a ministro del Interior y director de las fuerzas policiales del Estado alemán. Entonces delegó la dirección de la RSHA a un abogado austriaco convertido en hombre de las SS llamado Ernst Kaltenbrunner.

---

[15] *Idem.*

[16] *Idem.*

[17] "Hitler Still Predicting Axis Victory", *Schenectady Gazette*, 1.º de enero de 1943, 13.

En enero de 1943 Kaltenbrunner, por su parte, promovió a una joven futura espía que, en una evaluación posterior de la inteligencia estadounidense, resultaría ser "una operadora sorprendente de la RSHA durante la guerra".[18] Esta joven agente, ascendida al puesto de directora ejecutiva de Inteligencia Exterior en Roma, una división conocida como la Amt VI (Oficina seis), pronto recibiría el encargo especial de tratar el tema de Galeazzo Ciano para los alemanes. El nombre de esta espía alemana era Hildegard Burkhardt. En enero de 1943 tenía veintitrés años. En la historia de la Segunda Guerra Mundial sería más conocida por su nombre de casada: Hilde Beetz (aquella primavera contrajo matrimonio con un oficial alemán de alto rango llamado Gerhard Beetz). Era excepcionalmente brillante y tenía la ventaja de una belleza más allá de lo común. De acuerdo con documentos gubernamentales, tenía ojos azules, cabello rubio oscuro y medía 1.63 metros de altura. A diferencia de muchas chicas alemanas en la década de 1930, Hilde tenía una buena educación. En secundaria en su nativa Weimar, donde solo un puñado de chicas estudió, sobresalió en especial en idiomas. Hablaba italiano de manera fluida, un excelente inglés y, por su puesto, alemán. Era miembro del Partido Nazi.

Hilde se había unido a los servicios de inteligencia dos años antes, primero como empleada de correo y después como traductora. Ascendió con rapidez al puesto de secretaria ejecutiva para un hombre llamado Helmut Löss, asistente especial para el agregado de la policía en Roma. Su oficina era parte de una sección enfocada en espionaje en el Vaticano, donde un número de sacerdotes católicos (incluido el padre Guido Pancino, que resultó ser el confesor de Edda Ciano y su padre) estaban colocados como parte de la red alemana de informantes de la SD. La oficina de Hilde intervino las líneas telefónicas dentro y fuera del estado papal.[19]

---

[18] "Agent Security-Gambit", 8 de noviembre de 1946, Registros de la Agencia Central de Inteligencia, 608/MG-309 (Hildegard Beetz).

[19] Katrin Paehler, *The Third Reich's Intelligence Services: The Career of Walter Schellenberg* (Cambridge, RU: Cambridge University Press, 2017), 74.

Helmut Löss tenía la reputación de ser un excelente director de agentes[20] y fue el primero en reconocer que Hilde, con su rostro inocente y aguda inteligencia, sería una increíble espía. En su recomendación, el "gran jefe", Ernst Kaltenbrunner, hizo la transición de Hilde a oficial de trabajo de inteligencia,[21] asignándole la responsabilidad de organizar todos los archivos secretos entrantes y salientes en la oficina de inteligencia exterior en Roma, justo mientras las preocupaciones de los alemanes sobre Galeazzo Ciano se volvían más serias.

Las primeras sospechas de que Galeazzo Ciano se volvía un problema llegaron al escritorio de Hilde como directora ejecutiva de la Amt VI en Roma de manera casi inmediata en su nuevo puesto. La gente dice que el ministro italiano de Relaciones Exteriores estaba rechazando hacer el saludo fascista a los oficiales alemanes.[22] Hay rumores no confirmados desde el otoño de 1942 sobre un plan interno para derrocar a Mussolini en el que Galeazzo Ciano está metido. Los reportes ahora eran más sustanciales: agentes escuchaban que Galeazzo trabajaba tras bambalinas con una coalición dentro del Partido Fascista italiano para derrocar a su suegro y reemplazarlo con un líder nuevo, uno que buscaría la paz con los Aliados.

El telegrama que hizo estallar todo llegó a la oficina de Hilde en la última semana de enero o en los primeros días de febrero. Contenía inteligencia de alto secreto interceptada en canales de comunicación estadounidenses y confirmaba las sospechas sobre Galeazzo Ciano. El mensaje interceptado lo escribió un jovial diplomático de

---

[20] *Idem.*

[21] "Hildegard Beetz", Registros de la Agencia Central de Inteligencia, nota 71.

[22] Enrico Caviglia, *I Dittatori, le Guerre e il Piccolo Re: Diario 1925-1945* (Milán, Italia: Ugo Mursia Editore, 2009), 408-409, 420-422; Alberto Pirelli, *Taccuini, 1922/1943*, ed. Donato Barbone (Bologna, Italia: Il Mulino, 1984), 372.

mediana edad llamado Allen Dulles, que había llegado a Suiza a principios de noviembre de 1942, asentado a las afueras de Berna. Sólido republicano con una exitosa carrera legal y una fallida campaña para el congreso,[23] Allen Dulles al parecer trabajaba como asistente especial del embajador estadounidense, aunque los periódicos suizos pronto reportaron que actuaba como agente personal del presidente Roosevelt en el país. Nada de eso era verdad. De hecho, Allen Dulles trabajaba de encubierto como director de la recién creada Oficina Estadounidense de Servicios Estratégicos (OSS), precursora de la actual Agencia Central de Inteligencia (CIA), dirigida desde un departamento a nivel de calle rentado en un pintoresco vecindario medieval en Berna.

Los alemanes no descubrirían la existencia de la OSS sino hasta 1944,[24] pero sabían suficiente para ser precavidos con esta nueva llegada. Dulles rebosaba autoridad y entre su relevancia y los rumores que recorrían Berna, los alemanes lo etiquetaron como un hombre del gobierno que valía la pena observar para ver sus movimientos y comunicaciones. La vigilancia pagó rápidos dividendos. En enero de 1943 los alemanes descifraron el código transatlántico de Dulles. Catastróficamente pasarían meses antes de que Dulles se diera cuenta de que los nazis leían todas sus comunicaciones de alto secreto a Washington. Para entonces, era demasiado tarde para Galeazzo Ciano. Allen Dulles se preguntaría después, cuando descubrió que descifraron su código, hasta qué punto él era culpable, para bien o para mal, de lo que pasó después.

---

[23] Greg Bradsher, "A Time to Act: The Beginning of the Fritz Kolbe Story, 1900-1943", *Prologue Magazine* 34, núm. 1, pt. 3 (primavera de 2002), Archivos Nacionales de Estados Unidos.

[24] Bradsher, "A Time to Act..."; también Wilhelm Höttl, *The Secret Front: The Story of Nazi Political Espionage* (Nueva York: Frederick A. Praeger, 1954), 268.

El telegrama interceptado era una comunicación secreta al Departamento de Estado con la confirmación de evidencia:[25] un grupo de activistas antialemanes cercanos a Mussolini sí apoyaba un golpe de Estado. Podrían entregar la Armada y Marina italianas a los Aliados. Galeazzo Ciano, su rival exiliado Pietro Badoglio,[26] un hombre llamado Dino Grandi y un número de prominentes líderes militares que estaban en contra de la guerra, todos supuestamente planeaban la destitución de Mussolini del poder y sacar a Italia del conflicto. De hecho, Galeazzo estuvo en contacto secreto con los estadounidenses desde 1941,[27] después de la entrada de Italia a la guerra, proponiendo a los Aliados "el derrocamiento del Duce y una paz por separado con Italia". Hitler ordenó que se enviara una copia del telegrama decodificado a Mussolini a principios de febrero. Cuando Mussolini lo leyó, entendió de inmediato que Hitler esperaba que hiciera algo.

El 5 de febrero de 1943, uno o dos días después de recibir la inteligencia estadounidense interceptada, Mussolini llamó a su yerno a la oficina. No hubo preámbulo. Mussolini estaba purgando su gabinete. Todos eran sospechosos. Todos debían irse. "¿Qué vas a hacer ahora?",[28] fue todo lo que Mussolini preguntó. Galeazzo entendió de inmediato que lo estaba despidiendo.

Mussolini le ofreció a su yerno la opción de elegir un puesto gubernamental trivial, fuera de Italia, como concesión a su familia. "Escogí ser embajador de la Santa Sede",[29] registró en su diario. El Vaticano *era* un país extranjero después de todo. "Dejar

[25] Neal H. Petersen, *From Hitler's Doorstep: The Wartime Intelligence Reports of Allen Dulles, 1942-1945* (University Park: The Pennsylvania State University Press, 1996), 35; Paige Y. Durgin, "Framed in Death: The Historical Memory of Galeazzo Ciano", tesis, Trinity College, 2012, 50.

[26] "Allen Dulles and the Compromise of oss Codes in WW2", Christos Military and Intelligence Corner (blog), 23 de mayo de 2012.

[27] Francis X. Rocca, "Fascism's Secretary of State", *The Atlantic*, julio de 2000.

[28] *Ciano Diaries...*, 579.

[29] *Idem.*

el ministerio de Relaciones Exteriores, donde por siete años (y qué años) di lo mejor de mí […] es un golpe duro y triste."[30]

Galeazzo Ciano no era un hombre de instintos políticos agudos. Si su instinto hubiera sido mejor, habría tomado el consejo de su suegro y dejado Italia ese invierno. Si Galeazzo no tuvo el juicio de huir, al menos tuvo el buen juicio de preocuparse. Una de sus amigas más leales era una joven llamada Susanna, aunque todos la llamaban Suni. Era la hija de veintiún años del industrialista de la Fiat Giovanni Agnelli, un nombre famoso en Italia, y venía de una de las familias más ricas de Europa. Aunque muchos de los amigos de Ciano desaparecieron tras su degradación, Susanna se quedó a su lado. También seguiría siendo leal después, incluso cuando era peligroso preocuparse por Galeazzo y Edda. Tras la guerra, Susanna Agnelli registró en sus memorias que recordaba las visitas, desde aquel invierno hasta la entrada de la primavera, a la residencia palaciega de la familia Ciano en Roma: "Galeazzo había caído en desgracia y ya no era el ministro de Relaciones Exteriores. Estaba preocupado, nervioso y conspirando como todos".[31]

Unos días después de su despido, Mussolini contactó de nuevo a Galeazzo. Quería saber de su yerno la respuesta a una pregunta diferente, una que debió ser más siniestra: ¿El conde todavía tiene sus diarios y están en orden esos papeles?

"Sí. Los tengo en orden. Recuerda, cuando lleguen los momentos difíciles (porque ahora es seguro que llegarán), puedo documentar todas las traiciones que cometieron los alemanes contra nosotros, una tras otra."[32]

---

[30] *Idem.*

[31] Antonio Cangemi, "Vita spericolata di un dandy siciliano", *Dialoghi Mediterranei: Periodico bimestrale dell'Istituto Euroarabo di Mazara del Vallo*, 1.° de enero de 2019.

[32] *Ciano Diaries…*, 580.

La respuesta de Galeazzo tal vez calmó a Mussolini, pero estuvo mal planeada para tranquilizar a la persona que realmente preguntaba: Hitler.

CAPÍTULO 1

EL GRAN CONSEJO
5 de febrero de 1943-26 de julio de 1943

Cuando lo corrieron de la oficina, Galeazzo Ciano dejó de escribir. Llevaba un diario por lo menos desde 1937 y es probable que desde 1936, año en el que lo designaron ministro de Relaciones Exteriores. En cuadernos baratos de veinte por veinticinco centímetros, con calendario,[1] llenó cada día con reflexiones personales sobre juntas gubernamentales y personalidades diplomáticas. Cada noche guardaba los diarios con candado en la pequeña caja fuerte de su oficina.

Su última entrada regular fue el lunes 8 de febrero de 1943, tres días después de que Mussolini lo despidió. Solo habría una entrada más, una especie de conclusión, escrita para nosotros, sus lectores imaginarios, dos días antes de Navidad, pero diez meses en el futuro, cuando Galeazzo Ciano ya no tenía ilusiones.

En el verano de 1943 era claro que Galeazzo tenía razón sobre la guerra. El discurso optimista de Hitler en Año Nuevo no había soportado la invasión de la realidad. Alemania estaba ocupada con

---

[1] Howard McGaw Smyth, "The Papers: Rose Garden", Agencia Central de Inteligencia, Historical Review Program, 22 de septiembre de 1993.

el frente oriental. A Mussolini lo dejaron encargarse del Mediterráneo, pero Italia no podía ganar ese teatro, no de manera material ni táctica. Mussolini, al enfrentarse con lo inevitable, necesitaba refuerzos, pero no podía persuadir a un Hitler monomaniaco para poner su atención de vuelta a la guerra en las puertas de Italia.

Para el 10 de julio de 1943 se esparcía el rumor en Roma de que los Aliados habían llevado tropas a Sicilia. Desde ahí, las fuerzas avanzarían con lentitud y de manera ardua hacia el norte, hasta ocupar la bota de Italia. Para el 16 de julio los embajadores de Italia, con un mensaje secreto de Mussolini,[2] advirtieron a los japoneses que "Italia estaba a punto de colapsar", esperando alguna reacción. Mussolini necesitaba con urgencia persuadir al Eje de que su poder era débil. Necesitaba algo para convencer a Hitler de que, sin refuerzos alemanes y sin una paz en el frente oriental que requeriría esos refuerzos, Italia caería y los Aliados tomarían el Mediterráneo.

Así que Mussolini decidió hacer una última apuesta estratégica salvaje para forzar la mano de Hitler. Sería, él esperaba, la última llamada de atención que el Führer necesitaba. El plan resultaría catastróficamente contraproducente. Y también sería el momento en que Galeazzo Ciano, sin importar su moral sobre su suegro o el fascismo, debería decidir si hablar o permanecer en silencio en las sombras.

En sentido estricto, Italia continuó siendo una monarquía durante el periodo fascista, gobernada por el rey Vittorio Emmanuele III. Pero el rey era un apasionado simpatizante del fascismo y había designado a Benito Mussolini como su primer ministro en 1922. Para la década de 1930, Mussolini gobernaba con puño de hierro, con el rey funcionando como una decoración en su poder.

---

[2] Siguiendo el argumento propuesto por Emilio Gin, "Mussolini and the Fall of Fascism, 25 July 1943: A Reappraisal", *Historical Journal* 61, núm. 3 (septiembre de 2018): 787-806.

Cuando la guerra comenzó solo había un partido político en Italia: el Partido Nacional Fascista. Aunque al rey todavía se le pedía consentir los decretos de Mussolini por cortesía, en realidad Vittorio Emmanuele solo tenía una forma de limitar a su primer ministro: el derecho (pero no la obligación) de removerlo de la oficina, *si* y solo *si* el llamado Gran Consejo del Partido Fascista votaba por recomendarlo. Y a pesar de que el Gran Consejo Fascista, como conjunto de leales partidarios, tenía el derecho de elegir al líder del partido, solo Mussolini podía convocarlo a junta. Muy simple: si el Gran Consejo no se reunía, no podía votar. Si Mussolini deseaba gobernar por siempre, no había nadie que pudiera detenerlo.

Esas realidades políticas hicieron que la convocatoria de Mussolini a una reunión del Gran Consejo el 24 de julio para discutir el progreso de la guerra fuera muy sorprendente. Era claro que la guerra no progresaba bien. Él sabía que el Gran Consejo haría un referéndum sobre su liderazgo. Sabía que habría críticas por sus decisiones. Incluso tal vez habría llamados a reemplazarlo por alguien más. A Mussolini le habían advertido que se estaba planeando un golpe de Estado dentro del partido. Había visto el telegrama secreto interceptado escrito por Allen Dulles. Pero ignorando todo eso, Mussolini continuó con la reunión. No vio ninguna alternativa. Era una última apuesta temeraria.

En la mente de Mussolini, la junta no era más que un teatro político, con una audiencia de uno: Hitler. No creía que el Gran Consejo se atreviera a ofrecer más que una postura política. Algunos de los ministros se quejarían y darían largos discursos. Después ellos también se conformarían con una estrategia de apaciguamiento. Pero cuando todo el turbio descontento interno se reportara a Alemania, Mussolini calculó que el voto de no confianza por fin "espantaría [a Hitler] con la inminente caída del fascismo y [...] daría una ventaja a los japoneses en sus esfuerzos de paz"[3] (así resumió su estrategia un historiador).

---

[3] *Ibid.*

Mussolini estaba muy seguro de su control del poder. El Gran Consejo podía hablar toda la noche de reemplazarlo como líder del partido. Siempre y cuando el rey apoyara la autoridad de Mussolini (y por qué no lo haría, si a Vittorio Emmanuele lo habían intimidado por décadas y apoyaba al Partido Fascista) su posición era segura. Él lo sabía y sabía que el Gran Consejo lo sabía. El Gran Consejo también sabía lo que les había pasado a los otros oponentes de Mussolini.

La reunión del Gran Consejo fue convocada para la tarde del sábado 24 de julio de 1943. Roma moría de calor y el aire era pesado y húmedo. Tras bambalinas, el matrimonio Ciano tenía dificultades. Nunca había sido más que tumultuoso. Edda y los tres niños Ciano habían huido de la capital hacia la costa. Aquel verano, Fabrizio, el hijo mayor, tenía doce años; Raimonda, la niña de en medio, nueve, y Marzio era un pequeño de cinco. Hacía poco la familia había adquirido una espaciosa villa con vista al mar en la aldea de Antignano, en el borde sur de Livorno, donde el aire era más fresco. La villa fue expropiada a una familia judía rica bajo las leyes antisemitas de la guerra,[4] un hecho que no molestaba ni a Galeazzo ni a Edda. Ella planeó una serie de cenas frente al mar y, haciéndose de la vista gorda ante las infidelidades romanas de Galeazzo, se consoló con atléticas alternativas costeras.

Galeazzo no necesitaba estar en Roma. Su suegro le aseguró que su presencia en esa sinecura no era necesaria. Si hubiera querido facilitarse la vida, habría seguido su consejo y permanecido unido con su familia en unas vacaciones en la playa. Pero llevaba mucho tiempo molesto. No había apoyado la guerra ni a Hitler, incluso sirviendo como jefe diplomático de Italia. Seguía en contra

---

[4] Ilaria Myr, "Villa Giulia: Quando Ciano espropriò la nostra casa", *Bet Magazine Mosaico: Sito ufficiale della Comunità Ebraica di Milano*, 15 de julio de 2018.

de la guerra y convencido de que sería un desastre para Italia. Ahora estaba seguro de que Mussolini era un peligro. Ya no sentía que pudiera hacer algo. Había veintiocho miembros en el Gran Consejo del Partido Fascista y Galeazzo Ciano era uno de ellos. Ya lo había decidido: asistiría a la reunión en Palazzo Venezia.

De nuevo, de manera inexplicable a la luz de las circunstancias, Galeazzo parecía desconocer despreocupadamente la trampa. Su discurso fue un acto de valentía. Lo que hizo a continuación lo hizo por un sentido de propósito moral. Habría sido más valiente si hubiera sido claro que entendía por completo lo que estaba echando a andar.

No todos los miembros del Gran Consejo eran tan sanguinarios o seguros. Uno de los críticos más feroces de Mussolini, Dino Grandi, de cuarenta y ocho años, el jefe instigador del golpe de Estado planeado, asistió a la reunión armado con granadas de mano. En el evento Il Duce trató de hacer que lo arrestaran. Dino Grandi no siempre fue un crítico de Mussolini. En su juventud fue un entusiasta camisa negra y seguía dedicado al fascismo. Pero igual que a Galeazzo, a él también lo purgaron del gabinete interno de Mussolini en febrero por atreverse a sugerir que Italia se había equivocado al unirse a la guerra nazi.

Mussolini empezó la reunión poco después de las 5:00 p.m. con un discurso disperso. El tono era melodramático. La escena en el palacio era opulenta y teatral. Los hombres estaban sentados en un semicírculo en mesas de sala de juntas. Mussolini estaba al frente de la sala, flanqueado por retratos de príncipes renacentistas. Los comentarios de Mussolini, al parecer de sus críticos, fueron las viejas excusas y tópicos de siempre. Cuando intentó justificar la decisión alemana de dejar el sur de Italia a los Aliados, hubo quejidos de exasperación. Después hubo más discursos halagadores de miembros leales del consejo y Dino Grandi podía ver con claridad que todo se dirigía en una sola dirección: a ningún lado.

Furioso y apasionado, creyendo que peleaba por Italia y por el fascismo, Dino Grandi se alzó. Sus palabras electrificaron la sala.

No contento con acusar a Mussolini, demandó acciones. Grandi llamó a Vittorio Emmanuele III a retomar el control del ejército y negociar un tratado de paz con los Aliados. Convocó al Gran Consejo para sugerir al rey que removiera a Mussolini como jefe del partido y, en un estado de un solo partido, del poder. La sala se quedó sin aliento. Grandi estaba demandando (no hay otra palabra para ello) un golpe de Estado y lo estaba haciendo cara a cara, mano a mano con Mussolini. El movimiento requirió valentía, incluso para un hombre armado con explosivos bajo su abrigo.

El discurso de Grandi falló en un aspecto: quería acción inmediata. Pero su llamado a las armas resultó en horas de debate tedioso y amargo en el consejo. Mussolini escuchó a todos discutir con paciencia, seguro de que había conseguido su objetivo: aquí había suficiente insatisfacción para mover a Hitler de su autocomplacencia. Seguro el Führer ahora vería que debía solidarizarse con su amigo y antiguo mentor y enviar tropas a Italia.

A la medianoche, Mussolini se sentía seguro de que se había dicho lo suficiente para que Hitler entrara en acción. No tenía intención de que lo removieran del poder. Confiado en que tendrían la cabeza más fría por la mañana, pidió un aplazamiento y se preparó para cerrar la reunión. Crujieron papeles y los ojos de los miembros del consejo se dirigieron a las puertas. Al amanecer, todas las palabras duras se habrían olvidado y Mussolini, todavía Il Duce, se encargaría de recompensar a los miembros leales del partido.

Dino Grandi no lo iba a aceptar. No tenía ilusiones de lo que le esperaba en la fría luz de la mañana. Ya no había vuelta atrás. Y dio un paso simple, radical y sin precedentes demandando que el Gran Consejo votara su moción antes de retirarse. Nadie nunca había pedido votar contra Mussolini. Dino Grandi había retirado el seguro de la única granada que importaba. La moción levantó una nueva ronda de debate mordaz. Pero debía terminar con una votación a mano alzada. A las dos de la mañana comenzó.

Uno a uno, los miembros del Gran Consejo Fascista colocaron sus fichas. Quisieran o no, todos entendían en ese momento que la rueda política estaba girando. Sin importar si Mussolini sobrevivía o caía, habría una ola de consecuencias. Dino Grandi, orgulloso y contumaz, votó "NO". No apoyó a Benito Mussolini como líder del fascismo italiano o su gobierno.

Sordo y confundido, el anciano general Emilio de Bono, una vez un formidable fundador del Partido Fascista, también votó por el no, aunque era muy tarde y no estaba del todo seguro de qué estaba votando.

Galeazzo Ciano se levantó. Cuando anunció que también decidía no apoyar a su suegro la sala quedó en silencio.

Para un hombre votar contra el líder de su partido era una cosa. Pero ningún italiano se sentía del todo cómodo con un hombre traicionando al patriarca de su familia, incluso si ese patriarca era Benito Mussolini. Galeazzo estaba seguro en su mente. Lo había considerado desde 1940,[5] cuando en su diario copió por primera vez otro pasaje de Dante, el tormento de aquellos "despreciables para Dios y para sus enemigos". En líneas generales, se traduce como: "Los confines más oscuros del infierno están reservados para aquellos que eligen mantenerse neutrales en tiempos de crisis moral".[6]

Al final, diecinueve miembros de los veintiocho del Gran Consejo, una clara y decisiva mayoría, votaron esa mañana por remover a Mussolini del poder. Él, asombrado, tomó el único camino posible. Hizo a un lado el resultado, declaró que el negro es blanco, que el blanco es negro y reformuló el voto como "recomendatorio". Hasta cierto punto fue más un giro que una falsedad: la recomendación del Gran Consejo, de hecho, no era vinculante para el rey, que desde hacía mucho era leal a su primer ministro.

---

[5] *Ciano Diaries, 1939-1943: The Complete, Unabridged Diaries of Count Galeazzo Ciano, Italian Minister of Foreign Affairs*, ed. Hugh Gibson (Nueva York: Doubleday, 1945), 235.

[6] Los orígenes de esta cita, más derivada de Dante que traducida de su trabajo, por lo general se datan en la Primera Guerra Mundial.

Aunque se aferraba al poder y se pavoneaba antes del amanecer, no se podía negar que Mussolini estaba dañado por la reprimenda pública. Tras bambalinas, en movimientos dignos de un drama renacentista y sus príncipes, los ministros ya competían por la posición. De vuelta en su gran residencia oficial en Villa Torlonia, una de las primeras acciones de Mussolini fue hacer una llamada a uno de los pocos consejeros en quien confiaba por completo: su hija mayor y favorita.

Edda perdió la llamada de su padre en las primeras horas de la mañana del domingo. Los Aliados bombardearon objetivos en Livorno desde el aire esa mañana y ella y los niños tal vez estaban en el refugio antiaéreo cuando entró la llamada. Edda sospechaba que algo malo había sucedido en el trabajo. Creía que la llamada la habían bloqueado personas en el gobierno ya apuradas a llenar el vacío en el poder.

Incapaz de localizar a su padre la mañana del domingo 25 de julio, Edda llamó a Galeazzo, preocupada y ansiosa por escuchar el resultado del Gran Consejo. Supuso que su padre estaría furioso cuando escuchó de la votación. Galeazzo no estaba preocupado. "En unas horas Mussolini hará que me arresten, después el rey le quitará el poder y me dejarán libre."[7] En secreto, Galeazzo esperaba que el rey lo nombrara primer ministro como sucesor de Mussolini y su primera acción sería hacer contacto oficial con los Aliados. Después de todo, seguía siendo yerno de Mussolini y obvio heredero. Galeazzo estaba a punto de tener un duro despertar.

---

[7] Paige Y. Durgin, "Framed in Death: The Historical Memory of Galeazzo Ciano", tesis, Trinity College, 2012, 245.

Mussolini también estaba a punto de tener un encuentro desagradable con la realidad. Solicitó una reunión con Vittorio Emmanuele III la tarde del domingo para darle el informe de la reunión del partido. El rey debería responder al voto del Gran Consejo. Mussolini llegó desaliñado, sin afeitar y seguro de tener el apoyo del rey. Veinte minutos después dejó la reunión tambaleándose.

"Mi querido Duce[8] —le dijo el rey sin rodeos mientras entraba—, esto ya no está bien. Italia está hecha pedazos. La moral del ejército está por los suelos. Los soldados ya no quieren pelear […] El voto del Gran Consejo es espectacular, diecinueve votos por la moción de Grandi […] No debes tener ilusiones sobre el sentir de Italia hacia ti. En este momento eres el hombre más odiado." Vittorio Emmanuele no veía otra opción que seleccionar a un nuevo primer ministro. Mussolini fue despedido. Así de simple, cerca de dos décadas de gobierno autocrático terminaron.

Mussolini retrocedió por los escalones de Villa Savoia hacia su automóvil. Tiempo después Mussolini recordó: "El rey estaba furioso […] estrechó mi mano sin verme a los ojos".[9] Su mente se arremolinaba. Seis policías esperaban delante de la entrada. Un oficial de los carabinieri se acercó de algún lugar, saludó y pidió a Mussolini que entrara a esperar dentro de una ambulancia. Solo después de que la puerta se cerró Mussolini se detuvo a pensar por qué lo habían mandado ahí y entonces comprendió que era un prisionero del rey y de quien estuviera destinado a ser el nuevo gobernante del rey. Alarmado, Mussolini volteó la mirada y vio al rey mirándolo.

Nadie imaginó que Mussolini aceptaría la derrota con tranquilidad. Durante el primer mes de su arresto lo movieron en secreto de una ubicación a otra, primero a islas lejos de la costa y

[8] Patricia Knight, *Mussolini and Fascism* (Londres: Routledge, 2002), 109.

[9] Romano Mussolini, *My Father Il Duce: A Memoir by Mussolini's Son*, trad. de Ana Stojanovic (s.l.: Kales Press, 2006), 17-18.

después al hotel Campo Imperatore en la cima de Monte Portella, a esperar la atrevida liberación de Hitler.

Lo que Mussolini no había anticipado fue que Vittorio Emmanuele había buscado una oportunidad para quitar a su autócrata primer ministro por un tiempo.[10] El rey adivinó lo que pasaría en el Gran Consejo y se reunió con Pietro Badoglio una semana antes y le hizo saber que, si se votaba en contra de Mussolini, él sería el reemplazo de Il Duce. Badoglio estaba en contra de la guerra con Alemania. Pero también era militar de línea dura, leal, dedicado al partido… y el rey quería sobre todo un fascista determinado.

Para Galeazzo Ciano la noticia del ascenso de Pietro Badoglio al poder fue un desastre absoluto. Si había una persona a quien Badoglio odiara más que a Mussolini… era a su yerno.[11] Galeazzo no solo había amasado una enorme y envidiable fortuna durante su periodo como ministro de Relaciones Exteriores, también tenía documentos privados que incriminaban a Badoglio (por asuntos de corrupción). Los documentos fueron una espada sobre la cabeza de Badoglio cuando el suegro de Galeazzo dirigía el gobierno.[12] Ahora Badoglio tenía cuentas que arreglar y, gracias al voto de Galeazzo y de otros en el Gran Consejo, los medios para hacerlo. Pietro Badoglio disfrutaba la deliciosa ironía. Galeazzo Ciano apenas era consciente de que estaba en graves problemas.

---

[10] Denis Mack Smith, *Italy and Its Monarchy* (New Haven, CT: Yale University Press, 1989), 304.

[11] Melton S. Davis, *Who Defends Rome? The Forty-Five Days, July 25 to September 8, 1943* (Nueva York: Doubleday, 1972), 199.

[12] Durgin, "Framed in Death…", 249.

CAPÍTULO 2
TRAMONTANA
24 de julio de 1943-14 de agosto de 1943

La reunión del Gran Consejo del Partido Fascista fue un sábado por la noche. La familia Ciano estaba en agitación el domingo. En la tarde del 25 de julio el rumor del ascenso de Badoglio y el arresto de Mussolini comenzaba a filtrarse. Por primera vez Galeazzo tenía miedo. Sabía que Pietro Badoglio era su enemigo. Esperaba el toquido en la puerta anunciando que la policía había llegado a registrar la casa por los documentos que comprometían al nuevo primer ministro. Galeazzo dudaba que sobreviviría a esa visita.

Se preocupó por primera vez por sus diarios en caso de que la policía llegara. Algunos de los volúmenes contenían referencias indiscretas de la "pederastia del príncipe heredero" y, considerando el nuevo favor a Badoglio de parte del rey, potencialmente mortales.[1] Durante años habían circulado rumores de que el príncipe Umberto prefería la compañía de militares jóvenes que la de su determinada antifascista esposa, la princesa nacida en Bélgica: Marie José. Los chismes dicen que su aversión a los abrazos de su esposa era tan grande y, tal vez, por sus políticas, que sus cuatro hijos fueron concebidos a través de inseminación artificial.[2]

----

[1] "Hildegard Beetz", archivo con fecha del 26 de octubre de 1943. Archivo 25, Agencia Central de Inteligencia.

[2] Robert Aldrich y Garry Wetherspoon, *Who's Who in Gay and Lesbian History* (Londres: Routledge, 2005), 1:453.

Galeazzo juntó los cuadernos deprisa. Estaban los diarios de su época como ministro de Relaciones Exteriores, pero también memorias separadas de sus conversaciones con oficiales alemanes y varias notas y papeles privados, incluyendo los que detallaban las preferencias del príncipe Umberto. Estos papeles podrían avergonzar a un gran número de hombres poderosos y meterlo en graves problemas. El entendimiento de esto fue un shock para Galeazzo. Ese día, en el departamento de la familia en Roma, quemó casi un cuarto de sus manuscritos como precaución y comenzó a pensar con seriedad por primera vez qué haría con el resto. No quería quemar más papeles. Sí, eran peligrosos. Pero Galeazzo consideró que también serían una buena carta para negociar.

El domingo 25 de julio Edda todavía estaba en Livorno con los niños y Galeazzo estaba cada vez más preocupado por su familia. Las noticias del golpe de Estado todavía no se hacían públicas. Cuando salieran a la luz, no estaba seguro de que la familia Mussolini estaría a salvo del público, aunque esperaba que toda la deshonra se dirigiera a su suegro. Llamó a Edda esa noche y descubrió que era anfitriona de una divertida cena en la villa, sin preocupaciones y sin ser consciente. "La llamada fue muy corta", recuerda Edda.

Ciano le advirtió: "Hay una *tramontana* no especial para nosotros. Voy a enviar un automóvil mañana por la mañana. Llama a mi madre y haz que se vaya contigo".[3] *Tramontana*, la palabra italiana para los vientos en extremo fríos del norte, era su código personal para "hay malos vientos corriendo". "Es probable que él ya supiera que el rey había removido a mi padre del poder",[4] Edda comprendió después. Galeazzo no lo pudo decir en ese

---

[3] Ray Moseley, *Mussolini's Shadow: The Double Life of Count Galeazzo Ciano* (New Haven, CT: Yale University Press, 2000), 174.
[4] Edda Mussolini Ciano, *My Truth* (Nueva York: Morrow, 1977), 192.

momento, debió asumir que monitoreaban sus conversaciones telefónicas. Pero Edda conocía a su esposo y conocía a Pietro Badoglio. La llamada fue suficiente para preocuparla.

Cuando la cena terminó, Edda, inquieta por el mensaje de Galeazzo, apresuró a la típica amiga que se queda hasta el final a la puerta. Después realizó una llamada nocturna a la madre de Galeazzo, Carolina Pini Ciano. A Edda no le gustaba su suegra. La muy religiosa Carolina devolvía el desdén por la esposa poco convencional de su hijo.

El hermano menor de Edda, Romano, dijo: "Edda era una mujer inusual. De todos los hijos [de Mussolini], ella era la que más me recordaba a mi padre. Tenía su temperamento (enérgico hasta el punto de la agitación), su habilidad analítica y su sensibilidad embravecida. También se le parecía de manera física, con esa mirada fulminante que heredó de él".[5] Justo esa era la mirada que Edda le hacía a su suegra con frecuencia. "Deja de mirarme con esos ojos de Mussolini"[6] era una de las expresiones exasperadas de Carolina Ciano. Pero incluso ella no podía culpar el coraje de Edda. No tenía un puesto oficial en el gobierno de su padre y no tomaba decisiones políticas. No la podían forzar a hacer nada, ni por su carácter ni como hija del Duce. Aunque tenía tres hijos, se ofreció como voluntaria para la Cruz Roja en 1941,[7] sirviendo en una zona de combate activa de la costa de Grecia. Los británicos bombardearon su barco hospital de manera casi inmediata después de unirse y sobrevivió el naufragio nadando durante cinco horas en aguas congeladas. Los periódicos la festejaron. Galeazzo no era el único con un diario fascinante: Edda tenía un registro de sus aventuras durante la guerra, que tal vez algún día podría publicar.

---

[5] Romano Mussolini, *My Father Il Duce: A Memoir by Mussolini's Son*, trad. de Ana Stojanovic (s.l.: Kales Press, 2006), 96.

[6] Mosely, *Mussolini's Shadow...*, 10.

[7] Rachele Mussolini y Albert Zarca, *Mussolini: An Intimate Biography by His Widow* (Nueva York: William Morrow, 1976), 86, 188; Romano Mussolini, *My Father Il Duce...*, 98.

De hecho, Edda había terminado su servicio con la Cruz Roja ese año en 1943 y estaba pasando el verano en la costa con sus hijos. La idea de lidiar con su suegra ahora era exasperante, pero de manera responsable la llamó para que estuviera lista. Carolina Ciano le parecía terca y dramática. "Había dificultades en hacer que se diera cuenta de que la expedición de la mañana no sería un viaje placentero y lo mejor era no avergonzar (ni a ella ni a los demás) llevando maletas gigantes, sirvientes personales y otros lujos necesarios en tiempos normales",[8] Edda escribió con ironía. Entonces decidió que lo mejor era decirles a los niños sobre la caída del poder de su abuelo y lo que significaba para la familia. Al leer el relato de Edda sobre esa conversación, se siente compasión por los niños Ciano.

"¿Qué crees que nos va a pasar? ¿Nos van a matar a todos?", preguntaron los niños a su madre, cuando entendieron que su abuelo ya no era primer ministro.

Edda no endulzó la respuesta. "No todavía —les dijo con tranquilidad—,[9] pero debemos estar listos para cualquier cosa. En la mejor hipótesis, su padre perderá el trabajo, le quitarán la fortuna y nos volveremos ciudadanos privados. Pero es más probable que todos pasemos por la rutina usual: prisión, muerte o, si tenemos suerte, exilio." "Los niños entendieron",[10] Edda se reafirmó: "Son listos [...] la esperanza es difícil de matar. Pero no tengo ilusiones, la tragedia entró a mi casa [...] estábamos condenados". Después "fui a la cama y, por una noche más, en maravillosa ignorancia, todavía era la hija de un dictador".

---

[8] Andrea Niccoletti, "The Decline and Fall of Edda Ciano", *Collier's Weekly*, 20 y 27 de abril de 1946. Por lo general, estos se consideran artículos seudoanónimos escritos por Allen Dulles.

[9] *Ibid.*, 11.

[10] *Idem.*

Desde su remota costa, Edda no escuchaba el ruido que surgía de las calles a lo largo de Italia esa noche. Si lo hubiera hecho, tal vez no habría dormido nada. A las 9:45 p. m. la radio nacional interrumpió para dar un anuncio del rey, informando a los italianos que Mussolini había sido depuesto y arrestado. Veinte años de dictadura habían terminado.[11] Italia enloqueció. Las personas inundaron las calles desde sus hogares esa noche, la transmisión de la radio salía de todas las puertas abiertas. Se besaban unos a otros. Cantaban. Los hombres tomaban mujeres entre sus brazos en bailes improvisados. En todos lados había risas. Para la gente en Italia esto fue su liberación, como el día, casi un año después, en que los Aliados llegaron a liberar París de los nazis.

En la mañana Edda despertó temprano por una llamada telefónica. Una de las hermanas de Carolina Ciano estaba en pánico, esperando que la evacuaran cuando el automóvil llegara por Edda y los niños. "Tengo miedo —le dijo a Edda—, hay hombres afuera gritando que van a romper todo."[12] Al ser testigo de la revuelta en las calles de Roma y las acusaciones furiosas, Galeazzo también entendió por primera vez que tal vez la *tramontana* sí estaba soplando en su dirección después de todo.

Lo que vino después (el periodo del 25 de julio de 1943, cuando Mussolini fue depuesto, al 8 de septiembre de 1943, cuando fue liberado por Hitler y regresó al poder como un dictador títere) se conoce en la historia italiana como los Cuarenta y cinco días. De manera irónica, Mussolini obtuvo su deseo político: ahora Alemania enfocaría sus recursos en el teatro del Mediterráneo, aunque no era el resultado que había predicho.

---

[11] Para una evaluación de contexto, véase, por ejemplo, Joshua Arthurs, "Settling Accounts: Retribution, Emotion, and Memory During the Fall of Mussolini", *Journal of Modern Italian Studies* 20, núm. 5 (2015), 617-639.

[12] Mussolini Ciano, *My Truth*, 189.

Durante una gloriosa noche y hasta la mañana siguiente, los italianos celebraron su liberación de Mussolini y lo que todos decían que era el final de la guerra. No solo los italianos festejaron la esperanza de paz en el horizonte. Del otro lado del Atlántico, el *New York Times* publicó el titular: "Mussolini expulsado con su gabinete fascista; Badoglio, su rival, nombrado primer ministro por el rey; tal vez el primer paso hacia la paz".[13] En los estadios de beisbol a lo largo de Estados Unidos, conforme llegaban noticias de la "caída" de Mussolini, fuertes aclamaciones hicieron que pararan los juegos y los jugadores corrieran al campo en júbilo.

Fuera de Livorno el lunes por la mañana, el automóvil que Galeazzo envió por Edda, su madre y los niños nunca llegó. Ya no habría más carros para la hija de Mussolini. En cambio, la policía tocó la puerta de la villa y comenzó a dar órdenes. La familia debía regresar en tren, como cualquier otra familia italiana. Eran casi las dos de la tarde del lunes 26 de julio, y antes de llegar a la estación, Edda vio en un puesto de periódicos los titulares anunciando la caída del régimen de su padre. Los niños vieron los camiones de carga grafiteados con el eslogan ABAJO MUSSOLINI y los tuvieron que convencer de dejar de llorar.

Edda, su suegra y los niños llegaron a la capital cerca de la medianoche, cuatro horas tarde, y al anochecer el estado de ánimo se había vuelto todavía más desagradable. Los italianos empezaban a entender lo poco que cambiarían las cosas después de todo. Era un líder diferente, pero el mismo viejo fascismo. Pietro Badoglio, cuyo compromiso con el fascismo era tan firme como el del rey, tomó la radio en su primer discurso como primer ministro y anunció tres palabras que dejaron al país estupefacto: "La guerra continúa".[14] La amiga de Galeazzo y Edda, Susanna Agnelli, estaba en Roma ese día y apuntó con perspicacia: "La gente pensó que al deshacerse del fascista la guerra terminaría. Pero parece

---

[13] *New York Times*, 26 de julio de 1943.
[14] Mussolini Ciano, *My Truth*, 189.

que olvidó dos cosas: que eran los fascistas los que estaban votando contra Mussolini y que los alemanes, nuestros aliados, podrían estar sobre Italia en pocos días".[15]

La gente sabía a quién culpar por este lío: Mussolini y su familia. Edda estaba sorprendida de ver las multitudes en Roma celebrando el arresto de su padre mientras esperaba a que descargaran sus maletas en la estación. Tres policías armados los escoltaron a casa, una medida de seguridad necesaria, pero los guardias ya no tenían ningún respeto y regañaron a Edda todo el camino por no decirle a su padre que los italianos no querían guerra.[16]

"No tenemos la mínima oportunidad de sobrevivir si nos quedamos en Italia",[17] le dijo Galeazzo cuando la vio. Ella sabía que tenía razón. No había posibilidad de quedarse en Italia con Badoglio en el poder y con el enojo colectivo dirigido a la familia Mussolini. Su padre estaba en prisión, en alguna ubicación desconocida, y nadie en el Partido Fascista estaba preparado para levantar un dedo para intentar liberarlo. El hermano mayor de Edda, Vittorio Mussolini, estaba haciendo planes apresurados para huir hacia Alemania. Al día siguiente, martes 27 de julio, la familia Ciano pidió visas a un amigo de la embajada española y pasaportes para dejar Italia. Planeaban solo pasar por España y continuar el viaje a Sudamérica. Galeazzo ya estaba ordenando a sus banqueros que movieran fondos fuera del país.

Edda y Galeazzo esperaban que los pasaportes tomaran unos pocos días, tal vez una semana. Mientras esperaban, la situación en Roma se deterioraba más rápido de lo que imaginaban y ponía una presión adicional en el matrimonio ya temeroso. El humor de la multitud en las calles pasó de celebración a desesperación a enojo. Los militares, por órdenes del nuevo gobierno de Badoglio, dirigieron el fuego contra los manifestantes. En los días que siguieron

---

[15] Susanna Agnelli, *We Always Wore Sailor Suits* (Nueva York: Bantam Books, 1975), 106.
[16] Moseley, *Mussolini's Shadow*…, 176.
[17] Mussolini Ciano, *My Truth*, 191.

fueron asesinados cerca de cien protestantes y más de seiscientos arrestados a lo largo de Italia.[18] En el choque cultural de ese momento, entre quienes odiaban el fascismo y los que creían que habían traicionado al fascismo al quitar a Mussolini, Galeazzo Ciano emergía como alguien que todos en Italia podían odiar. Representaba tanto a la dictadura como a la traición.

El 1.° de agosto llegó y se fue. Los pasaportes prometidos todavía no llegaban. Sin ellos no podían salir de forma legal de Italia. Edda comenzó a tener miedo de la razón. Amigos, que albergaban los mismos miedos, instaron a Galeazzo a salir de inmediato por cualquier medio necesario. Él era el que estaba en peligro real, no Edda ni los niños. Al menos, no todavía. La puerta se estaba cerrando. Pietro Badoglio había lanzado una campaña sucia en la prensa y una investigación contra Galeazzo, acusándolo de enriquecerse a través de corrupción. El arresto y el juicio eran inevitables. Incluso si el juicio era justo, lo cual era poco probable, la verdad era que Galeazzo era casi seguramente culpable. La pareja ahora estaba bajo arresto domiciliario *de facto* en su departamento de la ciudad, en Via Angelo Secchi 9, peleando de manera amarga.[19]

Pelearon por los riesgos, entre otras cosas. Edda veía los riesgos en casa con claridad: "La única forma de evitar el arresto, o tal vez incluso la muerte, era encontrar refugio en el extranjero o en el suelo del Vaticano",[20] le dijo a Galeazzo. Intentaron asegurar condición de refugiados en el Vaticano, pero la Santa Sede los rechazó porque no quería problemas con el nuevo líder fascista. Edda deseaba dejar Italia de inmediato, incluso si significaba irse sin pasaportes. Galeazzo quería esperar un poco más, confiaba en que no había un peligro inminente y que los pasaportes llegarían.

---

[18] Nicola Gallerano, Luigi Ganapini y Massimo Legnani, *L'Italia dei quarantacinque giorni: Studio e documenti* (Milán: Istituto Nazionale per la Storia del Movimento di Liberazione, 1969), 376.

[19] Eugen Dollmann, *With Hitler and Mussolini: Memoirs of a Nazi Interpreter* (Nueva York: Simon and Schuster, 2017), s.l. (libro electrónico).

[20] Mussolini Ciano, *My Truth*, 26.

Para el verano de 1943 Susanna Agnelli estaba comprometida con otro amigo mutuo, el príncipe siciliano Raimondo Lanza, un mujeriego incorregible. Ambos fueron a ver a Galeazzo en persona la primera semana de agosto. Para entonces Edda y Galeazzo habían esperado más de una semana por los pasaportes. El matrimonio de los Ciano nunca había sido fácil y la presión del retraso se mostraba. Encerrados juntos en casa y con vigilancia policial desde afuera, se evitaban el uno al otro de manera constante, entreteniendo amigos y amantes en habitaciones diferentes del departamento. Galeazzo insistía en que él y Edda estaban más cerca que nunca. Pero Susanna, que también era buena amiga del amante de Edda, Emilio Pucci, solo podía adivinar algo del drama que había detrás de puertas cerradas. El departamento Ciano para las visitas era, remarcó Susanna, "vergonzoso y difícil".[21]

Susanna y Raimondo también le tenían cariño a Galeazzo, y Susanna esperaba que encontrara una forma de salir de Italia. Dino Grandi escapó de Italia esa semana, previendo lo inevitable. Raimondo también estaba en una posición precaria, "todo confundido hablando con los Aliados, tratando de conseguir un armisticio, deshaciéndose de los fascistas y volviéndose contra los alemanes",[22] como Susanna lo planteó sin rodeos. Estaban debatiendo si Raimondo también necesitaría un pasaporte. Cuando llegaron al departamento, Galeazzo estaba al límite, pero feliz de ver amigos. Pocos viejos amigos lo iban a ver ahora, le confesó a Susanna.

Susanna, una joven intelectual y estudiosa que, inusual para una heredera y *socialite*, aspiraba a ser médica. Era legendaria en sus círculos sociales por su brutal franqueza. Galeazzo ahora la desafiaba, bromeando:

—Oigamos a los que dicen la verdad, Suni. ¿Crees que van a matarme?

---

[21] Agnelli, *We Always Wore Sailor Suits*, 108.
[22] *Ibid.*, 103.

Susanna hizo una pausa. Galeazzo no era un buen juez de carácter. Se rodeaba de aduladores y todos le decían lo que quería escuchar: que su vida no estaba en peligro.[23] Que su fortuna se podía salvar. Que habría una solución. Que debería esperar los pasaportes.

"Sonreí para hacerlo menos terrible",[24] recordó Susanna.

—Sí, lo creo, Galeazzo —le dijo.

—¿Y quién crees que vaya a matarme, los alemanes o los Aliados? —bromeó.

—Me temo que cualquiera de los dos —respondió ella con lentitud, arrepintiéndose de sus palabras en el momento en el que vio que su rostro empalidecía.

Galeazzo se volteó. Estaba molesto y herido por sus palabras.

—Recuerda una cosa, Suni —continuó con amargura—, si me matan, también te matan a ti.

—Eso también puede pasar —reconoció con tranquilidad. De hecho, ella y su familia ya estaban haciendo planes en silencio para huir a Suiza.

Susanna tomó la mano de su amigo y la apretó.

—*Vete a España* —le instó—. *Hoy.*

Galeazzo había volado en la fuerza aérea italiana. Tenía amigos, pilotos listos para llevarlo a un lugar seguro, con o sin pasaporte. El embajador español en Roma había prometido ayudar.[25] Ella le suplicaba.

No quería huir, le dijo a Susanna. En privado confesó que no quería huir sin Edda y los niños y huir con un amigo significaba irse sin ellos. ¿Y si se iba y nunca los volvía a ver? ¿Y si ellos no conseguían salir de Italia? Él y Edda despotricaban el uno del otro, peleaban y discutían y se alzaban la voz, pero eso no significaba que Galeazzo no amara a su esposa y a sus hijos. Sus

---

[23] *Ibid.*, 109.
[24] *Idem.*
[25] Mussolini Ciano, *My Truth*, 27.

infidelidades mutuas tal vez ocasionaron problemas y celos, pero, al tenerlos, el matrimonio no era diferente de los de la vasta mayoría de sus amigos en los círculos aristócratas italianos y Galeazzo era un padre cariñoso. No sentía que podría abandonar a su familia como hombre de honor. Las cosas resultarían bien, ya lo veía, le aseguró a Susanna cuando volteó para cerrar la puerta tras ella. Susanna sonrió con tristeza.

Ya en la calle Susanna explotó en frustración: "¿Por qué diablos no se va mientras todavía puede?", estalló. Raimondo solo podía encogerse de hombros. Susanna dijo después: "Yo… quería ayudarlo… Muchas veces había apoyado gente a la que yo le había pedido que auxiliara cuando una palabra de él podía cambiar el futuro de muerte a vida. Ahora estaba rodeado de gente que… le aseguraba que todos lo amaban y que, de seguro, su vida no estaba en peligro".[26] Susanna, la honesta sensible, era más sensata. Todas sus vidas estaban en una balanza.

Pasó otra semana: mediados de agosto. La porfía presionando por una investigación de la corrupción financiera de Galeazzo (y por su arresto) crecía cada vez más en la prensa. Con Mussolini apartado y prisionero en una ubicación secreta, la ira de todo el espectro político ahora se dirigía a Galeazzo. Los pasaportes seguían sin llegar. Solo había una conclusión: el gobierno de Badoglio los estaba impidiendo. Pietro Badoglio tenía cuentas pendientes. Había esperado mucho tiempo por este momento. No iba a llegar ningún pasaporte. El arresto domiciliario de la familia Ciano se endureció y el primer ministro comenzó a considerar moverlos a una prisión segura en una isla remota en el Mediterráneo para evitar que Galeazzo huyera de Italia mientras transcurrían las políticas de un juicio.

Galeazzo podría escapar de Italia sin ser detectado por su cuenta, con la ayuda de amigos en la fuerza aérea o colegas compasivos en una embajada extranjera. Si iban a huir como familia

---

[26] Agnelli, *We Always Wore Sailor Suits*, 109.

necesitaban la ayuda de los alemanes. Solo una operación clandestina dirigida por los aliados nazis de Italia podía salvar a Edda y a Galeazzo de la venganza de Pietro Badoglio. Edda confiaba en su relación personal con Hitler, a quien consideraba un viejo amigo de la familia e hizo algunas consultas en silencio. Cuando un amigo dentro del Tercer Reich supo del plan de Edda, intentó evitar que la familia fuera en esa dirección. Galeazzo había frustrado la guerra alemana desde el interior de Italia desde 1939, para la irritación considerable de Hitler. Los nazis también se vengarían. Le aconsejó: "Advierte a Galeazzo de asegurarse de no caer en manos de los alemanes. Si logran atraparlo, lo matarán".[27]

Era muy tarde para entonces. La muerte de un viejo amigo, aquel que había ofrecido llevar a Galeazzo a España, en una ejecución ordenada por el Estado trajo la realidad a casa: el gobierno de Badoglio tenía una lista. Galeazzo estaba seguro de eso. Acorralados, tiraron al viento la precaución. Edda pidió a los alemanes ayuda para huir de Italia.

---

[27] Moseley, *Mussolini's Shadow…*, 178.

CAPÍTULO 3
ESCAPE AL EXILIO
15 de agosto de 1943-31 de agosto de 1943

El teniente coronel Eugen Dollmann era un reconocido hombre de mundo en la Roma de Mussolini. En forma, de cuarenta y tantos años, con estilo, cabello rubio, ojos grises y uniforme ajustado,[1] el jefe de las ss romanas daba vueltas en la ciudad a bordo de un Mercedes, acompañado de Kuno, su perro de ataque. Todos lo reconocían como uno de los refuerzos más implacables y agresivos de Heinrich Himmler. Agregado en la embajada de Alemania en Roma, Dollmann hablaba un italiano perfecto y, aunque no se podía decir que era guapo (nariz bulbosa, orejas prominentes y pómulos demacrados), era uno de los favoritos de las mujeres en los círculos aristócratas de Edda y su familia. Había rumores de que era íntimo en particular de la madre de Susanna Agnelli, la princesa Virginia Bourbon del Monte Agnelli. Edda decidió que Eugen Dollmann era la persona que los ayudaría a huir de Italia. En sus memorias de posguerra Dollmann escribió de manera despreocupada: "Lo que siguió fue una excitante aventura a mediados del verano donde Edda representó a María Antonieta y yo a su rescatador".[2]

---

[1] Patrick J. Gallo, *For Love and Country: The Italian Resistance* (Lanham, MD: University Press of America, 2003), 116.

[2] Eugen Dollmann, *With Hitler and Mussolini: Memoirs of a Nazi Interpreter* (Nueva York: Simon and Schuster, 2017), s.l. (libro electrónico).

Para Eugen Dollmann la fecha fue en algún momento a mediados de agosto, para Edda alrededor del 21 de agosto.[3] Cualquiera que sea la fecha precisa, en algún punto de la segunda mitad del mes, Dollmann recordó: "Recibí una visita de un hombre vestido muy formal cuya ropa de civil no disfrazaba al oficial debajo. Me entregó una nota".[4] La nota decía: "Querido Dollmann, el portador de este mensaje, un amigo de la familia, tiene instrucciones de darte mis saludos y hacerte una petición de la que estaré agradecida si accedes. Tuya con sinceridad, Edda Ciano-Mussolini".[5]

Eugen Dollmann después insistió en que también trató de advertir a Edda. Tal vez sí sugirió que lo pensara dos veces antes de ir a Alemania. Frente a los egoístas recuerdos de posguerra de Dollmann, se opone la obstinada y determinada ceguera de Edda. Él afirmó haberle aconsejado: "Debe estar consciente, condesa, de que el conde Ciano no fue defensor de Alemania".[6] A Hitler le agradaba Edda. Pero "no sé qué decidirá el Führer sobre *él*",[7] le dijo Eugen.

Edda apartó la preocupación. Confiaba en Hitler y en los hombres en su círculo interno. Edda y Hitler se tenían cariño y había una larga amistad familiar. Estaba segura de que Hitler nunca traicionaría a la hija de Mussolini. Dollmann se encogió de hombros e hizo lo que le pidió. Hizo arreglos para encontrarse con Edda en persona alrededor del 23 de agosto para planear la logística de una misión de escape patrocinada por los alemanes. El escape a través de la frontera debía ser delante de las narices de Pietro Badoglio y en secreto.

La primera preocupación de Edda era contrabandear algo de la riqueza de la familia Ciano antes de la partida. Una parte de las joyas se sacó del departamento familiar oculta en una entrega de flores. El chofer de Galeazzo salió del país con la caja fuerte de

---

[3] Edda Mussolini Ciano, *My Truth* (Nueva York: Morrow, 1977), 193.
[4] Dollmann, *With Hitler and Mussolini*…
[5] *Idem.*
[6] *Idem.*
[7] *Idem.*

valores. Una de las amigas de Edda salió del departamento de Roma vistiendo varios abrigos de piel, uno encima de otro, de la forma más elegante posible para alguien que pasea con tan incongruente carga a finales de agosto.

Cuando Edda y Galeazzo contaron sus bienes, había uno que sabían que, más que cualquier otro, podría comprarles independencia financiera y libertad: los diarios. ¿Cómo salvaguardarían los manuscritos? No le pidieron a Eugen Dollmann ayuda para ocultarlos. Sin importar cómo fuera la historia de su relación y sus indiscreciones, cuando se trataba de su matrimonio y sus hijos, Edda era muy leal… y los diarios eran un asunto estrictamente familiar. No se podían arriesgar a viajar con los cuadernos: eran muy grandes para esconderlos con facilidad y muy valiosos para arriesgarse a perderlos. Tenían que encontrar un lugar donde ocultar los papeles dentro de Italia. Algún sitio donde estuvieran seguros por años, pero también donde un amigo de confianza pudiera recuperarlos. Edda y Galeazzo empezaron a pensar en los diarios como un tipo de póliza de seguro, algo con lo que podrían negociar en el peor de los escenarios.

Los diarios incluían material muy sensible. Para 1943, un grupo de comandantes de alto nivel del Reich veía que el panorama de Alemania en la guerra se oscurecía. Esos disgustados nazis culpaban a la corrosiva y mala "diplomacia" de Joachim von Ribbentrop de ser la causa del peligroso aislamiento del Tercer Reich. Heinrich Himmler y Ernst Kaltenbrunner estaban entre los nazis del círculo interno que odiaban en particular a Ribbentrop y les encantaría ver que disminuyera su influencia en Hitler. Galeazzo odiaba a Ribbentrop y en su diario hacía que el ministro de Relaciones Exteriores alemán se viera en especial ridículo.[8] Pero los papeles

---

[8] Mussolini Ciano, *My Truth*, 29.

también registraron años de conversaciones secretas de alto nivel en las que los alemanes revelaban su estrategia de guerra. En manos de los Aliados, las revelaciones podrían ser muy dañinas. Como Edda diría después, ese verano "la importancia extraordinaria de los cuadernos era evidente para los alemanes".[9]

Galeazzo y Edda, decididos a mantener los manuscritos escondidos en Italia, entregaron una gran parte de ellos a la madre de Galeazzo, Carolina Ciano, para que los mantuviera a salvo. Después se entregaron directamente y sin saberlo… al enemigo.

Si hubieran tenido más tiempo para planear la operación, tal vez habrían reconsiderado. Pero los eventos se desarrollaron con rapidez. Incluso los alemanes sentían que el clima político en Italia era volátil. Los Aliados progresaban con lentitud hacia el norte y en la tercera semana de agosto todas las trabajadoras mujeres y el personal en la Oficina de Relaciones Exteriores alemana fueron evacuados de manera apresurada. Hilde Beetz, retirada del sector de inteligencia extranjera en Roma, fue reasignada a la oficina de Múnich y degradada, pasó a trabajar bajo las órdenes de un austriaco llamado Wilhelm Höttl como su secretaria y traductora.

Cuando el viejo amigo y copiloto de Galeazzo, Ettore Muti,[10] fue asesinado por instrucciones de Pietro Badoglio el lunes 23 de agosto de 1943, supieron que tenían que huir. Ninguno dudó sobre eso, si se quedaban, Galeazzo también sería asesinado. Sus miedos se confirmaron tres días después cuando Raimondo Lanza hizo una visita de emergencia por la noche al departamento de los Ciano. Tenía una fuente confiable. La orden de arresto contra Ciano había salido esa noche. Su arresto era inminente. Al día

---

[9] *Idem.*

[10] Paul H. Lewis, *Latin Fascists Elites: The Mussolini, Franco, and Salazar Regimes* (Westport, CT: Praeger Publishers, 2002), 46.

siguiente. Raimondo fue a advertir a su viejo amigo: era momento de irse.

Galeazzo y Edda discutieron con urgencia qué hacer después. Si iban a huir de Italia, debía ser en la mañana. Contactaron por la noche a Eugen Dollmann y los alemanes accedieron a hacer una evacuación apresurada. Dollmann contactó a su superior, Herbert Kappler, que dirigía la SD en Roma. Él a su vez contactó a un colega en la SD, Wilhelm Höttl, para cerrar el círculo. Alguien en Alemania debía firmar este tipo de misión de escape. Con cara de niño, esbelto y 1.75 metros de altura, Höttl era corrupto y muy inteligente.[11] Apenas, a los treinta y tantos, había ascendido de forma rápida en la jerarquía, rechazando una oferta como profesor de filosofía antes de la guerra por una nueva carrera en espionaje,[12] con el apoyo directo de Kaltenbrunner y Himmler. ¿La familia Ciano quería huir de Italia? Wilhelm Höttl tenía la autorización para arreglarlo. Tenía una nueva secretaria que hablaba italiano perfecto.

La misión estaba en marcha. Los servicios de seguridad alemana los llevarían a España. Debían contrabandear a la familia Ciano fuera de su departamento en Roma, delante de las narices de la policía italiana a primera hora de la mañana. Sacar a Edda y a los niños era relativamente simple, como Eugen Dollmann contó después: Edda estaba apenas bajo arresto domiciliario y todavía tenía permitido visitar amigos y recorrer el vecindario. Era Galeazzo a quien quería el gobierno de Badoglio. Galeazzo estaba bajo estricta vigilancia de los carabinieri. Sacarlo era complicado. La

[11] Richard Breitman, Norman J. W. Goda, Timothy Naftali y Robert Wolfe, "The Nazi Paddler: Wilhelm Höttl and Allied Intelligence", en *U.S. Intelligence and the Nazis* (Cambridge: Cambridge University Press, 2005), 265-292.

[12] "Background of Dr. Wilhelm Hoettl", 5 de agosto de 1949, desclasificado en 2000, Archivos de la Agencia Central de Inteligencia.

familia utilizó la ayuda de la linda sirvienta de Edda, que accedió a atraer al policía en servicio a un parque cercano.

Edda, tomando tantos de sus últimos valores como pudo en el bolso de mano, partió con los niños a una caminata matutina, con un cuidador italiano. Huyeron sin vestir nada más que ligera ropa de verano para no levantar sospechas, aunque uno de los niños se rehusó a partir sin un pato de juguete que escaparía con la familia. "Compórtense de manera normal. Hagan como que vamos a pasear",[13] Edda advirtió a los niños. El plan era preciso. Edda caminó poca distancia hacia el oeste por Via Nicolò Tartaglia,[14] después dobló a la derecha en Piazza Santiago del Cile, un automóvil estadounidense se estacionó al lado de ella conducido por un agente alemán de la Amt VI llamado Otto Lechner. Ella y los niños saltaron al carro cuando escucharon la palabra secreta. El agente Otto aceleró con un chillido de las llantas, deshaciéndose de un furioso agente de la policía.

Galeazzo Ciano necesitaba dejar el departamento solo unos minutos después y el tiempo era crucial. Tan pronto como la policía se diera cuenta de que se dirigía a la puerta o de que Edda había huido, intentarían detenerlo y la sorpresa era su única ventaja. Cuando llegó el minuto, Galeazzo, haciendo su parte con gusto, bajó sus lentes de sol de piloto y voló por la puerta delantera. En cuanto salió a la calle, en un parpadeo, un gran automóvil negro con el nazi Herbert Kappler al volante disminuyó la velocidad mientras pasaba frente a él. La puerta se abrió,[15] Galeazzo se arrojó adentro y salieron disparados por la calle, mientras que en el umbral de la puerta el policía secreto italiano entró en pánico.

---

[13] Ray Moseley, *Mussolini's Shadow: The Double Life of Count Galeazzo Ciano* (New Haven, CT: Yale University Press, 2000), 182.

[14] *Ibid.*, 196; carta de Allen Dulles a Dallas S. Townshend, 3 de diciembre de 1955, AWD 25X1, desclasificado en 2003, Agencia Central de Inteligencia.

[15] Howard McGaw Smyth, "The Papers: Rose Garden", Agencia Central de Inteligencia, Historical Review Program, 22 de septiembre de 1993.

Los dos carros por separado se dirigieron a la Academia Alemana, a una poca distancia hacia el este. Cuando se acercaron, las puertas se abrieron y se cerraron en un momento. Una vez que ambos autos estuvieron escondidos a salvo detrás de los muros del patio de la villa, la familia Ciano se reunió con el jefe de operación Wilhelm Höttl, que había volado a Italia para la misión. Después los transfirieron con rapidez a un camión militar alemán que se dirigió a un pequeño aeródromo en Ciampino, al sur de Roma. Cuando iban hacia allá, los niños casi los delatan por sus risitas en los puntos de control. En Ciampino, un avión de carga Junkers 52, con los motores encendidos y las puertas de carga abiertas, estaba esperando. El camión militar entró en reversa por las puertas para que la familia pudiera abordar sin ser vista. En el último momento Wilhelm Höttl preguntó a Otto Lechner,[16] el agente de la Amt VI que llevó a Edda y a los niños, si iría en el vuelo para ser el traductor.

Edda recordó: "Lo primero que hicimos fue poner las insignias fascistas en nuestras solapas de nuevo".[17] Galeazzo hizo un rápido inventario de sus valores: los brazaletes y anillos de Edda, una cigarrera de oro que había conseguido guardar en su bolsillo, algunas joyas que habían logrado esconder en la pequeña mochila de juguetes de su hija, una botella de brandy para los nervios de Edda y para calmar a los niños. Los registrarían antes de que terminara el viaje. Quería un registro de sus posesiones.

Cuando vieron Roma desde arriba fue sin saber si volverían al país que una vez gobernaron como hija y yerno de un dictador. El vuelo por delante sería agotador. Para evitar ser detectados cuando el Junker pasara por espacio aéreo italiano, debían volar a una altitud de mil ochocientos pies sobre los Alpes, y la familia, vistiendo ropa de verano, tiritaba de forma miserable mientras la temperatura se desplomaba.

---

[16] Carta de Allen Dulles a Dallas S. Townshend, 3 de diciembre de 1955.
[17] Mussolini Ciano, *My Truth*, 196.

Edda nunca registró cuándo fue el momento exacto en que se dio cuenta de algo escalofriante. Solo recordaba que fue bastante pronto. Debían dirigirse hacia el oeste, hacia el Atlántico. En cambio, el avión se dirigía al noreste. La dirección equivocada. Los alemanes les habían asegurado que los llevarían directo a España,[18] donde les habían prometido asilo de alto nivel y una visa para continuar a Sudamérica. Fue una promesa falsa. Ya habían convencido a Hitler de que los Diarios de Ciano no debían llegar a los Aliados, y los alemanes asumían que la familia podría viajar con los manuscritos. Incluso si no lo hacían, mientras la familia estuviera en territorio alemán, donde la Gestapo pudiera alcanzarlos, un intento de Galeazzo de hacer algo con los papeles sería muy peligroso. Como Joseph Goebbels, vocero de Hitler y ministro de Propaganda, confió en sus diarios: "El Führer sospecha con razón que tales memorias solo pueden ser peligrosas para nosotros […] Por lo tanto, no hay intención de autorizar que Ciano salga del Reich: él se quedará en nuestra custodia".[19]

Eugen Dollmann escribió después sobre el plan de escape de la familia Ciano: "No sé qué pasó por su mente, pero [Galeazzo Ciano] no lo pensó muy bien. Si lo hubiera hecho, nunca se habría embarcado en un viaje que lo llevaría al dominio de Ribbentrop, su enemigo mortal, o de Adolf Hitler, que lo odiaba".[20]

Los llevaban a Múnich.[21]

El piloto del Junker, un hombre llamado Erich Priebke, era uno de los hombres de la Gestapo de Herbert Kappler en Roma y

[18] Smyth, "The Papers: Rose Garden".

[19] Paige Y. Durgin, "Framed in Death: The Historical Memory of Galeazzo Ciano", tesis, Trinity College, 2012, 253.

[20] Dollmann, *With Hitler and Mussolini…*

[21] Leyland Harrison al Departamento de Estado, 1.° de febrero de 1944, RG 184, entrada 3207, caja 103, fólder 800.2, Archivos Nacionales de Estados Unidos.

dijo palabras dulces de alivio a sus pasajeros. Aterrizarían en Múnich solo para almorzar y abastecer gasolina. Necesitarían parar para recoger nuevos pasaportes y nuevas identidades para la familia. Después, claro, aseguraron a la familia, seguirían hacia España, como prometieron. No había necesidad de preocuparse.[22]

Edda estuvo en condiciones muy lamentables durante las cinco horas de vuelo como para pensar. Bebió grandes tragos de brandy, tratando de mantenerse caliente en su ligero vestido de verano, pero el alcohol, combinado con las pastillas para el mareo que había tomado, la dejaron atontada y desorientada mientras el avión se sacudía y temblaba por las turbulencias.

Galeazzo se negó a tomar una gota. Cada nervio estaba tenso. Habían cometido un error catastrófico. Rachele Mussolini después dijo sobre la decisión, con una subestimación aplastante, que había sido un "error de juicio".[23] Había sido tan tonto. Necesitaba estar atento.

Cuando el avión se detuvo de repente en la pista en Alemania, Wilhelm Höttl desembarcó y salió con pasos largos. Un automóvil estaba esperándolos con el motor encendido. La familia Ciano y su anfitrión fueron llevados con rapidez a una villa en la ribera de un lago que seguía siendo del príncipe Sayn-Wittgenstein, a unos veinticinco kilómetros a las afueras de Múnich en el campo de Baviera, donde se quedarían como "invitados" distinguidos del Führer en lo que les prometieron que sería una breve, aunque peligrosa, visita. Solo cuando Wilhelm Höttl le dio a Galeazzo tarjetas de ración mensual para la familia se dieron cuenta. "¡Dios mío! Creo

---

[22] Mussolini Ciano, *My Truth*, 28; Peter Tompkins, *A Spy in Rome* (Nueva York: Simon and Schuster, 1962), 171.

[23] Rachele Mussolini y Albert Zarca, *Mussolini: An Intimate Biography by His Widow* (Nueva York: William Morrow, 1976), 174.

que tienen la intención de tenernos aquí por un tiempo",[24] Galeazzo susurró a Edda.

Erich Priebke, el piloto de las ss que los llevó de Roma a Múnich, hablaría después de ese vuelo como el momento en que arrestó a la condesa y al conde Ciano. Priebke había entendido a la perfección desde que salieron de Roma que no había intención de mandar a la familia a España esa tarde o ninguna otra.[25] El arresto domiciliario en el castillo rural al principio fue cordial y su anfitrión seguía con la pretensión de una visita social. Otto Lechner, el traductor de último minuto que hizo el vuelo con ellos desde Italia, fue asignado a quedarse con la familia las primeras semanas y hubo una oleada de visitas y mensajes.[26] Primero el jefe de servicios de seguridad nazi, Ernst Kaltenbrunner, llegó con flores; después Joachim von Ribbentrop envió una nota cortés donde pedía llamar a su vieja amiga Edda y, al final, una petición personal de Hitler de verla a solas. Nadie habló con Galeazzo. Era claro que lo consideraban una *persona non grata*. "Estaba sorprendida", confesó Edda.[27] Los alemanes "me hablaban solo a mí y parecían ignorar la existencia de mi esposo".

Pudo haber sido en estos primeros días de cautiverio principesco, cuando comenzó a darse cuenta del peligro, que Galeazzo Ciano hizo una propuesta atrevida a Wilhelm Höttl. En la lucha interna por poder dentro la jerarquía nazi, la lealtad de Höttl estaba con Kaltenbrunner y Himmler, lo que significaba que Höttl y Galeazzo compartían un desdén por Ribbentrop, el ministro de Relaciones Exteriores alemán. Galeazzo le aseguró que sus diarios

---

[24] Mussolini Ciano, *My Truth*, 128.

[25] Smyth, "The Papers: Rose Garden".

[26] Mussolini Ciano, *My Truth*, 197; carta de Allen Dulles a Dallas S. Townshend, 3 de diciembre de 1955.

[27] Mussolini Ciano, *My Truth*, 197.

desacreditarían a Ribbentrop. Otto Lechner observó que Ernst Kaltenbrunner[28] realizó un número sorpresivo de visitas en las primeras semanas a la familia Ciano en Múnich, tal vez una pista de que las conversaciones habían comenzado poco después de su llegada. Galeazzo entendió que necesitaría ayuda desde dentro de la maquinaria del Partido Nazi si querían salir de Alemania. Entonces propuso: ¿y si hacían un trato? Sus diarios (con el poder de hacer caer a Ribbentrop) a cambio de un pasaje seguro para su familia a Sudamérica. Wilhelm Höttl quería asegurarse de que entendía lo que Galeazzo estaba describiendo y se preguntaba qué otros secretos confesaría si lo engañaban. Tal vez lo podían seducir para que revelara la ubicación de los documentos, que los alemanes sospechaban que podría tener con él. Höttl llevó a una traductora de italiano que acababa de ser transferida a su oficina desde Roma, una de esas jóvenes atractivas que eran la debilidad del conde: Hilde Beetz.

---

[28] Carta de Allen Dulles a Dallas S. Townshend, 3 de diciembre de 1955.

CAPÍTULO 4

GALLO

29 de agosto de 1943-15 de octubre de 1943

La vida de Hilde Beetz fue lanzada al aire ese verano. En Italia, la habían dejado trabajar con sus propias estrategias como directora de la oficina de inteligencia extranjera. La evacuaron en agosto y todavía se estaba acostumbrando a una posición nueva y menos autónoma en Múnich, como secretaria y traductora de Wilhelm Höttl, en la oficina de inteligencia en Alemania que dirigía el sector italiano. Era una joven ambiciosa e innegablemente esto era un retroceso en su carrera. También se estaba acostumbrando a la vida de recién casada. En junio, enamorada, se casó con el capitán Gerhard Beetz,[1] un oficial militar alemán que resultó ser conocido de Galeazzo y Edda Ciano. A pesar del tiempo que pasó en Roma, nunca había visto al conde Ciano y su primera impresión de él cuando los presentaron en el castillo a las afueras de Múnich no fue halagadora: "Era alto, en forma, físicamente atractivo, seguro de sí […] pero me pareció un hombre ególatra, vano y frívolo".[2]

---

[1] Ray Moseley, *Mussolini's Shadow: The Double Life of Count Galeazzo Ciano* (New Haven, CT: Yale University Press, 2000), 186. "Hildegard Beetz", 14 de junio de 1945, comunicación clasificada de Estados Unidos con CO, SCI, Alemania, desde SCI Weimar, reportando la interrogación de Hilde Beetz y el rol de la RSHA en la muerte de Galeazzo Ciano, Archivos de la Agencia Central de Inteligencia.

[2] Moseley, *Mussolini's Shadow...*, 185.

La primera tarea de Hilde fue servir de traductora. Hablaba italiano a la perfección y la traducción simultánea era un talento raro. Con rapidez, confirmó en reportes a los cuarteles que Wilhelm Höttl había entendido de manera correcta el trato propuesto por Galeazzo. Intercambiaría sus manuscritos, garantizando dañar a Ribbentrop con sus enemigos internos, a cambio de un pasaje seguro para su familia hacia España. Los españoles les proveerían el tránsito hacia Sudamérica, a donde Galeazzo ya había transferido algunos bienes. La familia solo quería una vida tranquila y huir de Europa.

El intercambio propuesto (los manuscritos por un pasaje seguro) provocó ávidas discusiones internas entre Höttl y sus superiores,[3] en especial Kaltenbrunner y Himmler. Ninguno de estos hombres sentía simpatía por Galeazzo Ciano. Pero tampoco tenían ninguna enemistad en particular. En cambio, la oportunidad de disparar a la rodilla a Ribbentrop, a quien ambos odiaban, era muy tentadora para dejarla pasar. Tal vez encontrarían los diarios primero y no sería necesario seguir con el trato. Tener los diarios para dañar a Ribbentrop *y* mantener control del conde sería el resultado ideal. Pero si la única manera de asegurar los documentos era enviando a la familia Ciano a Sudamérica, a ninguno de los personajes clave en Múnich le importaba demasiado. Los jefes de seguridad nazis firmaron un acuerdo para intercambiar los diarios por la libertad de la familia. Llamaba la atención que Hitler no estaba incluido en el plan. Nadie pensaba que él apoyaría un esfuerzo interno para dañar a Ribbentrop. Himmler y Kaltenbrunner contaban con que los diarios hicieran el trabajo por ellos.

Las cosas parecían seguir adelante. Para ese momento los alemanes ya sabían que los diarios no estaban en el castillo. Los agentes se dispersaron por Roma tratando de descubrir dónde habían escondido los documentos. El lunes 30 de agosto, tal vez como

---

[3] Howard McGaw Smyth, "The Papers: Rose Garden", Agencia Central de Inteligencia, Historical Review Program, 22 de septiembre de 1993.

parte de un plan para aplacar a la familia mientras se realizaba la
búsqueda de los diarios en Italia, tal vez en serio, tomaron fotografías de la familia; se suponía que serían para los pasaportes falsos
y las nuevas identidades después del vuelo. Galeazzo se converti-
ría en un caballero italoargentino y ahora tendría nuevo bigote
postizo que hacía que los niños murieran de risa. Edda sería una
mujer inglesa llamada Margaret Smith, nacida en Shanghái, Chi-
na. Trataron de que los niños no vieran lo asustados que estaban,
pero para principios de septiembre la situación era desesperante.
Les habían prometido que un avión los llevaría a España antes del
5 de septiembre. Cuando llegó el día y se fue, Edda empezó a pensar que tal vez Galeazzo tuvo razón todo el tiempo: no se podía
confiar en los alemanes. Galeazzo esperaba una traición. Después
de todo, ya les habían prometido un vuelo directo a España desde
Roma. Y ya se vio cómo terminó eso.

Los alemanes pensaban lo mismo sobre traicionar a los italianos
esa semana. El Eje había interceptado comunicaciones apuntando
que, en Italia, el nuevo primer ministro del rey, Pietro Badoglio,
estaba negociando en secreto un armisticio con los Aliados. Cuando las noticias del tratado de paz salieron el 8 de septiembre, la
posición de la familia Ciano en el castillo se volvió mucho más
complicada. Roma ahora era una ciudad abierta. Hitler ordenó
una ocupación brutal. Galeazzo era un tipo particular de enemigo.
Era en gran parte culpado por instigar el golpe de Estado contra
Mussolini y por la pérdida de Italia como socio estratégico. El
hermano de Edda, Romano, habló sobre el arresto de Mussolini
que siguió como "el fin del fascismo"[4] en Italia y Galeazzo era uno
de los responsables.

────────────

[4] Romano Mussolini, *My Father Il Duce: A Memoir by Mussolini's Son*, trad. de Ana Stojanovic (s.l.: Kales Press, 2006), 98.

Las cosas dieron un giro inquietante en el castillo después del anuncio del armisticio. Wilhelm Höttl había sido atento en la vigilancia de la familia como "anfitrión". Su reemplazo en el castillo, al final de la segunda semana de septiembre, era un hombre cuyo nombre solo era recordado por Edda como "Otto". Tal vez era el mismo Otto Lechner que había viajado con ellos desde Roma como traductor, aunque había muchos otros agentes con ese nombre involucrados con la familia Mussolini. Aprendieron con rapidez que Otto consideraba su rol menos de anfitrión y más como guardia y verdugo. El comandante de las ss aterrorizaba a los niños asesinando gatos frente a ellos y llevándolos a punta de pistola a la cama cada noche. Años después, Edda dijo: "Nunca había odiado a nadie de verdad hasta que conocí a Otto".[5] Como era de esperarse, la niñera de los niños renunció y, entonces, el 10 de septiembre, una mujer llegó a vivir con ellos al castillo.

Todos conocían la debilidad de Galeazzo por las mujeres, y la recién llegada era muy bonita, con cara inocente y un espíritu libre. Su misión era seducir a Galeazzo para que revelara los contenidos de los diarios, "incluyendo todos los detalles de forma específica [...] pero lo más importante era cada declaración contra Alemania y, en especial, contra Ribb".[6] Ella tenía que conseguir que se lo dijera y también dónde escondía los diarios. Esta nueva mujer, claro, era Hilde. La habían promovido de secretaria a agente activo de inteligencia. Esta era la oportunidad de carrera que anhelaba con entusiasmo. Era lista, ambiciosa y deseosa de ser una espía. Que su gobierno fuera el Tercer Reich no era algo que preocupara a la alemana de veintitrés años.

---

[5] Moseley, *Mussolini's Shadow…*, 200.

[6] Katrin Paehler, *The Third Reich's Intelligence Services: The Career of Walter Schellenberg* (Cambridge, RU: Cambridge University Press, 2017), 228.

Edda, que no era ninguna tonta, estaba menos que encantada con el desarrollo.[7] El apodo que tenía para su esposo era Gallo,[8] y vio a dónde iba todo esto, incluso si Hilde tuvo cuidado de parecer emocionalmente formal y lejana al llegar. Si Hilde aparecía como una seductora sería contraproducente: Galeazzo amaba perseguir. Ella lo dejaría ser el perseguidor. "Ahora soportábamos la precisión impersonal de una anfitriona, Frau Beetz, que se quedaría con nosotros hasta el final", escribió Edda con cuidado. La estrategia de Hilde funcionó. Galeazzo no podía resistir perseguir a una mujer.

Era la primera tarea de Hilde Beetz como agente de inteligencia de campo, y cuando se reunió con Galeazzo por segunda vez, en su presentación en la casa, su impresión fue más favorable. En ese momento Galeazzo estaba lleno de remordimiento. Veía con precisión lo desastroso que había sido su decisión de ponerse en mano de los alemanes y se culpaba por eso. "Había perdido su seguridad. Estaba desanimado, prostrado."[9] Hilde se dio cuenta. Parte de ella incluso sentía lástima por él: "De manera instintiva me sentí solidaria con él". De aquellos primeros días de su misión, recordó: "Poco a poco entendió que podía confiar en mí. Comenzó a contarme cosas personales, a desahogarse conmigo. Nuestras conversaciones eran cada vez más cercanas, más confidenciales. Me pareció natural tratar de ayudarlo, respaldar su valentía". Aunque en realidad, seducir a Galeazzo para obtener sus secretos era su misión.

De regreso en Roma, la capital estaba en agitación en la segunda semana de septiembre. Los italianos habían cambiado de bando

---

[7] "Hildegard Beetz", 14 de junio de 1945.
[8] Edda Mussolini Ciano, *My Truth* (Nueva York: Morrow, 1977), 203.
[9] Moseley, *Mussolini's Shadow...*, 186.

en la guerra. Alemania estaba furiosa. Cuando las tropas alemanas entraron a la capital para ocupar la ciudad, el rey, la reina y el nuevo primer ministro huyeron por sus vidas. Susanna Agnelli y Raimondo Lanza, todavía en Roma, quedaron atrapados en el drama nacional. Los alemanes ocupaban los cuarteles y disparaban a los soldados italianos. "Llegué a casa y descubrí que estaba llena de carabinieri que habían saltado el muro de sus cuarteles en la parte más lejana de la calle hacia nuestro jardín —recordó Susanna—. Pedían ropa de civil para poder escapar."[10] En solo días, el Portico di Ottavia, el barrio judío, fue sellado y liquidado. Un puñado de residentes logró huir brincando de tejado en tejado sobre tejas de barro resbalosas que caían como cascajo sobre las calles. La mayoría de los residentes fue arrestada y deportada a Auschwitz.[11]

El prometido de Susanna, el príncipe Raimondo,[12] había sido parte de una red de italianos que trabajaba en secreto para negociar la paz con los Aliados, y había estado peligrosamente en contra del Partido Fascista. Ahora trataba con desesperación de llegar al sur para unirse a los Aliados antes de que lo capturara la Gestapo como un agente enemigo. Susanna le encontró a Raimondo un lugar para esconderse en el sótano de un hospital y después puso su atención en el aprieto de su madre mitad estadounidense, angloparlante, la princesa Virginia Agnelli,[13] quien, a pesar de su larga amistad (y tal vez más) con el hombre de las ss Eugen Dollmann, también fue arrestada y encarcelada como ciudadana aliada. Entonces Susanna huyó a la frontera suiza, escapando con su hermana solo

[10] Susanna Agnelli, *We Always Wore Sailor Suits* (Nueva York: Bantam Books, 1975), 113.

[11] Shannon Quinn, "10 Little Known Facts About the 9 Months the Nazis Occupied Rome", *History Collection*, 29 de mayo de 2018.

[12] Véase Raimondo Lanza di Trabia, *Mi toccherà ballare*, ed. Ottavia Casagrande (Milán: Feltrinelli, 2014).

[13] Dan Kurzman, *A Special Mission: Hitler's Secret Plot to Seize the Vatican and Kidnap Pope Pius XII* (Nueva York: Hachette, 2007), s.l. (libro electrónico); Jennifer Clark, *Mondo Agnelli: Fiat, Chrysler, and the Power of a Dynasty* (Hoboken, NJ: John Wiley and Sons, 2012), 68.

días antes de que los alemanes liberaran a Benito Mussolini en una atrevida redada en los Alpes y pusieran en marcha planes para reinstalarlo como un dictador títere.

En Lausana, Suiza, a pesar de la gran riqueza de los Agnelli y sus conexiones reales, Susanna y sus hermanos encontraron condiciones de guerra desesperantes.[14] Después recordó que ese invierno: "Comíamos hojuelas de maíz y leche que se podían comprar sin cupones de comida" y bebíamos "sopa hirviendo para mantenernos calientes durante la noche".[15] Solo había una luz para Susanna: todavía se aferraba a su sueño de ser doctora y se le permitiría asistir a la escuela de medicina en Suiza. Nunca se casaría con el príncipe Raimondo.

El plan alemán de liberar a la familia Ciano a cambio de los diarios que derribarían a Ribbentrop seguía en marcha en la segunda semana de septiembre. Entonces Edda cometió un error fatal y tonto. Se le había advertido no tocar el tema con Hitler y dejárselo a sus tenientes. Ella se adelantó e insistió en pedir su permiso personal. Confiaba en su amistad personal con el Führer. Hitler, tomado con la guardia baja y furioso, llamó a los jefes de seguridad y prohibió de inmediato cualquier consideración de escape para Galeazzo Ciano. Mussolini estaba libre y bajo protección alemana. Pronto estaría de vuelta en el poder en Italia,[16] como líder títere de un Estado fascista. La idea de Hitler era que, cuando ese regreso sucediera, su yerno traidor fuera enviado a Italia para que Mussolini se encargara de él.

[14] Agnelli, *We Always Wore Sailor Suits*, 122.
[15] *Idem*.
[16] Smyth, "The Papers: Rose Garden".

Cuando entendieron que el trato se había cancelado, Galeazzo perdió las esperanzas. Habló de manera abierta sobre suicidarse. Edda, que siempre había sido muy nerviosa, estaba afligida por la negativa de Hitler de ayudar a su familia y las consecuencias de sus errores. Estuvo al borde de un colapso nervioso. Seguían viviendo bajo el reinado del terror impuesto todos los días por Otto. Hilde, cuya fachada como secretaria personal y traductora no engañaba a nadie, continuaba con su ofensiva encantadora contra Galeazzo. En silenciosas conversaciones nocturnas, Galeazzo y Edda expresaban sus preocupaciones. Les angustiaba sobre todo que el escondite de los diarios en Italia no fuera seguro, en especial ahora que los alemanes controlaban la capital. Mientras los nazis no tuvieran los diarios, había oportunidad, algo con qué negociar. Si se descubrían los diarios, ninguno dudaba que Galeazzo sería ejecutado o asesinado.

En retrospectiva, se dieron cuenta de que dejar los papeles con la madre de Galeazzo había sido muy obvio. A Galeazzo le preocupaba que Carolina Ciano estuviera en peligro con los alemanes buscando de manera activa los diarios. Edda no tenía una buena impresión de su suegra y no creía que tuviera mucho sentido común. También se sentiría mejor si los papeles estuvieran en algún lugar más confiable. Solo podían ver una solución. Edda debería regresar a Roma.[17] A Galeazzo no se lo permitirían. Entendían que Galeazzo estaba detenido por los alemanes. Pero no había razón para negarle el permiso de regresar a Italia de visita, en especial porque ahora era territorio ocupado por el Reich. Esta vez escondería los diarios con cuidado. Ya estaba pensando en cómo hacerlo.

Pero Edda y Galeazzo quedaron desconsolados cuando le negaron el viaje a Edda. Habían llevado a sus padres a Alemania mientras se realizaban operaciones en Italia para preparar el regreso al poder de Mussolini. Edda hizo algunos berrinches violentos

---

17 Mussolini Ciano, *My Truth*, 203.

con su padre, demandando en que insistiera en que Hitler la repatriara. Cuando eso fracasó, hizo una huelga de hambre. Por fin, los alemanes, cansados y convencidos de que estaba loca, accedieron a enviarla a casa.

En ese momento había otra motivación para deshacerse de Edda: su influencia en Mussolini. Hitler y Ribbentrop querían a Mussolini tan molesto con Galeazzo Ciano como fuera posible y Edda defendía a su marido de manera inteligente e incondicional. Algunos del círculo interno de Hitler simpatizaban en secreto con los argumentos de Edda. Incluso su padre se influenciaba cada vez más por ellos. Joseph Goebbels confió en su diario que, mientras estuvo en Alemania, Edda "ha tenido éxito por completo en revertir la opinión del Duce sobre Ciano […] eso significa que ese hongo venenoso se sembró de nuevo en medio del nuevo Partido Fascista Republicano".[18] Mussolini, como líder de la recién fundada República de Saló, gobernaría el norte de Italia bajo la dirección del Tercer Reich, basada cerca del Lago Garda. Enviar a Edda a Roma, casi quinientos kilómetros al sur y bajo control alemán, de pronto tuvo ciertos atractivos.

Aunque tal vez lo más importante era el simple hecho de que el éxito de Hilde Beetz seduciendo a Galeazzo para que dijera sus secretos sería más fácil de conseguir si la esposa estaba en otro país. Le permitieron a Edda salir de Múnich el 27 de septiembre de 1943 en un tren militar de transporte. Viajó con una identidad falsa bajo el nombre de la condesa Emilia Santos, acompañada de tres agentes de las ss disfrazados de sacerdotes católicos y dos enfermeras. A Galeazzo no le permitieron partir. Tampoco a los niños, que Hitler mantendría como rehenes, un poderoso daño colateral si Edda se comportaba mal. Galeazzo era un padre amoroso. Era una debilidad terrible.

---

[18] Moseley, *Mussolini's Shadow*…, 189.

Edda regresó a una capital bajo autoridad directa de los alemanes y montó un buen espectáculo, interpretando el rol de una disoluta chica fiestera y juntándose con amigas de la sociedad para evadir la seguridad. Acudió en particular a una vieja amiga, Delia di Bagno. Los rumores decían que Delia (siempre elegante y a la moda) había sido amante de Galeazzo al mismo tiempo que Edda estaba con el esposo de Delia, el marqués Galeazzo di Bagno. La madre de Edda, Rachele Mussolini, estuvo furiosa cuando le llegaron los rumores sobre el intercambio de parejas. Si el chisme era real, ni a Delia ni a Edda les importaban las indiscreciones de sus maridos. Galeazzo estaba en problemas y Edda confió con rapidez a su amiga lo que estaba en riesgo. Tanto Delia como su madre, la condesa de Laurenzana, accedieron a ayudar a Edda a recuperar y asegurar mejor los diarios. Jalando algunas cuerdas, Delia consiguió algo casi imposible: un automóvil privado y gasolina. Deshaciéndose de sus vigilantes, las dos mujeres partieron juntas a recuperar los diarios con Carolina Ciano.[19]

Pero Carolina Ciano había perdido los papeles de su hijo.

Edda tenía expectativas bajas de su suegra, pero esto era increíble. Edda y Delia estaban fuera de sí. A Edda no le importaba si alguien la escuchaba maldiciendo.

Carolina trató de explicar. Le preocupaba que registraran su casa. Al no entender la importancia del paquete que le habían encargado, pasó los diarios al tío de Galeazzo, Gino Ciano, quien pensó que podrían ser valiosos y con cuidado enterró la mayoría debajo de un árbol en el jardín de la familia cerca de Lucca. Por

---

[19] Domenico Vecchioni, "Quelle due belle spie che si contendono i diari di Galeazzo Ciano: Sono Frau Beetz per i tedeschi e Christine Granville per gli alleati", *L'Indro*, 1.º de agosto de 2018.

desgracia, Carolina explicó: "Alguien lo vio enterrándolos y de seguro pensó que eran dinero o joyas, los desenterró y robó".[20]

Pero era un pueblo pequeño. Ahora que Carolina Ciano entendía que los documentos se iban a intercambiar por la vida de su hijo, esparció la palabra de que algunos documentos familiares estaban "perdidos" y ofreció una gran recompensa para quien los "encontrara". Pocos días después las partes faltantes de los cuadernos aparecieron al final del jardín.[21] Por suerte, los restantes (incluyendo el cuaderno importante que registraba las conversaciones de Galeazzo con Ribbentrop) se recuperaron del segundo escondite más seguro del tío Gino en Roma.

Los "diarios" de Galeazzo no eran, de hecho, todos los diarios. Había una mezcla de papeles familiares y de negocios. Los "diarios" correctos (el registro diario de Galeazzo de su época como ministro de Relaciones Exteriores escritos en delgadas agendas de la Cruz Roja Italiana) sumaban por lo menos siete volúmenes, tal vez ocho, escritos a mano, uno por cada año de 1937 a 1943 y es posible que un volumen para 1936 también, el año en que Galeazzo asumió el cargo.

Después había un segundo conjunto de papeles, a los que llamaban Colloqui o las Conversaciones. Este conjunto era de, por lo menos, cinco y es posible que seis volúmenes, encuadernados en costosa piel verde; estos registros contenían conversaciones diplomáticas de 1938 a 1943. Algunos de esos memorandos eran copias de papeles oficiales. Otros eran registros personales.

Para finalizar, había un tercer conjunto de papeles sueltos, a los que Edda y Galeazzo llamaban Germania, papeles y documentos de apoyo que tenían que ver con la relación italoalemana. A este

---

[20] Mussolini Ciano, *My Truth*, 203.
[21] *Ibid.*, 207.

conjunto, agregaron una cuarta colección de hojas sueltas de varias cartas personales, familiares y el diario personal de Edda durante la guerra.[22] Tanto Edda como Susanna Agnelli fueron enfermeras en barcos hospital y las dos sobrevivieron naufragios. Los diarios de Edda, como hija del dictador, eran un registro histórico único.

Esos manuscritos colectivos eran los que Galeazzo y Edda consideraban los "diarios". Juntos eran un paquete grande, pesado y poco manejable. Mover los papeles sin ser notado no era fácil. Habían dejado la mayoría de los diarios con Carolina Ciano. Una pequeña porción la dejaron con un amigo en la embajada española. Edda reunió los papeles e hizo un espectáculo empacando su gran guardarropa en maletas y baúles. Con la ayuda de Delia di Bagno, aprovechó la ocasión para transferir los diarios en secreto a una nueva ubicación, al parecer a un banco confiable en algún lugar en Roma. Algunas fuentes dicen que las dos mujeres los colocaron en un depósito seguro bajo una identidad inventada que solo conocían Edda y Delia. Otras fuentes (es probable que las más confiables) dicen que los papeles se apilaron en un hueco en la mampostería en la cima de una puerta de arco en el edificio con la ayuda de un amigo de la familia dentro de la institución. Con su misión urgente cumplida y los diarios asegurados,[23] Edda y Delia se despidieron. Entonces Edda se dirigió al norte para una reunión apasionada con su amante de mucho tiempo, el aristócrata Emilio Pucci, en su finca palaciega de Florencia.

Emilio Pucci, nacido en 1914[24] en una de las familias nobles más ilustres con título de marqués, fue un glamuroso y galardonado

[22] Smyth, "The Papers: Rose Garden".

[23] Andrea Niccoletti, "The Decline and Fall of Edda Ciano", *Collier's Weekly*, 20 y 27 de abril de 1946.

[24] Raymond Rendleman, "Thinker. Tailor. Soldier. Spy. The Kaleidoscopic Career of Emilio Pucci '37", *Reed Magazine* 93, núm. 1 (1.º de marzo de 2014), s.l. (reimpresión online); reporte, Emilio Pucci a Allen Dulles, 24 de mayo de 1945, "Edda Ciano Diaries"; nota 18R, archivos personales de Allen Dulles, Archivos de la Agencia Central de Inteligencia.

piloto durante la guerra, esquiador y piloto de carreras *amateur*, pero ahora se recuperaba en casa de los efectos secundarios de una fiebre tropical que casi lo mató. Viejos amigos y antiguos amantes, Edda y Emilio habían reavivado su pasión en Capri a principios de 1943, justo tras el término de los dramáticos dos años con la Cruz Roja. Ahora, al borde de un colapso nervioso y exhausta por su tiempo como "prisionera" de Hitler y por la urgencia de esconder los papeles, acudió a Emilio por consuelo. Edda le contó sobre el peligro que enfrentaba Galeazzo. Y le contó sobre los diarios. Necesitaba su ayuda. "Después de escuchar su historia[25] —Emilio contó más adelante—, decidí que era mi deber como oficial y como italiano hacer todo lo que pudiera para ayudarla […] era mi deber como caballero hacer lo máximo posible."

Por el momento, Edda requería una casa base y Emilio notó que necesitaba un doctor. Nerviosa, sin dormir y con el agua hasta el cuello, la familia Ciano había vivido en terror por sus vidas todos los días desde julio. Edda estaba rota. No pensaba en regresar a Alemania. Primero, necesitaba recuperarse. Edda y Emilio asistieron juntos (pero al parecer en diferentes habitaciones) a una clínica elegante y privada en el pequeño pueblo de Ramiola, en las afueras de Parma, a mediados de octubre de 1943. Edda quedó bajo el cuidado de dos hermanos, los doctores Elvezio y Walter Melocchi, quienes, sin que Edda o Emilio supieran, eran "partisanos": miembros de la resistencia antifascista italiana.

La clínica en Ramiola era una impresionante y remota villa, con grandes ventanas y rodeada por jardines sombreados, enclavada en una pequeña colina con vista a los campos y huertos de árboles frutales. Edda, que vivía bajo el nombre de la condesa Emilia Santos, colapsó con gratitud. Necesitaría nuevas reservas, porque lo peor, por mucho, estaba por llegar.[26]

---

[25] Rendleman, "Thinker. Tailor. Soldier. Spy…".
[26] "Hildegard Beetz", 14 de junio de 1945, 2.

CAPÍTULO 5
ARRESTO
16 de octubre de 1943-12 de diciembre de 1943

Mientras Edda y Emilio se acomodaban en la clínica de Ramiola, Galeazzo seguía prisionero en el castillo en Baviera con Hilde. Ahora que Edda había regresado a Italia y, Galeazzo suponía, reubicado los diarios, se sentía más tranquilo, más optimista. Siempre y cuando los alemanes no obtuvieran los papeles, se sentía seguro de que no era prescindible. Con Mussolini de vuelta en el poder, seguro Hitler no se atrevería a dañar a la hija del Duce o a su familia. Con satisfacción, Hilde reportó a sus superiores en resúmenes de inteligencia que Galeazzo había "hecho las paces con el hecho de que se quedaría en Alemania por un largo tiempo. Ya no habló de escapar y del extranjero".[1] Esperaba que Edda regresara pronto y, tranquilizado por Hilde, comenzó a hablar sobre comprar una casa y asentarse en algún lugar de Alemania.

Cuando se acababa de hacer a la idea de que su estadía en el Reich sería larga y que él, Edda y los niños no estaban en peligro, Galeazzo se sorprendió al recibir un mensaje el 16 de octubre,[2] solo unas semanas después de la partida de Edda, donde decía que se le permitiría regresar a Italia. De acuerdo con el aviso: "El Duce desea hablar con él". La petición era extraña. Mussolini

---

[1] "Hildegard Beetz", 26 de octubre de 1943.
[2] *Idem.*

había estado en Múnich hacía poco en septiembre. La madre de Edda, Rachele, todavía estaba en Alemania, quería estar cerca de sus nietos y otros miembros de la familia que habían huido de Italia después de la toma de poder de Pietro Badoglio como primer ministro. Galeazzo había insistido a su suegro que "los eventos tras el Gran Consejo se habían ido en contra de las intenciones de él y de sus compañeros votantes".[3] Era una declaración verdadera, tal como fue: Galeazzo no quería de ningún modo a Pietro Badoglio en el poder. Pero Galeazzo sí quería ver a Mussolini fuera de la oficina como primer ministro y había cooperado con el rey y otros para hacer que sucediera. Tal vez Mussolini lo había perdonado, pero Galeazzo estaba seguro de que su suegra, Rachele, no lo había hecho. Le clavaba cuchillos con los ojos cuando se molestaba en reconocer su presencia. Años después ella escribiría en sus memorias que no tenía nada bueno que decir sobre el esposo de su hija mayor.

Cuando Galeazzo, en respuesta a la "invitación", sugirió que había hecho las paces con una vida tranquila y doméstica en Alemania y ya no tenía deseos de regresar a Italia, el tono se alteró. Wilhelm Höttl llegó al castillo al siguiente día, domingo. Tal vez el conde no había entendido el *Führerprinzip*. El nazismo se basaba en una ley fundamental, conocida en alemán como *Führerprinzip*, el principio del Führer. Herman Göring una vez dio una traducción simple: "Solo el Führer decide".[4] Hitler había decidido. Regresar a Italia era inminente y no opcional. Cuando Höttl le dijo a Galeazzo y a Hilde que dos policías acompañarían al conde el martes por la mañana, en caso de cualquier "problema" en el camino al sur, Galeazzo entendió que Mussolini no le estaba preparando una cálida bienvenida.

Galeazzo regresaría a Italia para un ajuste de cuentas con Mussolini y con el reconstituido Partido Fascista. Los niños se

---

[3] *Idem.*
[4] John Gunter, *Inside Europe* (Nueva York: Harper, 1940), 19.

quedarían en Alemania y también su abuela. Hitler ya sabía que Galeazzo nunca intentaría huir a España o a Sudamérica si significaba abandonar a sus hijos con los nazis. El lunes anterior a su partida, reunió a sus tres hijos en el gran salón. "Ciao, niños, no nos veremos por un tiempo",[5] su hijo Fabrizio recordó a su padre despidiéndose. Rachele, determinada a que Galeazzo supiera cuánto lo odiaba, sirvió el té en silencio, con el ceño fruncido. "Siempre compórtate con honor", le dijo a Fabrizio con seriedad. "Nunca olvides que somos italianos", le dijo a su hija, Raimonda. Solo besó a su inquieto hijo pequeño, Marzio, al que él y Edda apodaron de cariño Mowgli. Edda adoraba las cosas salvajes. Alguna vez tuvo un jaguar como mascota en la Villa Torlonia. Ambos amaban que su hijo menor fuera como el personaje de *El libro de la selva*. Cuando se acabó el té, Galeazzo salió a un breve compromiso en Múnich.[6] Cuando regresó, los niños y su abuela ya no estaban y, salvo Hilde y las ss, el castillo estaba vacío.

En ese punto, Hilde y Galeazzo eran inseparables. Habían enviado a Hilde para aprovechar la debilidad de Galeazzo por mujeres bonitas y ella había jugado la mano con frialdad e inteligencia. Fue claro que Galeazzo la encontró encantadora. Hilde reportó a sus superiores en la Oficina de Seguridad alemana en otoño de 1943 que Galeazzo se había enamorado de ella y estaba planeando su futuro juntos. Lo supiera Edda o no, Galeazzo había pensado en la idea de que Hilde se uniera a la casa como su "secretaria" personal. Hilde escribió en su resumen de inteligencia a Wilhelm Höttl: "Si consigue, contra sus expectativas, vivir libre en Italia, se llevará a sus hijos de inmediato y me pedirá que los acompañe".[7] Hilde y él

---

[5] Ray Moseley, *Mussolini's Shadow: The Double Life of Count Galeazzo Ciano* (New Haven, CT: Yale University Press, 2000), 194.

[6] "Hildegard Beetz", 26 de octubre de 1943.

[7] *Idem.*

trabajarían juntos en preparar los diarios para publicarlos después de la guerra. Hilde lo alentaba a pensar en los diarios como un libro bestseller y quería saber todo sobre los aspectos más emocionantes.

Galeazzo tenía reputación de ser un chismoso habitual, incapaz de mantener un secreto. Fiel a su costumbre, ya le había dicho a Hilde dónde habían escondido los diarios (él y Edda) antes de salir de Italia. Hilde reportó a sus superiores: "Ya me había contado durante una conversación, antes de que llegara el aviso de su partida, que están en tres partes (en principio, estaban en cuatro, pero quemó una parte que tenía en la casa de Roma el 26 de julio) [...] una parte la tiene un amigo 'neutral' en Roma, dos partes están enterradas en la Toscana".[8] Estos eran los papeles que tenía el antiguo embajador español y que escondió Carolina Ciano.

Edda, por supuesto, ya había movido esos papeles a una ubicación segura, con la ayuda de Delia di Bagno. En cierto sentido, Galeazzo esperaba estar compartiendo con Hilde información desactualizada. Pero, para empezar, el hecho de que le haya dicho solo confirmaba lo que era inevitable: Galeazzo Ciano estaba enamorado con locura y no podía resistirse al chisme. ¿Hilde Beetz estaba enamorada de su objetivo? Era una espía novata, en su primera tarea real y no se podía negar que Galeazzo era galante y guapo. No se había impresionado cuando lo conoció. Ahora sentía por el desalentado conde algo que él percibía, por lo menos, como una cálida amistad e intensa atracción sexual. ¿Esos sentimientos de Hilde eran reales o solo coqueteo para ganar su confianza y completar su misión? No hay forma de saber con seguridad cómo estaban las cosas al principio. Tal vez ambas cosas eran ciertas de manera simultánea. Después, Hilde dijo que antes de que terminara su estancia en Baviera, "tenía gran simpatía por él y estaba trabajando para salvar su vida".[9] Al mismo tiempo, Hilde Beetz era ambiciosa, profesional, recién casada y, al parecer, estaba enamorada de su

---

[8] *Idem.*
[9] *Idem.*

esposo; su carrera dependía de entregar los diarios del conde Ciano. Mantenerlo vivo y enamorado era la mejor forma de lograrlo.

El martes 19 de octubre, como estaba agendado, un avión de transporte alemán despegó desde Múnich, con destino a Verona, la ciudad en el corazón de la historia de amor de Romeo y Julieta. A bordo iba Galeazzo Ciano escoltado por dos guardias de cara larga de las ss. Vestía un traje gris y un abrigo ligero. No llevaba equipaje ni sombrilla. Solo una fotografía de Edda y los niños en el bolsillo del pecho y un ícono ruso de la virgen católica que le habían regalado en su boda. A Hilde Beetz le permitieron acompañarlo en el vuelo, para mantenerlo tranquilo y obediente, pero esperaban que regresara de inmediato.

El avión voló bajo durante el acercamiento. Galeazzo podía ver debajo de ellos el río Adige serpenteando a través de la ciudad, una extensión de techos de teja y la piedra del anfiteatro romano. El avión de transporte llegó rápido, se sacudió y se detuvo de repente. Sus escoltas se dirigieron a la salida. En 1943 Verona estaba bajo el control nominal de Mussolini, parte de la llamada República Social Italiana, con frecuencia conocida solo como Saló, en honor a la ciudad en la orilla del lago Garda. Un oficial de policía militar se acercó a Galeazzo mientras este pestañeaba por el sol y una mano se posó sobre su brazo casi en el mismo momento en que su pie tocaba el pavimento: "Galeazzo Ciano, está usted bajo arresto".

"Estoy consciente de eso",[10] contestó Galeazzo con tranquilidad.

Estaba decidido a no dejarlos ver su nerviosismo. Pero *sí* se sentía nervioso.

---

[10] Edda Mussolini Ciano, *My Truth* (Nueva York: Morrow, 1977), 210.

Hilde, de vuelta en Múnich, estaba preocupada. Necesitaba averiguar cómo reunirse con Galeazzo y ser transferida a Verona. Tal vez había simpatía genuina por el conde. Pero la realidad era que (a menos que Hilde pudiera convencer a sus jefes de que, con un poco más de tiempo con Galeazzo, podría entregar los diarios) había regresado a ser secretaria de oficina. No iba a perder la oportunidad de un ascenso dejando que su primera misión desapareciera.

Galeazzo le había contado sobre los tres conjuntos de papeles escondidos en Italia. Hilde vio la oportunidad. El 23 de octubre llenó un informe de inteligencia para Wilhelm Höttl, su jefe, en el que exponía el caso de continuar asignada a la misión. "Estoy decidida a descubrir más sobre los documentos. El conde no se sorprenderá por mi llegada a Verona […] Seguro compartirá sus planes conmigo."[11] Wilhelm Höttl, al ver a una joven agente nazi determinada a conseguir su objetivo, accedió al plan. Para el 3 de noviembre de 1943 Hilde (y Rachele Mussolini como pasajera)[12] estaba en camino a Verona.

Las políticas internas del Partido Nazi fueron clave en la decisión de enviar a Hilde Beetz de vuelta a Italia. La carrera por los Diarios de Ciano estaba en marcha. Ribbentrop estaba preocupado por lo que Galeazzo Ciano diría si conseguía escapar de Italia con los manuscritos, así que presionaba por una rápida ejecución como resolución concluyente. El jefe de Wilhelm Höttl, Ernst Kaltenbrunner, todavía quería perjudicar a Ribbentrop y este parecía muy preocupado por algo en esos papeles. Eso hizo que Kaltenbrunner tuviera mucha curiosidad por la razón.

---

[11] "Hildegard Beetz", 26 de octubre de 1943. La complicada traducción alemán-inglés-español en este archivo se actualizó y modificó para ajustarse al idioma y dar mayor fluidez al texto.

[12] Rachele Mussolini y Albert Zarca, *Mussolini: An Intimate Biography by His Widow* (Nueva York: William Morrow, 1976), 146.

El edificio de piedra donde Galeazzo estaba recluido no siempre fue una prisión. La iglesia del siglo XVII de Santa Teresa degli Scalzi pertenecía a una orden de monjas carmelitas. Después de eso, por un tiempo, sirvió como cuartel, antes de convertirse en cárcel a finales del siglo XIX. Localizada en el corazón de la vieja Verona, no lejos de Castelvecchio o "castillo viejo", Scalzi, como era conocida, tenía una reputación temible en 1943 como prisión de enemigos políticos del fascismo. Y así era como el nuevo Partido Fascista de Italia veía a Galeazzo Ciano. Había repudiado el fascismo de Mussolini en el Gran Consejo, pero el fascismo y Mussolini no habían terminado con el conde.

Galeazzo no era el único miembro del partido en el Gran Consejo que había sido detenido. Los diecinueve que votaron contra Mussolini y traicionaron al fascismo eran cazados. Habían vaciado y reconfigurado la planta baja de la iglesia para agruparlos mientras, uno a uno, eran capturados. Muchos de los conspiradores lograron huir a un lugar seguro. Seis de ellos no tuvieron suerte, entre ellos Galeazzo Ciano y el anciano Emilio de Bono.

El inminente juicio de los "traidores" del Gran Consejo en Verona era de naturaleza política y partidista. El nuevo consejo de ministros de Mussolini estableció una corte especial para juzgar a los hombres por cargos de traición. Galeazzo era uno de varios acusados, pero, como yerno de Mussolini, era un pararrayos particular para la ira del partido. En la conferencia del Partido Fascista de noviembre había pisadas y consignas desde la sala de convenciones que pedían "muerte a Ciano" y era difícil ver cómo Mussolini podría mantener el control del partido o procesar a los demás si perdonaba a Galeazzo. El resultado del juicio de Galeazzo estaba claro: este no era un juicio sino un teatro de venganza política.

Hilde Beetz llegó a los escalones de la prisión barroca el 6 de noviembre, un sábado, con órdenes de acceso a Galeazzo Ciano como "traductora". Todos entendieron de inmediato que era un eufemismo: era claro que era una espía alemana, enviada para mantener un ojo en el astuto prisionero. El oficial encargado de la prisión, un hombre llamado Cosmic, aceptó que Hilde pasara las tardes y noches con Galeazzo. Cuando la escoltaban a la celda veintisiete, Galeazzo estaba encantando. No era tonto: entendía que Hilde trabajaba para la inteligencia alemana. Pero no creía que lo estuviera engañando. Sentía que la química entre ellos era genuina. Pareciera que nunca consideró la posibilidad de que Hilde lo encontrara atractivo de manera sexual y también actuara como nazi leal, reportando todo lo que él decía a las oficinas centrales.

Galeazzo confesó que estaba desesperado por escuchar que Edda estaba a salvo y que los diarios estaban escondidos y seguros. No tenía permitido enviar mensajes fuera de su celda y no sabía si Edda siquiera estaba consciente de que estaba en Verona y había sido arrestado por el nuevo gobierno de su padre. Hilde, como era de esperarse, se ofreció de inmediato a ser mensajera confidencial entre los dos. Ella entregaría a Edda cualquier comunicación privada sobre los diarios que Galeazzo quisiera enviarle. Galeazzo confiaba en ella.

La siguiente semana Hilde viajó al norte, a Ramiola, donde Edda y Emilio Pucci seguían en la residencia de descanso, con el primer mensaje de Galeazzo. Edda estaba sorprendida y de alguna forma alarmada de ver a su "anfitriona" alemana. Había adivinado desde Múnich que era una espía. No había otra razón para que Hilde se uniera a la familia en el castillo. Sabía que ella y Galeazzo habían pasado varias semanas solos y sabía que su esposo no podía guardar un secreto. Concluyó con rapidez que Hilde Beetz debía ser la nueva amante de Gallo.

Si Galeazzo era un alma confiada (y esa siempre fue la preocupación de Susanna Agnelli sobre su amigo), su esposa no lo era. Edda era la hija de Mussolini y la experiencia había sido una maestra buena y dura. No dudaba que esta joven espía alemana estaría feliz de escuchar sobre la ubicación de los diarios y pasar las buenas noticias a Galeazzo, justo después de que la Gestapo tomara los documentos. Edda no le iba a dar a nadie la información sobre dónde estaban escondidos los diarios. Ni siquiera a Galeazzo. Edda conocía las debilidades de su esposo. Estaba muy segura de estar viendo a una de ellas.

Edda demandó que se le permitiera ver a su esposo en persona. Ella no iba a mandar mensajes. Y no tenía intenciones de negociar con Hilde. Mussolini era el líder nominal de la Italia fascista. Edda vivía en su jurisdicción. A Galeazzo lo habían arrestado bajo su autoridad. Su pelea era con su padre. La realidad era que Mussolini tenía poco poder como el títere de Hitler. Cuando Rachele regresó a Italia, se sorprendió de ver que las ss habían tomado incluso su casa. Años después, recordó indignada: "Estaba sorprendida de ver que, aunque estaba en su casa, lo habían aislado en una habitación modesta, mientras los oficiales alemanes asignados a servir y cuidar de él ocuparon de manera ostentosa la mayor parte de la casa".[13] Pero Mussolini, deseando con desesperación reconciliarse con su hija, accedió a que Edda viera a Galeazzo. Así que su hermano Vittorio, ahora de vuelta en Italia, organizó todo para que un automóvil privado llevara a Edda de la clínica en Ramiola hasta Verona.

Cuando Edda llegó a Scalzi y exigió que la llevaran a ver a Galeazzo, el director de la prisión le dio una bienvenida con tal hostilidad y rudeza que ella se sobresaltó. En la mente del director de la prisión, cualquier respeto hacia Edda por su padre era superado por el hecho de que era la esposa del canalla más infame del fascismo. Edda no le dio importancia al desprecio, pero en privado le preocupaba. Esto, en efecto, era una *tramontana*, malos vientos soplando. En la celda también, Edda se alarmó al ver que su conversación era monitoreada de manera abierta. No habría oportunidad de discutir cualquier cosa en privado, incluyendo muchas preguntas sobre lo que sucedió durante esos últimos días fuera de Múnich. El guardia anunció pronto que la visita había

---

[13] *Idem.*

terminado. Edda se inclinó para darle un beso de despedida a su esposo y solo tuvo tiempo de susurrar un pequeño secreto, lo más importante que tenía que decirle: "Están a salvo".[14] Ella había salvado los diarios. Galeazzo la abrazó por un largo rato.

Ese susurro tuvo un precio. No le permitirían ver a Edda por semanas después de eso, no importaba cuánto suplicara o amenazara a su padre. En Verona, Wilhelm Harster, el comandante local de la SD, ahora era el supervisor inmediato de Hilde. El general Harster ordenó que a Hilde se le diera acceso sin restricciones a Galeazzo Ciano y estuvo con él todo el tiempo desde mediados de noviembre en adelante. Jugaban ajedrez cómodamente todas las tardes, con comida del restaurante favorito de Galeazzo que se entregaba directo en la celda. Cualquiera que hubiera visto la escena pensaría que parecía muy romántica.

De hecho, a esas alturas Galeazzo y Hilde seguro ya eran amantes. Mario Pellegrinotti, un guardia de la prisión compasivo que ayudaba a la pareja,[15] recordó con claridad el "innegable comportamiento en el que de manera casual los sorprendí una vez" en algún momento a finales de noviembre o a principios de diciembre. Tal vez fueron amantes desde comienzos de octubre a las afueras de Múnich, cuando vivían juntos en el castillo en ausencia de Edda y cuando Galeazzo comenzó a hablar de un futuro juntos y de llevar a Hilde a vivir en la casa con él y Edda. Hilde después insistió en que no "hizo el amor" con Galeazzo[16] y que ella no era su "amante". Tal vez al decir que no "hizo el amor" con él, Hilde solo quería decir que ella no estaba actuando el rol de una agente de la Amt VI. No del todo. O tal vez solo estaba notando lo

---

[14] Mussolini Ciano, *My Truth*, 212.

[15] Moseley, *Mussolini's Shadow…*, 204.

[16] *Idem.* "Hildegard Beetz", 26 de octubre de 1943.

que casi seguro era la verdad: que a pesar de que la enviaron para espiarlo y seducirlo, fue Galeazzo quien hizo toda la persecución. Pero para finales de noviembre esto parecía evidente: Hilde, a pesar de sus intenciones claras de espía, se estaba enamorando de Galeazzo Ciano.

El amorío en prisión de Galeazzo con Hilde no evitó que extrañara a su esposa o que le enviara genuinas y cariñosas cartas de amor. Había sido un matrimonio tempestuoso y la fidelidad sexual nunca había sido uno de sus puntos fuertes, pero esa no era la expectativa cultural entre la clase aristócrata europea en las décadas de los treinta y cuarenta. Para Edda y Galeazzo la fidelidad sexual no era el barómetro de lo que significaba ser leal a un matrimonio o a una familia. Galeazzo estaba en verdad agradecido por la férrea devoción a él y a los niños en tiempos de problemas, en especial ahora. "La vida es triste",[17] le escribió a Edda en una carta en noviembre, "leo, leo, leo [...] pienso mucho en ti. Con esperanza y tristeza, de acuerdo con el momento, pero siempre con infinita nostalgia. Besa a nuestros tres amores, si están contigo, y recibe el más tierno beso de tu Gallo".

Aunque Edda entendía muy bien cómo estaban las cosas en noviembre, nunca culpó a Galeazzo y a Hilde. Con Emilio a su lado, ¿cómo podría? "La gente ha declarado que Frau Beetz se comportó como lo hizo porque estaba enamorada de Galeazzo", explicó Edda después. "Seguro, pero ¿qué importancia tenían los sentimientos, o mi reacción a ellos, cuando la vida de mi esposo estaba en riesgo? [...] Frau Beetz era quien era, pero nunca me traicionó. Le dio a mi esposo las cartas que le escribí, me entregó las que él me escribió."[18]

Por su parte, Hilde lo explicó de esta forma: "El conde y la condesa confiaron en mí desde el principio y con frecuencia se quejaban por la manera en que fueron llevados de Roma a Alemania

---

[17] Moseley, *Mussolini's Shadow...*, 198.
[18] Mussolini Ciano, *My Truth*, 225.

y de cómo fueron tratados en Allmannshausen donde de manera oficial eran invitados, pero en realidad prisioneros sin derechos […] Por fortuna [Galeazzo] desconfiaba de los alemanes desde el comienzo, al contrario que su esposa, y había hecho preparativos para, al menos, vengarse".[19] La venganza sería la publicación de los diarios.

De acuerdo con Hilde, a su regreso a Roma a principios de otoño Edda no solo había movido los originales a una ubicación más segura. También colocó copias de los diarios de Galeazzo y tal vez documentos originales cruciales con varios amigos, incluyendo varias personas en "embajadas neutrales". Quedaban pocas naciones neutrales para 1943, por lo que no es difícil adivinar su paradero. Entre los confiables receptores, casi seguro, estaban un amigo diplomático anónimo en la embajada de España (es probable que fuera el mismo amigo que ofreció ayudarlos a huir en agosto) y antiguos colegas diplomáticos en el Vaticano, el último puesto oficial de Galeazzo. Ahora, con Galeazzo encarcelado y su juicio acechando, Edda mandó instrucciones a sus amigos, Hilde reportó, "autorizándolos a publicar esas cosas, si más adelante no escuchaban de él".

¿Era cierto? Es difícil saber si Edda en verdad hizo copias y las dejó en varias ubicaciones. Los papeles eran de miles de páginas y, aunque la electrografía (fotocopias) ya se había inventado, la tecnología no era común. Pero Edda pudo fotografiar los diarios y moverlos en latas de películas. Por otro lado, pudo ser solo mentira. Galeazzo y Edda tal vez dijeron que los diarios estaban en manos seguras, en múltiples lugares, listos para ser publicados, como trampa, esperando convencer a los nazis de que mantenerlo con vida era el precio de su silencio. Habían circulado la historia a lo largo y ancho de Alemania durante su encarcelamiento y ahora tenían más razón para contarla mientras el futuro se oscurecía más y más en Verona.

---

[19] "Hildegard Beetz", 26 de octubre de 1943.

Hay otra pista prometedora de una "amiga" en una embajada neutral, quien, si la historia es real, recibió copias de los diarios del conde ese otoño. Algunos de los reportes que circularon (aunque no se pueden confirmar con claridad, como es el caso con registros clasificados durante la guerra) decían que Delia di Bagno y su madre, la condesa de Laurenzana, hicieron más que solo ayudar a Edda a esconder los diarios en octubre. Tal vez la ayudaron a contactarse con una aristócrata polaca convertida en espía de los Aliados que vivía con la condesa y operaba bajo el nombre falso de Christine Granville, quien podría haber jugado un rol sin registro en el drama de Ciano.

Christine Granville, mejor conocida como Krystyna Skarbek,[20] después fue una de las agentes británicas de la SOE (Dirección de Operaciones Especiales) más famosas de la guerra, aunque de manera oficial no hay nada para confirmar que estuviera en Roma en otoño de 1943. Sus archivos personales no fueron encontrados o siguen clasificados. Pero hay algunas pistas en los registros públicos. Christine estudiaba italiano y esperaba ser desplegada para una misión secreta en Italia en algún momento de 1943, es posible que conectada a una célula ligada a la resistencia polaca dirigida por un antiguo diplomático británico, el teniente coronel Ronald Hazell. Los archivos muestran que su amante, colega espía,[21] fue desplegado en Italia a principios de enero de 1943, y tal vez los enviaron juntos. Lo que es seguro es que ni Gran Bretaña ni Polonia eran neutrales. ¿Pero Edda habrá pasado copias de algunos de los diarios a sus amigos en instituciones diplomáticas con la ayuda

---

[20] Domenico Vecchioni, "Quelle due belle spie che si contendono i diari di Galeazzo Ciano: Sono Frau Beetz per i tedeschi e Christine Granville per gli alleati", *L'Indro*, 1.° de agosto de 2018.

[21] Ron Nowicki, *The Elusive Madame G: A Life of Christine Granville* (impresión privada, 2014), 218, 234-36.

de Christine Granville? No podemos estar seguros a menos que se recuperen los archivos personales de Granville en algún lugar, algún día, en los archivos de servicio de inteligencia. Pero si en cierto momento se comprueba que es el caso, explicaría un curioso toque en la historia que se desarrolló el año siguiente: Galeazzo y Edda, en diferentes momentos, pero cada uno anticipando que podrían no sobrevivir, hicieron esfuerzos de último momento para enviar un mensaje a los británicos sobre los diarios.

A mediados de diciembre de 1943 Galeazzo llevaba en prisión más de seis semanas y el clima político solo se volvía más desagradable y corrosivo. El espectáculo del juicio seguía adelante. La traición se castigaba con sentencia de muerte. Era claro ahora para Galeazzo y Edda que, si iban a salvarlo, necesitaban usar los diarios. Este trato propuesto interesó a Hilde más de lo normal, no solo como agente de inteligencia, también como amante del conde. Para ese momento los sentimientos de Hilde por Galeazzo en verdad eran complicados. Quería todo a la vez: quería salvar su vida *y* entregar los diarios a sus jefes nazis en el acuerdo.

Una idea pronto surgió en las conversaciones entre los tres. Harían un nuevo trato con los alemanes para completar el intercambio de los diarios por la vida de Galeazzo. Esta vez, Edda no diría nada. Pero los niños Ciano todavía estaban de rehenes en Alemania. Antes de hacer cualquier cosa, necesitaban llevar a los niños a un lugar seguro para que no los pudieran usar contra ellos en ninguna negociación.

"Mi padre tenía una debilidad"[22] por Edda, señaló uno de sus hermanos después, "que no intentaba esconder", y Edda, sabiendo lo mucho que Mussolini odiaba negarle algo, le había insistido

---

[22] Romano Mussolini, *My Father Il Duce: A Memoir by Mussolini's Son*, trad. de Ana Stojanovic (s.l.: Kales Press, 2006), 96.

a su padre que liberara a Galeazzo de prisión desde noviembre. La respuesta de Mussolini a su hija favorita había sido directa. Ella quería pensar sobre esa demanda con cuidado. La Gestapo mataría a los niños[23] si hacía un movimiento para salvar a su padre. Edda pensó en cómo el vil Otto había aterrorizado a los niños en el castillo con indiferencia, mientras estaban bajo la protección personal de Hitler. No podía pensar en lo que les pasaría a los niños si le daban permiso a las SS. Ahora se había decidido: traería a los niños. Los llevaría de contrabando a Suiza. Después regresaría su mente a salvar la vida de Galeazzo y negociar los diarios por su libertad.

Necesitaba a los niños de vuelta en su custodia para poder planear un escape descarado. ¿Quién podría resistir las plegarias de una madre? Su hijo más pequeño todavía no tenía seis años. Una madre pidiendo a sus hijos jugaba con la imagen nazi de la feminidad ideal. Le rogó en lágrimas a su hermano Vittorio que interviniera con su padre y el Führer. Vittorio accedió, conmovido por la genuina aflicción de su hermana,[24] demandando con valentía el regreso de los niños a Edda y ofreciendo a su madre escoltarlos él mismo en Ramiola. Hitler no podía rechazar con facilidad regresar a los nietos de Mussolini sin destruir cualquier pretensión de sociedad italoalemana, por lo que al final la petición fue aceptada. Los niños Ciano se reunieron con su madre en la clínica antes de mediados de diciembre.

Para diciembre, Fabrizio, Raimonda y Marzio no habían visto a su madre en más de dos meses. Edda necesitaba prepararlos para estar separados de sus padres de nuevo por más tiempo. Había

---

[23] Andrea Niccoletti, "The Decline and Fall of Edda Ciano", *Collier's Weekly*, 20 y 27 de abril de 1946.

[24] Mussolini Ciano, *My Truth*, 213.

pensado en esto con cuidado. Había una pequeña ventana de oportunidad. Planeaba que los niños se quedaran con ella solo unos días. Necesitaría mandarlos fuera del país de inmediato y en secreto, antes de que los alemanes o los italianos pusieran vigilantes. Edda todavía no estaba bajo intensa observación policial solo porque nadie esperaba que una madre intentaría enviar lejos a sus hijos horas después de regresar a ella. Pero eso era exactamente lo que Edda y Emilio planeaban.

Si su plan fracasaba, no tendría una segunda oportunidad. Edda sabía que habría que pagar un infierno también, si su plan funcionaba. Tratarían de mantener en secreto la desaparición de los niños por tanto tiempo como pudieran y eso significaba que Edda no podría viajar con ellos a la frontera. El escape estaba planeado para el 9 de diciembre, menos de cuarenta y ocho horas después de que regresaran con su madre. Edda y Emilio habían arreglado con dos viejos amigos,[25] Tonino Pessina y Gerardo Gerardi, el cruce de la frontera suiza con los niños. Hay indicios, sin confirmar, de que Christine Granville tal vez también tomó parte en esta operación. Christine fue famosa por su habilidad de cruzar fronteras. De hecho era tan buena cruzando fronteras hostiles que los británicos pensaron si no sería agente doble.

Edda se quedaría en la clínica de Ramiola y mantendría la apariencia de que los niños estaban con ella. Emilio Pucci, pretendiendo que lo habían llamado por obligaciones militares, se encargaría del transporte. Emilio apuró a los niños a un automóvil que los esperaba el jueves 9 de diciembre. Se dirigieron al norte hacia Milán,[26] llegando el 10 de diciembre, donde Gerardo Gerardi tenía un departamento. El 11 de diciembre viajaron de nuevo a la ciudad fronteriza señalada, donde Tonino Pessina esperaba para caminar con los niños a través de la montaña hacia Suiza.

---

[25] *Ibid.*, 215; Giovani Colli, "Confronto drammatico tra Edda e Frau Beetz: Il 'giallo' dei diari di Ciano", *Il Tempo*, 6 de junio de 1989.
[26] Moseley, *Mussolini's Shadow…*, 202.

Habían sobornado a un guardia fronterizo para que los dejara pasar, pagándole, dijo Edda, "con un broche de diamantes que me dieron el rey y la reina de Italia como regalo de bodas, un brazalete de rubíes y un solitario".[27] Durante su tiempo en Ramiola, Edda pretendió que los niños estaban con ella en sus habitaciones en la clínica, ordenando comida extra y hablando en las puertas para desviar la atención.

Los tres pequeños niños debían cruzar el paso de la montaña que separaba Italia de la Suiza neutral en las primeras horas de la mañana. Hubo luna llena esa noche e hicieron una caminata ardua por campos de nieve, manteniéndose al borde del bosque. Hacía frío y los niños entendían que estaban dejando a sus padres atrás, tal vez hasta que acabara la guerra. Fabrizio, de doce años, era lo suficientemente grande para entender que podría pasar más tiempo. El pequeño Marzio batalló con la larga caminata a través de la media oscuridad. Cuando no pudieron continuar, los niños durmieron algunas horas en un refugio alpino de pastor, pero tenían que pasar la frontera antes del amanecer y debían hacer la última parte del viaje solos.

Cuando los niños pasaron por fin a través del alambre de púas y la malla antes del amanecer, fueron recibidos por un policía suizo de la villa de Neggio, que había sido advertido sobre los niños que cruzarían solos. Cuando un amable guardia suizo les ofreció un chocolate, Marzio abrió los ojos de par en par. Había sido imposible conseguir chocolate durante la guerra por la escasez y las raciones. Solo había escuchado sobre esa maravilla.

A la policía suiza le dijeron que encontraría a miembros de la familia real Savoy huyendo. Fue una sorpresa desagradable cuando supieron que eran los niños Ciano quienes habían cruzado la fron-

---

[27] Mussolini Ciano, *My Truth*, 214.

tera. Los suizos jamás habrían aceptado las complicaciones políticas que implicaba albergar a los nietos de Mussolini si se les hubiera
dado la opción y ciertos oficiales diplomáticos en Berna estaban
furiosos por el engaño. Pero no había opción de enviar a los niños
solos a través de la frontera fascista.

Edda les dejó claro a los niños que debían esconderse en Suiza. Cuando su abuelo y la Gestapo descubrieran su huida los per-
seguirían. Suiza era más segura que Italia, pero Edda sabía mejor
que nadie del largo alcance de la policía y los servicios de inteligencia. Con severidad, los suizos dieron a los tres niños la misma
advertencia: "Deben olvidar su apellido. Ahora son una familia española llamada Santos".[28] Era el nombre falso que Edda ya usaba en
la frontera, un indicio de que en algún momento había obtenido
papeles falsos para todos.

Emilio esperó hasta la mañana del lado italiano de la frontera.[29] Cuando no escuchó nada (una buena señal) manejó de vuelta
a Ramiola para decirle a Edda que asumían que los niños estaban a salvo en Suiza. Durante tanto tiempo como pudiera seguiría
pretendiendo en todas sus comunicaciones que los niños vivían de
manera tranquila en Ramiola con ella. Siempre y cuando nadie
de su familia la visitara, era poco probable que se descubriera
el engaño. El 12 de diciembre, con ayuda de Hilde, Edda entró
de manera clandestina a la celda de Galeazzo en Verona para una
visita extraña y breve. Tenía otro mensaje importante para su esposo. "Está hecho, los niños están a salvo",[30] le susurró esta vez cuando
partía.

Ahora Edda planeaba salvar la vida del padre de sus hijos.

---

[28] Moseley, *Mussolini's Shadow*…, 202.
[29] Mussolini Ciano, *My Truth*, 215.
[30] *Ibid.*, 223.

CAPÍTULO 6
LA ÚLTIMA CARTA
15 de diciembre de 1943-27 de diciembre de 1943

La relación entre Edda y Hilde no era del todo amistosa. Pero tampoco había enemistad. Sin duda ambas mujeres tenían desconfianza una de la otra. Hilde, una estratega tranquila y pensadora, se preocupaba por la impulsividad de Edda (era muy italiana). La impulsividad y audacia de Edda habían creado todo tipo de problemas en Múnich. Edda, por su parte, no confiaba en los motivos de la joven mujer. Hilde era agente de inteligencia nazi y no se necesitaba ser un genio para saber que su misión era asegurar los diarios que Alemania deseaba con tanto ahínco. ¿De qué lado estaba en realidad? ¿Y qué le importaba más: Galeazzo o los manuscritos? Esas preguntas preocupaban a Edda. Pero ambas mujeres se quedaban sin opciones a mediados de diciembre, así que voltearon al único camino que las dos podían ver: "La idea del escape de mi esposo a cambio de sus cuadernos".[1]

Hilde, descrita por un comentarista como una "joven alemana con el tipo de belleza de Dresden",[2] vio este intercambio de los diarios por la vida de Galeazzo como una solución ganar-ganar, de otro modo lo veía como un problema intratable. Su misión

---

[1] Edda Mussolini Ciano, *My Truth* (Nueva York: Morrow, 1977), 225.
[2] Andrea Niccoletti, "The Decline and Fall of Edda Ciano", *Collier's Weekly*, 20 y 27 de abril de 1946.

como agente era apoderarse de los papeles y pasarlos a sus jefes, y
su cadena de mando era Harster, Höttl, Kaltenbrunner y, al final,
Himmler. Los objetivos compartidos de esos cuatro hombres eran:
primero, eliminar a Ribbentrop, un proyecto que Galeazzo habría
apoyado incluso si su vida no estuviera en una balanza; y segundo —aquí era donde las aspiraciones de Galeazzo y las de los jefes nazis se separaban—, prevenir la vergonzosa publicación de
los diarios del conde. Hilde todavía planeaba cumplir con su deber[3]
y reconoció después que, en el momento del primer encuentro con
Galeazzo, todavía era nazi, con el rango de una mayor de las ss.

Hilde necesitaba, y quería, ejecutar su cometido con éxito. Pero
no había nada en su misión que requiriera que Galeazzo permaneciera en prisión en Verona. El juicio era un melodrama político
interno de Italia, no un asunto de seguridad alemana, y su lealtad
era a Berlín y no a Saló. Tampoco había nada en su tarea que
requiriera la ejecución de Galeazzo, que era a donde veía que se dirigían las cosas. Hitler dudaba que Mussolini tuviera el temple de
ejecutar al padre de sus nietos, aunque era seguro que él mismo
habría ejecutado a Galeazzo si el conde fuera alemán.

Hilde envió reportes a sus superiores a lo largo del otoño y
preparó un plan preliminar para asegurar los diarios y liberar a
Galeazzo al mismo tiempo. Tal vez habrían logrado el intercambio en Múnich en septiembre si Edda no hubiera metido la pata
en la situación y alterado a Hitler. Edda había aprendido la lec-
ción. Galeazzo pretendía publicar sus diarios cuando la guerra
acabara para recuperar la fortuna confiscada de la familia. Ahora
Hilde avisaba a Höttl que, debido a su encarcelamiento, Galeazzo había dado los pasos necesarios para asegurarse de que, si lo
ejecutaban, se publicarían de inmediato a través de los servicios
de la United Press International. Los diarios estaban en manos de
esos amigos diplomáticos, listos para entrar en acción. Esto era

---

[3] Ray Moseley, *Mussolini's Shadow: The Double Life of Count Galeazzo Ciano* (New Haven,
CT: Yale University Press, 2000), 184.

una aseveración audaz y tal vez no era más que una mentira de proporciones descaradas, aunque toda la evidencia apunta a que Edda había pasado al menos parte de los documentos, tanto en original como en copia, a amigos diplomáticos a principios del otoño. Fuera mentira o verdad, el objetivo de Hilde de asegurarse de que sus superiores supieran esas declaraciones era quitar cualquier incentivo de asesinar en silencio a Galeazzo, antes de descubrir la ubicación de los diarios.

De cualquier forma, ¿por qué matarlo? Razonó con sus jefes. Él estaba dispuesto a vender los papeles a los alemanes, Hilde anotó en los reportes de inteligencia. Galeazzo solo quería un pasaje seguro para él y su familia y dinero suficiente para vivir. Hilde aconsejó a sus jefes: "Prácticamente tenemos dos opciones: insistir en que lo ejecuten [o] cerrar un trato con él […] Si compramos los libros por un precio generoso y aseguramos las garantías necesarias [para él], podremos prevenir este tipo de propaganda y usar la información útil".[4] Aseguró a sus superiores que los diarios, aunque estaban repletos de "episodios graciosos [sobre Ribbentrop] que no siempre son indicadores de inteligencia superior",[5] no eran críticos para Hitler o Himmler. Burlarse de Hitler o Himmler sería un motivo para no hacer ningún trato.

A dónde iría Galeazzo era una pregunta delicada. Cualquier escape sería cruzando una frontera terrestre. Volar a España y de ahí a Sudamérica ya no era una opción. Al principio, Hilde pensó que Galeazzo podría quedarse en el Tercer Reich una vez que se intercambiaran los diarios. En su planeación inicial surgió la idea de que desapareciera de forma misteriosa hacia la finca remota de un amigo aristócrata en Hungría. Pero Hungría estaba dentro del Reich, por lo que el plan dejaba a Galeazzo potencialmente expuesto a una venganza de Ribbentrop, quien seguro estaría de un

---

[4] Katrin Paehler, *The Third Reich's Intelligence Services: The Career of Walter Schellenberg* (Cambridge, RU: Cambridge University Press, 2017), 228.

[5] *Idem.*

humor asesino cuando el contenido de los diarios lo alcanzara. Por lo que decidieron que Galeazzo también huiría a Suiza.

Para diciembre de 1943 la propuesta del intercambio (los diarios a cambio de un escape de prisión orquestado por los servicios de espías alemanes) se estaba consiguiendo. Hilde era la intermediaria y arquitecta en jefe. Edda escribió después: "Se ha dicho que la persona más activa en esta operación, planeada por Kaltenbrunner y Himmler para conseguir la caída de Ribbentrop, fue Frau Beetz. Es correcto".[6]

Hilde voló a Berlín en diciembre, casi al mismo tiempo que los niños Ciano se reunían con su madre, para presentar a Wilhelm Höttl en persona el proyecto de intercambio. Él aprobó el plan. Le pidió hacer un memorando que pudiera compartir con Ernst Kaltenbrunner, detallando de forma específica "la posibilidad de usar los Diarios de Ciano para exponer las deficiencias de Ribbentrop".[7] Hilde entregó el memorando pronto, después regresó a Verona el 9 de diciembre para esperar noticias de la decisión. Aterrizó en Italia justo cuando Emilio y Edda mandaban a los niños Ciano a Suiza.

Hilde describió los sentimientos que tenía por Galeazzo como algo "más intenso que solo simpatía, algo que surgía del corazón".[8] Entraba y salía de su celda con frecuencia, a menudo quedándose por horas. Hilde se estaba enamorando. Era una complicación genuina.

---

[6] Mussolini Ciano, *My Truth*, 225.

[7] "Hildegard Beetz", 14 de junio de 1943.

[8] Corinna Peniston-Bird y Emma Vickers, eds., *Gender and the Second World War: Lessons of War* (Londres: Palgrave Macmillan, 2017), 80.

Le confesó a Galeazzo que era una espía alemana y, aunque sus jefes no lo sabían, ya estaba enviando sus reportes de inteligencia de vuelta a Berlín y a Múnich. Discutieron por horas cuál sería la mejor forma de presentar el caso a Kaltenbrunner sobre por qué los diarios valían los problemas. Siempre y cuando el enemigo de Galeazzo fuera el Partido Fascista italiano y no el Tercer Reich, Hilde no tenía que escoger entre su amor y su país, la joven agente tenía una fuerte motivación para conseguir el trato. De alguna manera, en ese momento de crisis moral Hilde todavía esperaba permanecer neutral.

Pero de regreso a Scalzi no solo el amigable carcelero, Mario, había notado ciertas señales "inequívocas" entre Galeazzo y Hilde. Su intimidad conspirativa estaba levantando todo tipo de alertas en las dos semanas antes de Navidad. Temerosa de que se le retirara del caso en el momento crucial si se sospechaba de sus sentimientos personales por Galeazzo y la consideraran un riesgo, la pareja comenzó una campaña deliberada para desviar la atención. En la audiencia de su juicio previo, Galeazzo montó un gran espectáculo de irritación,[9] demandando que el magistrado explicara "¿quién es esa mujer que pusieron a mi lado? [...] Está todo el tiempo conmigo. Me prepara el café en la mañana, arregla la celda, se queda a hablar por largas horas. Regresa en la tarde, prepara el té, se queda a jugar ajedrez o damas. En resumen, no logro deshacerme de ella. Es como mi sombra". El magistrado, con una sonrisa engreída, estaba satisfecho de ver que Galeazzo estaba irritado por la vigilancia alemana, la cual esperaba que la prisión se asegurara de que continuara.

Zenone Benini, amigo de Galeazzo, conocía su secreto y no estaba del todo seguro de qué hacer con Hilde. Aunque su valoración

[9] Moseley, *Mussolini's Shadow*..., 204.

en diciembre era que Hilde al menos estaba "un poco enamorada" de Galeazzo. Zenone Benini era uno de los amigos más antiguos de Ciano. Su relación se remontaba a los primeros días de secundaria en Livorno y habían trabajado juntos muy de cerca. Durante su ascenso político y social, Galeazzo aseguró buenos trabajos gubernamentales a Zenone, incluyendo un puesto como su subsecretario. Ahora Zenone estaba en prisión en gran parte por esa amistad. No era miembro del Gran Consejo, no había sido parte del voto contra Mussolini el 25 de julio, pero de cualquier forma lo habían arrestado y le hacían preguntas difíciles sobre si su lealtad era con sus amigos como Galeazzo Ciano y Dino Grandi o con el Partido Fascista.

Llevado a escondidas a la celda de Galeazzo por un guardia amigable[10] (tal vez el afable Mario, que dejaba que los viejos amigos platicaran algunas tardes), Zenone se sorprendió de conocer ahí a una "linda joven sonriente […] con un poco de acento alemán, pero con italiano perfecto".

—¿Y quién es esa mujer? —preguntó Zenone a su amigo.

—Una espía —contestó Galeazzo encogiéndose de hombros—, pero puedes confiar en ella.

Zenone escribió después: "Además de Frau Beetz, que actuaba por motivos egoístas o tal vez porque estaba un poco enamorada de Galeazzo, la única persona que trató de atenuar la situación de Ciano"[11] fue ese amistoso guardia, Mario Pellegrinotti.

Mientras tanto el juicio seguía adelante. Todos estaban en medio de un complejo enredo de motivos políticos, en especial Galeazzo. Algunas facciones en Verona querían al conde fuera del camino.

---

[10] Mussolini Ciano, *My Truth*, 225. Comentarios editoriales.

[11] *Ibid.*, 218. Comentarios editoriales. También véase Zenone Benini, *Carcere degli Sclazi* (Florencia: Ponte alle Grazie, 1994).

Tanto el embajador alemán en Saló como el director de las ss en Italia presionaban para que continuara el juicio.[12] Se reveló que Ribbentrop estaba detrás del forzado regreso del conde a Italia y buscaba con ansias la ejecución de su rival.[13] Después de todo, los diarios solo podían causarle problemas y si desaparecían con él, qué mejor. En cambio, los superiores de Hilde en el servicio de seguridad, en especial Kaltenbrunner, estaban en contra de la idea de la ejecución política de Galeazzo por parte de los italianos y odiaban que Ribbentrop evitara el juicio. Eso dejaba a la sd y a su rama hermana, la Gestapo, discutiendo de manera tentativa el urgente trato por fuera de liberar a Galeazzo en secreto. Mussolini no parecía dar una respuesta consistente de un día a otro. Negociar una liberación requeriría un manejo delicado.

La solución obvia era que Mussolini emitiera un perdón. Edda realizó un último viaje al lago Garda para rogarle a su padre a mediados de diciembre. Mussolini le aseguró a Edda con toda tranquilidad que Galeazzo pronto estaría libre, pero insistió en que por el momento no podía detener el juicio en proceso. Tal vez Mussolini de verdad no podía hacer nada para ayudar a Galeazzo. Era más o menos un prisionero político de los alemanes en su villa al lado del lago. Es más probable que Mussolini estuviera evaluando su supervivencia política que la vida de Galeazzo. ¿Qué podía ofrecerle a su hija mientras tanto? Galeazzo había escrito una carta conmovedora a Edda. "Me acerco a la Navidad sintiéndome muy triste, sin [los niños], sin ti",[14] le dijo. Edda quería el permiso de su padre para ver a Galeazzo en Navidad. Mussolini se lo prometió.

---

[12] "Hildegard Beetz", 26 de octubre de 1943.

[13] Peniston-Bird y Vickers, *Gender and the Second World War*..., 78.

[14] Moseley, *Mussolini's Shadow*..., 207.

Edda escribió a Galeazzo el 23 de diciembre contándole sobre la promesa de Mussolini y anunciando su visita. Tendrían al menos una pequeña celebración. "En verdad hay momentos en los que siento que me estoy volviendo loca. Estoy triste y te amo tanto y estoy más cerca que nunca de ti."[15]

Galeazzo había aprendido a no confiar en su suegro. Ya había aceptado lo inevitable. Esa misma noche, después de que Hilde se fue, escribió tres cartas: una a Vittorio Emmanuele III, el rey exiliado de Italia; otra al primer ministro británico, Winston Churchill, y un prefacio para sus diarios, dirigido a nosotros, sus futuros lectores.

Ante el rey, Galeazzo condenó a su suegro como el único autor de la tragedia de Italia. "Un hombre, solo un hombre",[16] escribió, fue responsable por la guerra que destruyó el país.

Ante Winston Churchill y el mundo más allá de Italia, culpó de igual modo a Mussolini y a los alemanes. "Nunca fui cómplice de Mussolini en este crimen contra nuestro país y la humanidad, eso de pelear al lado de los alemanes."[17] Trató de explicar que había visto y conocido la oscuridad infernal, y que los diarios eran el único resarcimiento que podía ofrecer. "El crimen que ahora estoy a punto de expiar —escribió Galeazzo— es ser testigo y estar asqueado de la fría, cruel y cínica preparación de esta guerra por parte de Hitler y los alemanes. Fui el único extranjero en ver de cerca este repugnante grupo de bandidos preparándose para sumergir al mundo en una sangrienta guerra. Ahora, de acuerdo con las reglas de los mafiosos, están planeando suprimir a un testigo peligroso." Galeazzo ya sabía que sería ejecutado. Pero quería que el primer ministro tuviera los diarios.

Sobre todo, Galeazzo quería explicar a Churchill y a los Aliados la importancia de esos diarios que fueron su última obsesión y su testimonio:

---

[15] *Idem.*
[16] *Ibid.*, 206.
[17] *Idem.*

Puse un diario mío y varios documentos en un lugar seguro, los cuales probarán, más de lo que yo podría, los crímenes cometidos por esas personas con las que más tarde ese trágico y vil títere de Mussolini se asoció [...] Tal vez lo que estoy ofreciendo es poco, pero eso y mi vida son todo lo que puedo dar [...] Mi testimonio debe salir a la luz para que el mundo pueda conocer, odiar y recordar, y aquellos que juzguen el futuro conozcan el hecho de que la desgracia de Italia no fue culpa de su gente, sino del vergonzoso comportamiento de un hombre.

Para nosotros, los futuros lectores de esos diarios, Galeazzo escribió: "Dentro de unos días un falso tribunal hará pública una sentencia que ya decidió Mussolini [...] Acepto con calma mi infame destino".[18]

Galeazzo Ciano tenía responsabilidad moral y había cometido otros crímenes, pasó por alto su propia cuenta, pero en lo que respecta a las cartas, eran la verdad: en cada paso Galeazzo había peleado en contra de que Italia entrara en guerra del lado del Eje y había pagado con su libertad, y sabía que pagaría con su vida, por haber votado por una paz separada y por la remoción de Mussolini del poder. Esperaba que sus diarios lo absolvieran, pero más importante, esperaba que absolvieran al pueblo italiano por ir a la guerra con Hitler.

Estas cartas habrían sido de gran interés para los nazis, quienes tenían toda razón para verlas desaparecer, así como los diarios. Si interceptaban las cartas, sería una garantía de muerte para Galeazzo. En vista de lo seguro que estaba Galeazzo de poder confiar en Hilde le dio las tres cartas al día siguiente, con instrucciones de entregárselas a Edda. Y Hilde lo hizo de manera fiel.

---

[18] *Idem.*

Edda, por su parte, envió sin demora los documentos para el rey y Churchill hacia Suiza, pidiendo a su cuñado Massimo Magistrati, el ministro italiano en Berna, que planeara la entrega en mano. La carta a sus futuros lectores la agregó a los manuscritos. Galeazzo tuvo claridad moral sobre la guerra y dio pasos vacilantes hacia algún tipo de redención, el pánico de Edda era por completo personal. Ella solo quería salvar la vida de su esposo. Los alemanes obtendrían la carta de Galeazzo si lo dejaban libre. Si la traicionaban, se aseguraría de que todo el mundo leyera la última denuncia amarga de Galeazzo.

La mañana de Navidad era clara y brillante en 1943 en Ramiola. Esa mañana Emilio y Edda partieron en su automóvil militar rumbo a Verona para la visita prometida a Galeazzo. Edda extrañaba a los niños, pero estaban en buenas manos. Se detuvieron para almorzar en un pequeño restaurante y por la tarde Emilio dejó a Edda en la entrada de la prisión Scalzi. Se había puesto un vestido bonito para Galeazzo y llevaba una canasta de regalos con una botella de su colonia favorita, un ramo de flores y una caja de dulces. En la puerta, le negaron la entrada. No había nada que pudieran hacer, explicó un agente de manera impasible. Eran las órdenes directas de Mussolini. Su padre había ordenado que no le permitieran ver a Galeazzo. Era una traición aplastante para Edda.

Hilde salió al frío y trató de explicar (porque era peor de lo que Edda imaginaba y Hilde también estaba sorprendida). Mussolini había decidido que el juicio de Ciano siguiera adelante de inmediato. Se le había instruido a Galeazzo nombrar a su abogado defensor esa mañana. Su ejecución, porque no había ninguna duda de que ese sería el resultado del juicio, se esperaba antes del Año Nuevo. Su padre no quería que Edda se molestara viendo a su esposo otra vez. No había propósito. Nunca volvería a ver a Galeazzo. Ese fue el mensaje de su padre en Navidad.

Edda, como era de esperarse, estalló en ira histérica y sufrió la pena en el patio de la prisión. Pero ninguna cantidad de llanto y lamentos cambiaría la decisión de Mussolini. Ni siquiera estaba en Verona. Emilio y Hilde subieron a Edda de nuevo al automóvil y no había nada que hacer más que llevarla de nuevo a la clínica para sedarla. Era seguro que Hilde no le diría a Edda lo que le preocupaba ahora con desesperación. La noche anterior habían abusado de Galeazzo en su celda, cuando soldados alemanes ebrios llegaron con prostitutas para presumir a su prisionero. Hilde, temerosa de que torturaran y lincharan a Galeazzo durante la noche, se negó a dejar la prisión incluso por un momento. Mientras Emilio manejaba el auto lejos de ahí, Hilde entró con lentitud con la canasta de Edda. Cuando Galeazzo la vio y entendió que no habían permitido que Edda lo visitara por última vez, se puso la cabeza entre las manos y empezó a llorar.

La única esperanza ahora era un escape de la prisión alemana. La operación de intercambiar los diarios todavía estaba en fase de planeación, Hilde necesitaría más tiempo para organizarlo. La decisión de Mussolini de acelerar el juicio puso todo en riesgo. Hilde solo podía pensar en una persona que podía persuadir a Mussolini de perdonar la vida del padre de sus nietos. Decidió escribirle de manera directa a su amante, Clara Petacci, pidiéndole que detuviera la ejecución. Clara, conmovida por la súplica, hizo lo que pudo y escribió: "Mi Ben, tuve una larga y terrible noche. Entre las figuras, conocidas y desconocidas, apareciendo en una nube roja, estaba la de Ciano. Ben, ¡salva a ese hombre! Muestra a los italianos que todavía controlas tu voluntad. Tal vez el destino sea bueno con nosotros".[19] El sueño de Clara después parecería una premonición. El destino no sería bueno ni con ella ni con Mussolini.

---

[19] *Ibid.*, 211.

En el largo camino de vuelta a Ramiola, Edda lloró con la cabeza en la ventana, aunque cuando ella y Emilio llegaron a la clínica se había recuperado. Si su padre no cambiaba de opinión y Hilde no los podía ayudar, el plan de liberar a Galeazzo de prisión a cambio de los diarios ahora parecía estancado y el reloj seguía avanzando, entonces, por Dios, Edda montaría la operación de rescate sola. Decidió chantajear a su padre y a Hitler. "Me di cuenta de que no había nada más que hacer en Italia, tenía que huir de mi país para jugar mi última carta, chantaje, desde territorio neutral."[20]

Huiría con los diarios a Suiza, donde sus hijos seguían escondidos y, una vez ahí, con la ayuda de Emilio como mensajero, negociaría la vida de Galeazzo de forma directa. Tenía poco tiempo. Haría que todos pagaran con la verdad si le fallaban. Edda y Emilio regresaron a la clínica la noche de Navidad. El día siguiente era 26 de diciembre. Se esperaba que el juicio de Galeazzo comenzara de inmediato con un veredicto y sentencia para el 28 de ese mismo mes. La ejecución, asumían, sería a la mañana siguiente, el 29. Si Edda iba a llegar a la frontera suiza a tiempo para hacer sus amenazas de venganza efectivas, tenía que partir en ese momento. Estaba lista.

Debían ser estratégicos sobre qué partes de los diarios llevar en la huida por la frontera. Edda no podía cargar con todo, eran muchos volúmenes. Tenía que llevarlos ocultos. Debía ser capaz de cruzar una frontera militarizada corriendo con ellos. También había otros retos logísticos inmediatos. Edda tenía algunos papeles con ella en Ramiola, pero otras partes seguían escondidas en Roma, a kilómetros de distancia. No habría tiempo de ir a Roma y revisarlos esa noche.

Emilio y Edda escogieron los volúmenes más importantes y dañinos de entre los que tenía en la clínica y partieron temprano en la mañana hacia Como en el carro de este, logrando perder a un

---

[20] *Ibid.*, 227.

vigilante de la Gestapo en el camino (no por nada Emilio había sido piloto de carreras). Entregaron los papeles a Tonino Pessina, quien prometió esconderlos en algún lugar cercano a la frontera para recuperarlos horas antes de cruzar.

Quienes susurran que Christina Granville[21] jugó un rol en organizar el escape de Edda dicen que Christina y Delia di Bagno se encontraron con Edda y Emilio en la residencia de Pessina esa mañana en Como. Al menos un reporte dice que Edda dio una copia del prefacio de los diarios a Christina y le permitió tomar fotografías de los diarios, destinadas a los Aliados, como Galeazzo quería. Si es verdad, esos negativos fotográficos jamás han sido descubiertos, aunque podrían explicar la sorprendente falta de interés de la inteligencia británica en recuperar los archivos de Ciano. Hasta que no se encuentren los archivos personales de la guerra de Christina Granville, no hay forma de saberlo con seguridad.

Edda y Emilio estuvieron en Como poco tiempo. Casi de inmediato regresaron al sur para el largo viaje a Ramiola. Nadie debía sospechar que Edda estaba pensando en cruzar la frontera. Se tenía que dejar ver por la noche en la clínica. Tonino Pessina, mientras tanto, accedió a hacer los arreglos con un contrabandista para la siguiente noche. El plan era regresar a Ramiola durante la noche, después manejar a Verona temprano por la mañana para ver a Hilde, para que pasara a Galeazzo el mensaje de que Edda estaba huyendo y planeando mandar un ultimátum a su padre y a Hitler. Después regresarían a la parte más peligrosa del camino: Emilio manejaría sin parar por la frontera suiza, donde los diarios estarían esperando y ella cruzaría fuera de Italia en la noche del 27 de diciembre. Entonces chantajearía a Hitler.

---

[21] Domenico Vecchioni, "Quelle due belle spie che si contendono i diari di Galeazzo Ciano: Sono Frau Beetz per i tedeschi e Christine Granville per gli alleati", *L'Indro*, 1.° de agosto de 2018.

El plan prosiguió sin problemas la mañana siguiente. Tomaron el camino con buen tiempo. Almorzarían con Hilde a medio día en Verona. Planeaban manejar a Como y, al anochecer, a la frontera.

Pero al llegar encontraron a Hilde decidida a hacer lo necesario para detenerlos.

CAPÍTULO 7

OPERATION CONTE

27 de diciembre de 1943-7 de enero de 1944

Cuando Hilde se encontró con ellos para el almuerzo, les explicó: arruinarían todo si Edda desaparecía en ese momento.

El acuerdo para intercambiar los diarios por un escape de prisión de manera oficial estaba en marcha. Había usado contactos y presionado el caso en toda la cadena de mando directo hasta Kaltenbrunner y Himmler. Tenía aprobación de los altos mandos alemanes. Edda y Emilio solo necesitaban seguir el plan original, los instó. Si Edda huía, los alemanes nunca aceptarían el intercambio y el escape de prisión y el resultado sería la ejecución segura de Galeazzo. Operation Conte (operación conde) tenía luz verde de Berlín. Se ejercería presión a los italianos para asegurar que el juicio se pospusiera por unos días para que el equipo secreto pudiera volar a tiempo. El engranaje estaba en movimiento. Edda solo necesitaba quedarse quieta y confiar en Hilde.

Edda observó a Hilde con cautela. Si Hilde se equivocaba, o peor, si Hilde estaba jugando con ellos como agente alemana, no habría otra oportunidad de llegar a Suiza a tiempo para cambiar el resultado. Hilde, leyendo la preocupación de Edda, le dio una carta de Galeazzo confirmando que él quería que Edda intentara el plan de Hilde por los diarios. Hilde también estaba presionando a los alemanes, advirtiendo a sus superiores: "Si ejecutan a Galeazzo, como es seguro ahora (a menos que sea liberado), su diario y los otros documentos serán publicados de inmediato en América e Inglaterra".[1]

Pero había otra verdad incómoda que Edda, por lo menos, vio con claridad. Por mucho que Hilde quisiera salvar la vida de Galeazzo, y Edda no dudaba ahora que ella estaba enamorada de él, al prevenir el escape de Edda a Suiza con los diarios esa tarde Hilde también estaba siguiendo órdenes directas de los nazis. Hilde "me dijo —recordó Edda— que los alemanes habían decidido liberar a Galeazzo a cambio de los cuadernos, insistiendo al mismo tiempo en que la iniciativa había surgido solo de ella". Edda no estaba muy segura, "después me enteré[2] —dijo— de que el general Harster, comandante de las ss en Verona, había recibido un telegrama codificado de Kaltenbrunner, su superior inmediato, enviado en nombre de Himmler", dando instrucciones de que la Operation Conte tenía que ser seguida como una política. Edda y Galeazzo habían puesto su vida en manos de los nazis de nuevo. Eso hizo que Edda se preocupara mucho.

Una vez que manejaron de vuelta a Ramiola, Edda se debatía. Seguía inclinada a huir esa noche a Suiza, mientras tenía oportunidad. Ya había confiado en que los alemanes llevarían a su familia a España una vez y el resultado fue su encarcelamiento a las afueras de Múnich. Ahora no confiaba en ellos, no importaba lo que Hilde prometiera. Hilde era joven. Edda conocía a Hitler y a Himmler, conocía a sus familias, compartía nombre con la hija menor de Göring. Edda no estaba segura de que los instintos de Hilde se basaran en experiencia.

---

[1] Ray Moseley, *Mussolini's Shadow: The Double Life of Count Galeazzo Ciano* (New Haven, CT: Yale University Press, 2000), 212.
[2] Edda Mussolini Ciano, *My Truth* (Nueva York: Morrow, 1977), 227.

En privado, Galeazzo compartía las preocupaciones de su esposa. Le dijo a Hilde: "Es inútil, no va a salir nada de esto. Pero el juego es divertido. Sigamos con él".[3] Si Edda y Galeazzo hubieran podido hablar con libertad, tal vez Edda habría huido esa noche. Pero no se expresó la preocupación entre ellos. Su única intermediaria era Hilde, cuyo entusiasmo por el intercambio seguro reflejaba sus deseos conflictivos como amante de Galeazzo y como agente de Himmler. Ella quería salvar a Galeazzo. En los meses que pasaron juntos desarrollaron sentimientos reales. Pero Hilde también quería entregar los diarios a sus superiores y completar su misión.

Al final, Emilio Pucci fue la única persona que persuadió a Edda de esperar. Él entendió (Edda todavía no lo hacía) que al cruzar la frontera de manera ilegal se arriesgaba a que le dispararan o la arrestaran. La convenció de que no había peligro en intentar el plan de Hilde primero. Eran menos riesgos para la mujer que trataba de proteger de los peligros que la rodeaban. Las preocupaciones de Emilio no eran por Galeazzo o Hilde. Eran por Edda. Él no dudaba de su valentía. Pero todo el tiempo disparaban a gente que trataba de huir a Suiza. Además, ya era más tarde de lo que esperaban. El plan para huir, al menos esa noche, se había abortado y él le aseguró que todavía podían discutirlo en la mañana. Emilio y Edda regresaron a Ramiola. Al amanecer, Edda se había resignado. No se movería y esperaría instrucciones de Hilde.

Hilde ahora entraba en acción del lado alemán. El juicio de Galeazzo se había atrasado un poco, como lo prometieron. Al día siguiente, 28 de diciembre, fue en persona con el general Wilhelm Harster, quien confirmó que, en definitiva, la Operation Conte estaba en marcha.

---

[3] Moseley, *Mussolini's Shadow...*, 214.

Los hombres con los que Hilde estaba tratando (y cuyo trabajo fomentaba), no eran figuras menores dentro del régimen nazi o buenas personas. El general Harster, antes de su trabajo en Italia,[4] había dirigido el asesinato en masa de judíos en Holanda, y entre las víctimas atribuidas a él están Ana Frank y su familia. Kaltenbrunner y Himmler, jefe de los servicios de seguridad alemanes y jefe de la policía alemana, respectivamente, fueron arquitectos del holocausto que se llevaba a cabo a lo largo de Europa. Entre ellos tenían el control directo de los servicios de espías nazis, la Gestapo y las SS. Su interés no estaba en Galeazzo Ciano. Es seguro que no daban ningún valor a su vida como individuo. Querían los diarios del conde y querían eliminar al ministro de Relaciones Exteriores alemán, Joachim von Ribbentrop, cuya influencia en Hitler les inspiraba desconfianza. Pero la Operation Conte servía a sus intereses por lo que la misión fue autorizada. Eso era todo lo que Hilde quería.

Para Edda, la pausa en los siguientes días fue insoportable. Emilio viajó a Florencia en Año Nuevo para una breve visita a su familia y por varios días Edda se quedó sola en Ramiola.

La rueda estaba en movimiento, pero con lentitud del lado alemán. El 2 de enero Hilde viajó a Innsbruck para ver en persona a Ernst Kaltenbrunner y al general Harster para formalizar el acuerdo en un memorando operacional. Ninguna parte confiaba en la otra. Galeazzo no quería entregar los diarios hasta estar seguro en Suiza. Los nazis no confiaban en que, seguro en Suiza, cumpliera con su promesa. El intercambio debería darse en incrementos, agregándose a la complejidad del plan de escape.

En Innsbruck, Hilde consiguió un acuerdo. Galeazzo entregaría una parte de los papeles como pago anticipado. El juicio estaba ahora programado para el 8 de enero de 1944. El plan era sacar a Galeazzo el día anterior, el 7 de enero.

---

[4] "Exnazi (Wilhelm Harster) Sentenced in 'Anne Frank' Deaths", *New York Herald Tribune*, edición europea, 17 de febrero de 1967.

Tan pronto como Hilde regresó de Innsbruck, viajó a Ramiola para poner al corriente a Edda; llegó a la hora del almuerzo el 3 de enero. Galeazzo había advertido a Hilde que Edda estaría suspicaz de que fuera una trampa, por lo que llevó dos cartas de Galeazzo. Una carta era la oficial, que Galeazzo sabía que sería leída por la inteligencia alemana. Hilde debió recalcar el hecho de registrar la correspondencia en sus reportes para evitar sospechas. Hilde también llevaba una segunda carta privada, que no mostró a sus jefes. Era una nota personal de Galeazzo a su esposa, que él confiaba que Hilde no abriría. Hilde no la leyó.

En la carta a su esposa, Galeazzo daba diferentes instrucciones, diciéndole a Edda que estuviera atenta y que retuviera algunos papeles como precaución.

Emilio regresó a Ramiola de sus vacaciones esa noche, después de que Hilde se había ido, y encontró a Edda empacando furiosa. Cruzaría la frontera esa noche. Algo no estaba bien con el plan. La advertencia privada de Galeazzo de tener cuidado con una traición confirmó sus intranquilas sospechas. Estaba segura de que tenía que huir en ese momento con los diarios. El chantaje, estaba más segura que nunca, era la única opción. Era el único lenguaje que Hitler o su padre entenderían.

Por segunda vez, Emilio la persuadió de no confiar en sus instintos. Estaba paranoica y ansiosa. La presionó para que confiara en Galeazzo y en Hilde. Discutieron por varias horas. Al final, exhausta, Edda se rindió. Accedió a esperar en Ramiola y a seguir con lo que temía que era una operación condenada. De cualquier forma, otra vez, ya era muy tarde para ir a la frontera. Edda escribió después, tratando de estar en paz con la decisión: "Yo estaba […] obedeciendo las instrucciones [de Galeazzo] cuando acepté contactos con los alemanes, y en particular con Frau Beetz, agente especial de Himmler, para intentar un intercambio de los

cuadernos y otros documentos por la vida de mi esposo".[5] Hacía
lo que le pedía Galeazzo, pero no le gustaba.

No era extraño que Edda dudara. El plan que los alemanes
y Hilde en especial habían organizado involucraba un juego total
de espías que haría palidecer al 007. Las instrucciones para Edda
en la carta "oficial" de Galeazzo eran viajar con Hilde y la Gestapo
a Roma al día siguiente y recuperar los papeles escondidos relacionados con la época de Galeazzo en la Oficina de Relaciones
Exteriores. Estos papeles, los llamados Conversaciones, eran
los más perjudiciales para Ribbentrop y servirían para el pago anticipado. La carta oficial insinuaba que estos serían todos los
papeles (salvo los diarios reales).

Cuando estos se recibieran y confirmaran como genuinos,
oficiales alemanes de las ss, disfrazados como fascistas italiano
para echar la culpa a los mismos italianos, sacarían a Galeazzo de prisión y lo escoltarían a él y Edda a Suiza, con Hilde
asignada como vigilante para asegurar que cumplieran su parte
del trato. Después, cuando estuvieran en la frontera con Suiza,
Galeazzo le daría a Hilde la ubicación de los papeles restantes,
los diarios, y ella regresaría a Italia para recuperarlos para sus
superiores.

Pero la carta privada de Galeazzo para Edda era más refinada.
En específico le pedía entregar solo las Conversaciones, los papeles
en el cuaderno de piel verde. *No* debía entregar un paquete de
papeles guardados en la misma ubicación etiquetados como *GER-
MANIA*. Esas eran las notas sueltas y manuscritos sobre asuntos
italoalemanes, y ellos se quedarían con ese material en caso de
una traición. Galeazzo también sospechaba que podrían tenderles una
trampa y le pidió a Edda guardar esos papeles con cuidado y
entregarlos a los Aliados si no lo liberaban. No habló sobre los
diarios en sí, tal vez temiendo que su comunicación con su esposa
no fuera del todo confidencial.

---

[5] Mussolini Ciano, *My Truth*, 29.

Justo después de la medianoche del 3 de enero, Edda no estaba en condición de viajar a Roma con unas horas de sueño. Estaba medio histérica y ansiosa. Ella y Emilio habían peleado por horas. Se sentía derrumbada y exhausta. Acordaron que Emilio haría el viaje con Hilde y la Gestapo. Salió de Ramiola justo después de las 3:30 a.m. en la mañana del 4 de enero, con la intención de encontrarse una hora después con Hilde y dos agentes en la orilla de una carretera a las afueras de Parma. Uno de esos hombres de la Gestapo era Walter Segna,[6] asistente del supervisor inmediato de Hilde en Italia, el general Harster. Desde ahí, los cuatro manejarían sin parar a Roma, un viaje que al final les tomaría diez horas.

Edda había escondido los papeles en algún lugar en un banco en Roma, tal vez una caja de seguridad, pero lo más probable es que fuera en un hueco en la mampostería. Uno de los objetos ocultos era el testamento de Galeazzo, que Emilio dejó atrás en sigilo. Tomó dos paquetes de papeles, haciendo un espectáculo al mostrar uno, las Conversaciones, a Walter Segna y al otro agente. Emilio con destreza metió el otro paquete, Germania, dentro de su voluminoso abrigo de la fuerza aérea, escondiéndolo tal y como Galeazzo había instruido en su carta a Edda.

Por la tarde habían recogido los papeles. Para cuando Emilio, Hilde y los hombres de la Gestapo habían comido y estaban listos para partir de regreso a Ramiola, la noche había caído y nevaba con fuerza. En la carretera afuera de Roma, viajando a un ritmo insidioso mientras los copos de nieve chocaban contra el parabrisas, el automóvil patinó fuera de la resbalosa carretera hacia un hoyo. Emilio, batallando por mantener la parte secreta de los papeles escondida dentro de su abrigo, salió con los dos hombres de la Gestapo para empujar el carro y al final consiguieron regresar a la carretera en las primeras horas del 5 de enero. Pero cuando trataron de encender el motor, el automóvil cascabeleó.

---

[6] Walter Segna, reporte de interrogatorio, 13 de mayo de 1945, XARX-27856, Agencia Central de Inteligencia, desclasificado en 2001.

No habría más viajeros insensatos en la carretera y Emilio estaba ansioso por que los diarios escondidos no fueran descubiertos. Dado que él tenía el abrigo más caliente, acordaron que él caminaría de regreso para que mandaran otro auto por ellos, dejando el paquete de pago anticipado con Hilde y Walter Segna. Durante las siguientes dieciocho horas, desde las primeras horas hasta la noche del 5 de enero, Emilio batalló a través de montículos de nieve que le llegaban a las rodillas, tratando de mantener los papeles secos y escondidos, temeroso de que la tinta se corriera si la nieve los humedecía, hasta que Hilde y los hombres de la Gestapo lograron encender el automóvil y lo encontraron. Hilde decidió que deberían ir directo a Verona para salvar la operación, y los cuatro por fin llegaron a su destino el 6 de enero, tras varias averías más.

En Verona, Hilde pasó en persona los papeles del pago anticipado de Galeazzo Ciano al general Harster. Para la joven espía fue un éxito formidable, por lo que sería muy bien recompensada.

El paquete contenía ocho volúmenes, encuadernados en piel verde,[7] fechados de 1939 a 1943, a veces escritos a máquina, a veces a mano, con las notas de Galeazzo sobre conversaciones diplomáticas. Presentados de manera prominente, justo como Galeazzo había prometido, eran reportes devastadores de sus conversaciones con Joachim von Ribbentrop, su contraparte en la Oficina de Relaciones Exteriores de Alemania. El general Harster, encantado, de inmediato ordenó que tomaran fotografías de los diarios e instruyó a dos jóvenes tenientes de las ss que pasaran la noche traduciendo los papeles al alemán y preparando una sinopsis para Berlín. Por la mañana Harster guardó las copias y la sinopsis en su caja fuerte personal y envió a Walter Segna a Berlín en avión para entregar los originales en mano a Kaltenbrunner. A cambio, no

---

[7] Howard McGaw Smyth, "The Papers: Rose Garden", Agencia Central de Inteligencia, Historical Review Program, 22 de septiembre de 1993; véase también Walter Segna, reporte de interrogatorio, 13 de mayo de 1945.

menos encantado con lo que vio y buscando con ansias recibir la
segunda mitad de los papeles del conde cuando la familia estuviera a salvo en Suiza, mandó un telegrama a Harster con órdenes
de proceder con la liberación de Galeazzo Ciano.

Hilde en general se sentía aliviada. Hasta entonces, la Operation Conte seguía adelante, y Hilde, enamorada de Galeazzo y
emocionada por su primer triunfo como espía, vio en el horizonte
la posibilidad de salvar la vida del hombre que amaba y completar la
misión para su país de manera fiel. Ahora solo tenían que sacar
a Galeazzo de prisión, llevarlos a él y a Edda a través de la frontera
en secreto y juntar los papeles escondidos restantes. Después de
la guerra, ella y Galeazzo encontrarían la forma de publicar los
diarios y de estar juntos, como lo planearon en sus conversaciones
nocturnas. Hilde se atrevió a creer que, después de todo, habría
un final feliz.

Esperando en Ramiola por noticias y que Emilio regresara el 5 de
enero, Edda se volvía loca por no saber nada. Temía que los alemanes la hubieran engañado y que hubieran arrestado a Emilio.
Caminó de un lado al otro en su habitación por horas el 6 de enero,
tratando de decidir si esperar o huir, mientras el primer conjunto
de papeles de Galeazzo iba a Berlín, pero como no tenía automóvil
para huir, solo lloró y se preocupó.

Fue hasta la noche del 6 de enero o la madrugada del 7 que Emilio (que había sufrido más problemas con el auto) por fin regresó a
la clínica donde Edda estaba fuera de sí. Emilio tenía buenas noticias para ella. Logró traer los papeles de Germania escondidos
como Galeazzo había instruido. Las cosas estaban en marcha a
pesar de los problemas con el carro. Dos agentes de las ss —a quienes los archivos alemanes nombraron Johanssen y Thito— habían volado para encargarse del escape de prisión. Dos guardias
italianos de la prisión eran parte de la operación. Con su ayuda,
Galeazzo sería liberado en algún momento de ese día. Tal vez ya

era libre. Hasta ahora, todo lo que tenían los alemanes eran los papeles del pago anticipado y pronto verían a Galeazzo.

Edda solo necesitaba mantener los nervios tranquilos, le dijo Emilio. Todo lo que tenía que hacer era encontrarse con las ss a las ocho de la noche en la marca del kilómetro dieciséis en la carretera de Verona a Brescia. Ahí se reuniría con Galeazzo. Los agentes de las ss los llevarían en automóvil a la frontera suiza. Solo había un problema: Edda y Emilio habían dejado el paquete crucial con los diarios de Galeazzo en el norte, con Tonino Pessina, en anticipación al escape solitario de Edda abortado a finales de diciembre. Debían hacer un apresurado viaje secreto a Milán para recuperar esos papeles antes de reunirse con Hilde y los agentes en el kilómetro dieciséis.

El tiempo era justo. Necesitaban salir de inmediato para llegar a Milán y regresar a tiempo a las 8:00 p. m. al punto de encuentro en las afueras de Verona. Significaba un difícil día de manejo. Edda y Emilio salieron de Ramiola cerca del mediodía del 7 de enero, cargando con ellos en una maleta los papeles de Germania que Emilio había recogido en Roma. Estos eran papeles que los nazis no sabían que existían: su última póliza de seguro. Edda planeaba huir con ellos escondidos en ella.

Por la tarde recuperaron de Tonino Pessina los siete cuadernos adicionales escondidos antes de Navidad (los diarios de Galeazzo), la segunda parte del intercambio con los alemanes. Los pusieron en una segunda maleta. Los diarios de la Cruz Roja de Edda y papeles familiares fueron a una tercera. Luego Edda y Emilio partieron hacia el sur de vuelta a Verona, llegando alrededor de las 6:00 p. m. Podían respirar con alivio. Tenían suficiente tiempo para la reunión de las 8:00 p. m. Solo tomaría otra hora para llegar a la entrada de la carretera al punto de encuentro. Después estaría Galeazzo y Suiza y la libertad.

La noche era muy fría y solo había unos pocos vehículos intermitentes en la carretera. Durante la ocupación alemana los automóviles personales se prohibieron bajo pena de muerte, ellos tenían transporte solo porque Emilio era oficial de la fuerza aérea y Edda era la hija de Benito Mussolini. Edda se envolvió en su abrigo de piel mientras se acercaban a su destino, dieciséis kilómetros, quince kilómetros. Pronto vería a Galeazzo.

Entonces, ¡zaz! Emilio se sacudió con brusquedad. El sonido de la llanta agitándose era inconfundible: una llanta ponchada. La mirada de pánico de Emilio lo dijo todo. La llanta trasera se había reventado. Emilio revisó su reloj. Faltaba solo una hora. No había forma de reparar la llanta a tiempo para llegar al punto de encuentro.

Edda debería pedir aventón si quería llegar con Galeazzo a tiempo y salvar la operación. Emilio se quedaría con el carro. Si de algún modo podía arreglarlo recogería a Edda para el último tramo del viaje. Si no lo hacía Edda debería intentar llegar por su cuenta. Debía llevar los diarios con ella y mantenerlos escondidos de los alemanes hasta estar a salvo en Suiza. Si los alemanes obtenían el premio a un costado de la carretera, Edda no era tan tonta para imaginar que ella o Galeazzo llegarían a la frontera. Apostaba a que los alemanes no pensaran que estaba lo suficientemente loca para llevar los manuscritos con ella.

No había forma de que Edda caminara con todos los papeles. Estaban en tres maletas y se suponía que eran el equipaje personal de Edda. A un lado de la carretera priorizaron los diarios y Emilio, tomando un poco de tela suelta, ató los papeles más importantes alrededor de la cintura de Edda. Los cuadernos eran grandes pero ligeros[8] y, aunque se veía graciosa, esperaban que no se notaran debajo del gran abrigo de piel y nadie se diera cuenta. Después hubo una despedida rápida y ansiosa a un lado del camino entre los amantes.

---

[8] Smyth, "The Papers: Rose Garden".

Emilio enfrentaría preguntas poco placenteras cuando se esparciera el rumor del escape de Edda y Galeazzo, y ella se preocupó por él. A Emilio le preocupaba que Edda fuera caminando a una trampa de los alemanes y habría querido estar para el encuentro, para al menos ver que en verdad tenían a Galeazzo. Claro, no había nada que evitara que los alemanes dispararan a Edda y a Galeazzo y solo tomaran los diarios, nada excepto que los alemanes no imaginarían que Edda sería tan descarada para llevarlos consigo.

Ella partió, tropezando entre la nieve en la oscuridad, y no muy lejos vio luces acercándose. Cuando le hizo señas al automóvil, se horrorizó al ver que los hombres que la habían recogido eran dos ministros del gobierno fascista, hombres que conocían a su padre. Si la reconocían, la llevarían directo a las oficinas policiales. Los servicios de seguridad italianos (a quienes los alemanes estaban engañando para el escape de prisión) estaban seguros de haber descubierto su huida para ese momento y habría una orden de arresto para ella. Edda acomodó su abrigo en el asiento trasero, trató de mantener la cabeza agachada y decir lo menos posible. Cuando sus caminos se separaron y la dejaron a un lado de la carretera, sin tener idea de que su pasajera era la hija desaparecida de Mussolini, ella respiró con alivio. Se quedó de pie en el frío por unos minutos, esperando que pasara otro auto en la distancia, y después decidió que debería seguir moviéndose, buscando luces sobre el hombro. Edda recordó: "Empecé a caminar por la carretera, temblando sobre las piedras, doblándome los tobillos, cayendo, pero siempre aferrada a los diarios".[9]

Por fin, sin aliento, escuchó otro motor en la distancia: un convoy de transporte alemán bajando por la carretera. Temerosa de que no se detuvieran a recoger a una civil, Edda se paró en medio del camino y levantó los brazos. El camión de hasta adelante no tuvo opción más que detenerse por esta mujer loca en el camino,

---

[9] Mussolini Ciano, *My Truth*, 229.

y, cuando lo hicieron, ella se apresuró con el conductor. Algo en su mirada de urgencia convenció al convoy de acercarla un poco a su destino. Y así fue, mientras los preciosos minutos avanzaban y la noche se volvía más oscura. El siguiente aventón fue de un lujurioso hombre en una bicicleta que la dejó subirse para los últimos kilómetros, todo mientras su mano deambulaba. A Edda ya casi ni le importaba. Sabía que la hora límite ya había pasado hacía mucho. Había perdido la cita con Galeazzo. Cuando llegó al lugar, esperaba contra toda posibilidad ver un automóvil detenido, para saber que la habían esperado. No había nadie.

Había llegado dos horas tarde y ahora pasaba del toque de queda. Un arresto, en especial con los papeles en su posesión, sería desastroso. Solo podía esperar que encontraran la forma de regresar por ella. Durante nueve horas, todo bajo una fría noche y hasta el amanecer invernal, Edda se sentó en la húmeda cuneta al lado del punto de encuentro, observando. "Cada vez que pasaba un coche levantaba la cabeza, cada vez tenía una esperanza loca, cada vez la misma decepción amarga",[10] dijo Edda después. A las 5:00 a. m., con su abrigo apelmazado pero los diarios a salvo, pudo tomar un último aventón, de regreso a Verona, con dos hombres. Esta vez, cuando uno de los hombres puso la mano sobre su rodilla, Edda solo lo miró, con sus fuertes y agotados ojos de Mussolini, y le dijo que estaba muy cansada.

En Verona Hilde estaba muerta de preocupación… y furiosa.

Las noticias no habían llegado a Edda a tiempo, pero, de hecho, los alemanes *sí* la habían traicionado. No hubo ningún auto para encontrar a Edda. Los nazis habían traicionado a todos. Esta vez Hilde se sintió incluida.

---

[10] *Idem.*

CAPÍTULO 8

CHANTAJE A HITLER

8 de enero de 1944-9 de enero de 1944

La traición del general Harster no fue intencional. Otra vez, el problema fue Hitler.

El 6 de enero de 1944 los papeles del pago anticipado volaban en camino a Berlín con Walter Segna. Emilio iba de regreso a la clínica de Ramiola con el paquete Germania escondido en su abrigo. En Alemania, Ernst Kaltenbrunner había dado el visto bueno oficial para la Operation Conte, y los hombres de las ss estaban en suelo italiano listos para desplegarse. Wilhelm Harster estaba comandando la redada y muy pronto Galeazzo Ciano estaría fuera de la prisión en Verona el 7 de enero.

Entonces sonó el teléfono en las oficinas de Verona. La llamada entró en algún momento del 6 de enero, mientras Emilio y Edda manejaban hacia Milán para recoger los diarios escondidos con Tonino Pessina. Harster palideció cuando se conectó la llamada. Adolfo Hitler estaba en la línea. Tenía un mensaje personal para su general: si Galeazzo Ciano desaparecía de la prisión, Harster sería el siguiente ejecutado. Como Walter Segna dijo después: "Hitler prohibió de último momento la liberación de Ciano".[1] El Führer había decidido. El general Harster no iba a debatir

---

[1] "Memorando de Edda Ciano", 17 de noviembre de 1955, Agencia Central de Inteligencia, desclasificado en 2003.

una instrucción tan clara. Sabía cómo Hitler ejecutaba a quienes desobedecían sus órdenes. Por lo general implicaba ganchos para carne y cuerdas de piano. El general canceló con rapidez la misión de rescate.

Nadie está del todo seguro de cómo Hitler se enteró del plan para liberar a Galeazzo Ciano. Algunos creen que Kaltenbrunner y Himmler decidieron pedir permiso a Hitler de último momento repitiendo el error de Edda en Múnich. Otros dicen que Ribbentrop se enteró de la operación e informó al Führer. En Berlín, hay algunos indicios de que Kaltenbrunner y Himmler intentaron ganar algo de tiempo. El juicio reprogramado de Galeazzo empezaría el sábado 8 de enero, y nadie dudaba que sería un veredicto y una ejecución rápidos. Alguien en la embajada alemana contactó al Partido Fascista en Italia el 7 de enero, justo después de que la Operation Conte fuera cancelada, preguntando si el juicio se podía posponer algunos días más, aunque nadie entendía la razón. Perplejos, oficiales del partido llevaron la petición a Mussolini, quien estaba igual de desconcertado. Pero para entonces Mussolini consideró que el asunto ya estaba arreglado. Dirigiéndose a su secretario personal remarcó: "¡Ninguna intervención puede alterar el curso de los eventos! Para mí, Ciano ya está muerto. No podrá maniobrar en Italia, dejarse ver, tener un nombre. Todos los que votaron por la moción de Grandi serán condenados".[2]

Hilde se enteró de que el trato se había cancelado y que los alemanes, como era de esperar, se quedarían con los papeles del pago

---

[2] Giovanni Dolfin, *Con Mussolini nella tragedia: Diario del capo della segreteria particolare del Duce, 1943-1944* (Milán: Garzanti, 1950), 188-189.

anticipado, en algún momento del 6, o quizá del 7, de enero. Enfrentó al general Harster. Él explicó que no había nada que pudiera hacer: las órdenes vienen del Führer. Hilde le escribió a Kaltenbrunner para protestar. Había organizado un trato de buena fe, dijo. Galeazzo creería que lo había engañado. Todo el tiempo tuvo sus dudas y ella insistió en el trato queriendo *ambas* cosas, salvarlo y cumplir su misión. A Kaltenbrunner no podía importarle menos lo que pensara Galeazzo Ciano. Ella había terminado su misión y debía sentirse feliz. Los papeles más dañinos para Ribbentrop ahora estaban en manos de sus enemigos internos. Kaltenbrunner y Himmler estaban encantados. El destino de Galeazzo no les interesaba. La única respuesta de Kaltenbrunner fue enviar un gran ramo de rosas y una nota personal de felicitaciones para Hilde.[3]

Había completado su misión. ¿Entonces por qué se sentía tan mal? "Era un poco ingenua", dijo más adelante.

Decirle a Edda que había sido engañada por segunda vez sería muy desagradable. Hilde temía hacerlo, en especial porque debía persuadir a Edda de mantenerse callada. Edda debía agachar la cabeza o habría problemas reales. La Operation Conte fue una misión secreta y, de haber tenido éxito, habría sido una gran vergüenza para el Partido Fascista italiano. Hablar sobre la misión fallida solo dañaría a Galeazzo en prisión.

Edda, hasta el momento, no sabía lo que le esperaba. En la mañana del 8 de enero regresaba desesperada a Verona del fallido encuentro y una fría noche sobre la cuneta a un lado de la carretera. Esperó toda la noche por un automóvil que nunca llegó. Pero había llegado tarde y pensó que, en algún lugar, Galeazzo estaba libre y ella solo había perdido la cita. Debía haber una razón por

---

[3] Reporte de Hilde Beetz a RSHA, 18 de junio de 1945, Verona, archivo 71, Agencia Central de Inteligencia.

la que no pudieron esperarla. Tal vez Galeazzo ya estaba en Suiza.

Desaliñada y mojada, pero con la esperanza de que Hilde pudiera reunirla con Galeazzo a escondidas, Edda fue directo a las oficinas alemanas. Cuando dio su nombre falso, Emilia Santos, obtuvo miradas en blanco y le negaron ver al general Harster. Cuando perdió el temperamento y anunció que era Edda Mussolini Ciano y demandaba ver al general Harster, de inmediato la llevaron a una oficina vacía mientras el recepcionista consideraba. Llamó a Hilde. Ella se apresuró desde su oficina y apareció en la sala donde Edda esperaba. "Me observó, incrédula y en pánico",[4] recordó Edda, quien pronto estaba haciendo una escena. Era peligroso. Lo peor: el abrigo sucio de Edda tenía bultos graciosos. Los diarios todavía estaban atados a su cintura. Era obvio que estaban ahí.

La responsabilidad de Hilde era obtener los diarios. Ahí, frente a ella, estaba otra parte. Con ese descubrimiento llegarían más recompensas y un mejor ascenso. Tenía un esposo destacado y su éxito le conseguiría seguridad. Esta vez, si tomaba los diarios de Edda ahí en los cuarteles, su recompensa sería más que un ramo de flores. Todo lo que tenía que hacer era decir una palabra. Harster ordenaría que registraran a Edda. Hitler tendría sus diarios. "Frau Beetz pudo tomar los cuadernos justo entonces, si lo hubiera deseado, porque sabía que los tenía conmigo",[5] dijo Edda de aquel momento.

Hilde también sabía lo que sucedería después de eso. Arrestarían a Edda. La posesión de los diarios sellaría el destino de Galeazzo. Los alemanes no tendrían incentivos para detener la ejecución.

---

[4] Edda Mussolini Ciano, *My Truth* (Nueva York: Morrow, 1977), 234.
[5] *Ibid.*, 230.

Hilde habría hecho su trabajo y entregado los papeles que dañarían a Ribbentrop frente a sus enemigos políticos internos. Habría complacido a sus jefes. Debería estar contenta. En cambio, se sentía terrible. Había sido parte de una trampa a Galeazzo y Edda, el segundo engaño que les hacían los alemanes.

Se había dado cuenta de algo en esas últimas semanas de diciembre y la primera de enero: amaba a Galeazzo. No medio enamorada. No simpatía o afecto. No sexo o pasión. O no solo sexo y pasión. Habían sido compañeros constantes en una celda de prisión, enfrentando juntos terror, muerte y tristeza; pasaron juntos las fiestas mientras Galeazzo añoraba a sus hijos. Galeazzo le había abierto su corazón. El corazón de Hilde había respondido. Se sabe que revelaciones mucho menos personales han hecho a desconocidos enamorarse unos de otros... y Galeazzo y Hilde no eran extraños.[6]

Cuando llegó el general Harster tenía una cara larga. Hilde observó al general. Vio el abrigo abultado de Edda. Ahí fue el punto de quiebre de Hilde y eligió lo que veía como el único camino hacia adelante. Su decisión en ese momento cambió el curso de su vida, aunque ella no lo sabía aún. No dijo nada.

Indicando al general que ella se encargaba de la situación, Hilde esperó hasta que el corredor estuvo en silencio. Después tomó a Edda por el brazo y casi la arrastró a la calle. "Estás loca por haber venido aquí",[7] Hilde le dijo entre dientes en el patio, asustada. Edda exigió saber dónde estaba Galeazzo. Hilde trató de verla a

[6] Arthur Aron *et al.*, "The Experimental Generation of Interpersonal Closeness: A Procedure and Some Preliminary Findings", *Personality and Social Psychology Bulletin* 23, núm. 4 (abril de 1997): 363-377.
[7] Mussolini Ciano, *My Truth*, 234.

los ojos mientras confesaba que sus superiores habían cancelado la operación. Edda explotó.

Hilde instó a Edda a guardar silencio. Iría y le explicaría todo. Pero Edda debía escuchar: tenía que registrarse en un hotel y quedarse ahí. El terror en los ojos de Hilde por fin la convencieron de que la calle era un lugar muy peligroso para esa conversación. Después, en la habitación de un hotel veronés no descrito, Hilde trató de explicar a Edda que no hubo opción, pero ella no tenía paciencia para excusas. "Nos engañaste de la peor manera posible y puedo jurar que estás lista para hacerlo de nuevo. No se puede confiar nunca en ti, ni siquiera cuando la vida de una persona está en riesgo",[8] le dijo furiosa a Hilde. No había nada que decir. Sabía que era verdad. *Hubo* una traición, aunque no tenía intención de ser parte de ella… y no había salvado a Galeazzo.

Hilde intentó explicar que la vida del general Harster estuvo en juego. Edda debía entender. La orden venía de Hitler directamente. Seguro entendía que Harster no podía desobedecer al Führer. Era la misma ley que con su padre: la ley en el corazón del fascismo. *Führerprinzip*. Cuando Edda dejó de llorar, tomó la mano de Hilde, asintió con la cabeza y le agradeció por intentar.

Edda debía saber el resto. En la habitación de un hotel en Verona, con pocas palabras Hilde cruzó un límite del cual no había regreso. No decir algo era una cosa, un pecado de omisión. Ayudar a Edda, auxiliarla con el encargo, era traición y contrario a los intereses de los servicios de seguridad alemana. El jefe de espías estadounidense Allen Dulles después vería lo que dijo Hilde Beetz[9] como el momento en que pasó de ser una espía nazi a ser una agente doble de los Aliados.

Los alemanes, confesó a Edda, todavía estaban determinados a encontrar el resto de los diarios. No sospechaban que

---

[8] Ray Moseley, *Mussolini's Shadow: The Double Life of Count Galeazzo Ciano* (New Haven, CT: Yale University Press, 2000), 216.

[9] Corinna Peniston-Bird y Emma Vickers, eds., *Gender and the Second World War: Lessons of War* (Londres: Palgrave Macmillan, 2017), 80.

Edda los tenía con ella, pero sí que conocía su ubicación. La observarían y con el tiempo la arrestarían. Necesitaban sacarlos del país ahora. Edda tenía que huir. Suiza era la única esperanza si se quería salvar y tal vez, en una última atrevida apuesta, a Galeazzo.

Hilde la ayudaría a escapar y sacar los diarios con ella.[10] "Sentí la necesidad de reparar el daño",[11] explicó después... y no sabía de qué otra forma hacerlo.

De hecho, se necesitaría un equipo de conspiradores para hacer posible el escape de Edda. Huir ahora era cien veces más peligroso que cuarenta y ocho horas antes. Edda y Hilde necesitaban ayuda para realizarlo y sabían que contaban con Emilio Pucci. Él había esperado a un lado de la carretera esa noche mientras Edda caminaba arduamente al punto de encuentro; por la mañana había conseguido arreglar la llanta. Regresó a Verona alrededor del mediodía, no mucho después que Edda. Hilde, esperándolo, con rapidez interceptó su llegada.

Les explicó que, a partir de ese momento, estarían bajo constante vigilancia de la Gestapo. El general Harster sentía de mala gana una admiración hacia Edda. Era una mujer valiente y encantadora. Pero lo habían hecho responsable directo de asegurarse de que no desapareciera y no estaba dispuesto a arriesgar su cuello (colgado en una horca) por la impulsiva hija de Mussolini. Si su plan tenía éxito, Harster estaría en dificultades considerables. Si el rol de Hilde era descubierto, los nazis seguirían la regla aria del *Sippenhaft*, castigo de familiares. Ella *y* su familia en Alemania serían ejecutados como traidores.

Cuando Emilio vio a Edda en Verona esa tarde, apenas pudo reconocerla. Cómo veinticuatro horas podían hacer tanta diferencia, no podía imaginarlo. Los eventos del último día habían sacudido y agotado a Edda. Se veía vieja, enferma y demacrada.

---

[10] Reporte de Hildegard Beetz a RSHA, archivo 67, Agencia Central de Inteligencia.
[11] "Hildegard Beetz", 26 de octubre de 1943.

Por el momento, Hilde explicó que debían entregarse a la Gestapo. Esas eran las órdenes del general Harster. Se estaba movilizando la vigilancia. Pretenderían seguir las instrucciones de los alemanes y aceptar de manera aparente el retiro en la clínica. Llevaron a Edda en automóvil. A Emilio le permitieron seguirla. Un convoy policial los acompañó de regreso a Ramiola. Catorce agentes fuertemente armados y un contingente de policías fascistas italianos se arremolinaban alrededor en autos y motocicletas, preparados para disparar en caso de que hubiera algún plan no descubierto para liberarlos. Se había registrado toda la clínica y Edda y Emilio estarían bajo arresto domiciliario mientras seguía la cacería por los papeles de Galeazzo en otros lugares. Poco sabía la Gestapo que los papeles faltantes estaban en ese preciso momento escoltados con Edda de vuelta a la clínica bajo custodia, envueltos alrededor de su cintura bajo el abrigo. Si la situación no hubiera sido tan aterradora, la ironía habría sido graciosa.

Antes de que el convoy partiera, Hilde logró pasar a Edda una última carta privada de Galeazzo, escrita desde la prisión cuando entendió que la Operation Conte había sido abortada. Solo hasta que estuvo de vuelta en su habitación en Ramiola, con la puerta bajo llave, se atrevió a abrir la carta. "Querida", escribió Galeazzo aquel largo día cuando se enteró de la verdad y Edda seguía corriendo hacia el punto de encuentro, "mientras todavía vives en la maravillosa ilusión de que en unas horas estaremos juntos de nuevo y libres, para mí ya comenzó la agonía […] bendice a los niños y enséñales a respetar y venerar lo que está bien y es honorable en la vida".[12]

Era demasiado para Edda. Había pasado tanto viviendo en terror. Llevaban desde julio tratando de huir juntos como familia. Ahora la esperanza que la hacía seguir adelante se había esfumado. El juicio de Galeazzo, incluso ahora, estaba en marcha. Pronto

---

[12] Howard McGaw Smyth, "The Papers: Rose Garden", Agencia Central de Inteligencia, Historical Review Program, 22 de septiembre de 1993.

habría un veredicto. Debería estar en Suiza con los niños antes de que el veredicto saliera para verlos de nuevo, porque no dudaba que Hilde tuviera razón: cuando la búsqueda de los diarios fracasara, sería arrestada.

Edda miró alrededor en su habitación en la clínica y decidió destruir todo. Derrumbaría el mundo con ella. Espejos, lámparas, marcos fotográficos y vasos de whiskey: los estrelló contra las ventanas y las paredes, sintiendo una furiosa satisfacción en el afilado tintineo del vidrio mientras caía y se hacía añicos. Emilio llegó corriendo y, alarmado, llamó a los doctores de la clínica. Trataron de calmarla, pero se negó a ser sedada. No había sedante para su ira. Los doctores se retiraron a deliberar y fueron las palabras francas de Emilio las que hicieron que se detuviera. Necesitaban cruzar la frontera. Solo les quedaba una ruta. Ella tenía hijos. Y todavía tenía la mayoría de los papeles. No tenían tiempo para drama y no podían escapar hacia la frontera si la arrestaban. Edda se tranquilizó. Tiempo después dijo: "Decidí ir a Suiza para arriesgarlo todo en un último intento con mi padre y con el Führer, para enviarles a ambos una carta que mi amigo Emilio Pucci entregaría una vez que hubiera pasado la frontera".[13] Chantajearía a Mussolini y a Hitler. Y si no perdonaban la vida de su esposo, los haría sufrir. Ella sería, les prometió, una furia vengadora.

Con la decisión tomada, Emilio y Edda volcaron su mente a la logística. Saldrían en las siguientes horas. Primero evadirían el arresto domiciliario y a la policía estacionada fuera de las ventanas de su habitación. Después viajarían, sin ser detectados, durante horas hacia el norte y se escabullirían a través de la frontera vigilada en invierno. Seleccionarían los papeles más importantes que llevaría Edda y encontrarían un lugar seguro donde esconder el resto porque, ahora, era menos posible cruzar con tres maletas de documentos.

---

[13] Mussolini Ciano, *My Truth*, 230.

Edda y Emilio seleccionaron cinco de los diarios más dañinos de siete de la época de Galeazzo en la Oficina de Relaciones Exteriores durante la guerra y, de nuevo, Emilio los amarró en el vientre de Edda con un cinturón improvisado hecho con las piernas de su pijama. Los dos diarios restantes, los documentos que llamaban Germania, los registros personales de Edda, su diario de la Cruz Roja, algunas joyas y fonogramas de voz grabados, los envolvieron con cuidado en un paquete, lo sellaron con cera y lo entregaron al director de la clínica. Se habían enterado de que el doctor Elvezio Melocchi era partisano de la resistencia italiana y los papeles ayudarían a los Aliados. Él accedió a esconder los papeles dentro de una planta eléctrica local, donde el riesgo de electrocución prevendría que cualquier curioso buscara por ahí. Si Edda y Emilio eran arrestados y ejecutados, el doctor prometió entregar el paquete a los estadounidenses o a los británicos.

Ahora había por lo menos tres conjuntos de papeles: los que dejaron con el doctor en la clínica, los cuadernos que se transfirieron a Berlín como pago anticipado y los diarios que Edda llevaría con ella en su escape. También podría haber otros papeles o copias de documentos guardados con amigos de servicios diplomáticos. El paquete que se quedó en la clínica después sería conocido como los papeles Ramiola y, después, solo como "los chocolates".

Edda debía escapar con rapidez si quería tener cualquier esperanza de salvar a Galeazzo, cuyo juicio ya estaba en marcha, y por la mañana la red se cerraría alrededor de ella. Al día siguiente, 9 de enero de 1944, el teniente de las ss Robert Hutting empezó el día de manera brusca con una llamada a las 7:00 a. m. de su jefe, el general Harster. Kaltenbrunner había enviado un telegrama de advertencia desde Alemania reafirmando las órdenes de Hitler e instruyendo a las ss en Italia lo siguiente: "Observar de cerca a la hija de Mr. Mayer [es decir, Mussolini]. Puede moverse e ir a donde quiera, pero no puede poner un pie en Suiza.

Cualquier intento de escapar debe ser detenido incluso con fuerza. Los diarios del yerno de Mr. Mayer todavía no se encuentran. Búsquenlos".[14] Harster ponía a cargo al teniente Hutting para que siguiera las órdenes de Berlín y que Edda Ciano no se acercara a la frontera suiza.

El teniente Hutting partió de inmediato hacia Ramiola[15] con otros siete agentes de las ss (un séquito que esta vez incluía tanto a Hilde Beetz como a Walter Segna como supervisores operacionales) para asegurar que Edda permaneciera en la clínica. Para cuando llegaron, se enteraron de que a Emilio Pucci, todavía activo en el ejército italiano, se le había otorgado permiso de asistir a una cita médica agendada de manera previa en la base de Ferrara y había partido por la mañana en su uniforme de la fuerza aérea. Eso puso nervioso a Hutting.

Pero Edda era el objetivo de esta operación, no el marqués. Los hombres de la Gestapo de la guardia nocturna aseguraron al teniente de las ss que Edda seguía dormida en su habitación en la clínica. Los doctores confirmaron que había pedido pastillas para dormir antes de ir a la cama[16] y, como el *staff* mostró a los alemanes, podían ver la nota que había puesto en la puerta en las primeras horas de la mañana de que seguía ahí: "Estoy muy cansada y no me siento bien. Por favor no molestar por ninguna razón". Calmados por estas confirmaciones,[17] las ss volvieron a sus puestos con la instrucción de informar a Hilde y a Walter Segna en cuanto Edda estuviera disponible.

Claro, Hilde sabía que Edda ya se había ido. O al menos esperaba que hubieran escapado, porque si no, ahora era demasiado tarde. Haría todo lo posible para detener el registro de la habitación de Edda, para darles tiempo si habían intentado escapar

---

[14] Moseley, *Mussolini's Shadow*..., 218.

[15] Walter Segna, reporte de interrogatorio, 13 de mayo de 1945, XARX-27856, Agencia Central de Inteligencia, desclasificado en 2001.

[16] Moseley, *Mussolini's Shadow*..., 218.

[17] Walter Segna, reporte de interrogatorio.

hacia la frontera. Y esta vez, Edda y Emilio no habían dudado. Justo después de las tres de la mañana, cuando la clínica estaba en silencio y ellos esperaban que sus vigilantes estuvieran menos atentos, Edda bajó al sótano de la clínica y después salió por una pequeña ventana. Caminó sola con dificultad en la oscuridad a través de campos y bosques hasta una brecha, donde esperó a que Emilio llegara con el automóvil apenas pasadas las 7:00 a. m. Cuando Emilio se orilló, con el motor todavía encendido, Edda salió de su escondite entre los matorrales y brincó al auto. En poco tiempo se habían ido.

Durante el escape no tenían forma de saber cuánto tiempo pasaría antes de que descubrieran que se habían ido y tenían un largo y peligroso camino por delante. Cada momento que ponía distancia entre ellos y las ss contaba. Toda la mañana y hasta la tarde siguieron por caminos pequeños hacia el norte, tratando de evitar ser detectados o levantar sospechas. Hilde haría todo lo que pudiera en la clínica para retrasar que "despertaran" a Edda para darles tanta ventaja como fuera posible.

Se dirigían a Como, donde la frontera suiza se adentra profundamente en territorio italiano al sur de Lugano. Tonino Pessina y su esposa, Nora, tenían un departamento en Como y de nuevo llenaban el vacío para intentar salvar a Edda y su familia. Tonino haría arreglos con un contrabandista para llevar a Edda a través de la frontera. Pero primero tenían que llegar a Como a salvo. Habría retenes. Sabían que, cuando la huida fuera descubierta, la policía en todo el norte de Italia los estaría buscando.

El viaje fue de menos de ciento noventa kilómetros, pero iban a paso de tortuga por los caminos secundarios más oscuros, Emilio manejaba y Edda batallaba con el mapa buscando la ruta más remota posible. No se podían arriesgar a tomar la carretera. Viajaron a través de un sinnúmero de pequeños pueblos, esparcidos alrededor de Milán, y siempre procurando esconder el rostro de

Edda con una bufanda si pasaban al lado de un camión de transporte o de un granjero. La reconocerían de inmediato como la hija de Mussolini.

La noche caía cuando llegaron a Como. Se permitieron descansar unas horas con Tonino y Nora, comer y dejar atrás algunos valores, hay quienes dicen que más papeles políticos, que Edda y Galeazzo podrían necesitar después. A continuación, aprovechando el momento de calma a la hora de la cena y el atardecer temprano de invierno,[18] partieron de nuevo en un pequeño convoy camino al oeste, hacia la villa de Cantello-Ligurno, a dos o tres kilómetros de Varese. De ahí continuaron hacia el norte, siguiendo el contorno de la frontera suiza hasta llegar al pequeño pueblo de Viggiù, en la falda de Poncione d'Arzo, una montaña que separa Italia de Suiza.

A las 10:30 p. m., según reportes policiales alemanes, Tonino, Edda, Emilio y un hombre al que llamaban tío Piero se registraron en el hotel Madonnina, mientras hacían arreglos con un contrabandista local para acompañar a Edda a través de la frontera. Pudo haber cruzado esa noche, el 8 de enero, y habría sido mucho más seguro. Pero cuando el contrabandista se enteró de que arriesgaría el cuello por Edda Ciano el precio de su servicio se fue al cielo en el último momento, forzando al tío Piero a pasar la noche buscando contactos en el mercado negro para encontrar el costal de arroz que el contrabandista exigía como bonus. El contratiempo los puso a todos en riesgo y pasaron la noche escuchando cada ruido, con miedo de que su ubicación fuera descubierta.

---

[18] Reporte de Emilio Pucci a Allen Dulles, 24 de mayo de 1945, "Edda Ciano Diaries", nota 18R, archivos personales de Allen Dulles, 8; Roman Dombrowski, *Mussolini: Twilight and Fall* (Nueva York: Roy Publishers, 1956), 122-123. De acuerdo con Duilio Susmel, *Vita sbagliata di Galeazzo Ciano* (Milán: Aldo Palazzi, 1962), 336, tres cuadernos de diarios, los de los años 1936, 1937 y 1938, se dejaron en Como en casa de la familia Pessina. Las fuentes y la cronología en este complejo asunto, incluso fuentes contemporáneas y de primera mano, no siempre son consistentes.

El retraso de todo el día en el pequeño pueblo fronterizo fue horrible. Tuvieron que evitar el arresto todo el domingo 9 de enero. El séquito tuvo que esconderse y esperar el anochecer. Supusieron que, para entonces, los alemanes estarían buscándolos en pueblos a lo largo de la frontera con Suiza, y si habían seguido sus pasos sería el final.

Esa mañana, en la habitación del hotel, Edda dio los últimos toques a las tres cartas. Emilio se las entregaría a Hilde tan pronto como Edda estuviera a salvo del otro lado de la frontera. Todas las cartas estaban posdatadas. Eran demandas exigiendo una liberación, su último esfuerzo para rescatar a Galeazzo. Una era para el general Harster, una para Hitler y otra para su padre. Pasarían a la historia como las cartas más valientes y temerarias que alguien haya escrito a Hitler y Mussolini y como elementos centrales en una de las misiones de rescate más determinadas de la Segunda Guerra Mundial.

Todo el día en el hotel los conspiradores trataron de pasar desapercibidos y estar en silencio. La tensión de la espera era estresante. El sol se puso a las 5:00 p. m.[19] Cuando llegó la noche por fin se movieron. Emilio llevó a Edda hacia el este a la frontera. No se atrevieron a encender las luces delanteras. Detuvo el automóvil a unos cientos de metros de distancia del cruce altamente vigilado y a un lado del camino abrazó a Edda una última vez. Después la vio con seriedad y le puso en las manos su pistola militar cargada.

Si la detenían, debía usarla y tratar de defenderse. Debía cruzar la frontera. Si la detenían y no lograba cruzar, la tratarían con brutalidad. ¿Entendía? Edda asintió con la cabeza. Emilio recordó:

---

[19] Kaltenbrunner a Ribbentrop, 13 de enero de 1944. Archivos de la Oficina de Relaciones Exteriores, Inland II geheim: "Geheime Reichssachen", 1944, vol. 15, caja 3, ficha T-120, Archivos Nacionales, Serial 712/262452-453.

"Mientras me despedía de ella, estaba calmada y firme. Le di un revólver para disparar si los guardias alemanes o italianos trataban de detenerla [...] o dispararse si la atrapaban. Entonces se fue".[20]

El contrabandista esperaba a Edda en la oscuridad en un pequeño bosque al lado del camino. Había una luna brillante, no era bueno (pero no se podían dar el lujo de esperar días por la cobertura de la noche y el paso de fases lunares), debían tener cuidado y cruzar entre patrullas armadas. Agazapados contra el piso, Edda y el contrabandista esperaron, cuidando de no romper una rama o hacer ruido. Edda debía correr, tan agachada como pudiera, a través del campo abierto en el último acercamiento a la frontera y el contrabandista le diría cuándo avanzar. Si la veían, debía esperar disparos. Trataría de correr en zigzag y no dejar que el alambre de púas la detuviera. En cuanto estuviera en tierra de nadie, era Suiza o nada.

Cuando la patrulla alemana pasó de largo el contrabandista le susurró a Edda: "¡Ve! ¡Ahora!". Ella sabía que debía agacharse y mantenerse abajo mientras avanzaba por el pastizal. Pero no lo hizo. No podía. Estaba cansada de estar asustada y quebrada y tal vez el miedo también la hizo delirar. "No sé por qué, pero en ese momento no me importaba lo que me sucediera",[21] recordó. Erguida, Edda Ciano caminó despacio, de manera majestuosa a través del campo en tierras de nadie y entró a Suiza.

Habían notificado al inspector suizo en el control fronterizo que un refugiado cruzaría y no se sorprendió de verla atravesando el campo (y debió admirar su entereza, por más tonta que fuera). Pero

---

[20] Andrea Niccoletti, "The Decline and Fall of Edda Ciano", *Collier's Weekly*, 20 y 27 de abril de 1946.

[21] Mussolini Ciano, *My Truth*, 243.

les habían dicho que esperaban a la duquesa de Aoste que huía, un miembro de la familia real en peligro. "Se sorprendió y molestó cuando le dije que era Edda Ciano",[22] recordó. Aceptar a un miembro de la exiliada familia real de Italia era una cosa. Aceptar a la hija de Mussolini como refugiada era un problema. Ya habían engañado a los suizos para aceptar a los niños Ciano, y Edda sabía que no debía esperar una cálida bienvenida. La despreciaban tanto como a su padre y su presencia tenía el potencial de comprometer el precario estatus neutral de Suiza. Los agentes fronterizos tenían ahora en sus manos un incidente diplomático mayor.

Permanecerían despiertos toda la noche lidiando con el problema. Las líneas telefónicas sonaban de un lado y otro entre el puesto fronterizo y Berna durante horas, y diplomáticos eran despertados para consultas urgentes mientras los suizos averiguaban cómo manejar esta llegada para nada bienvenida. Edda se sentó en una banca en el puesto fronterizo bajo el brillo de una luz parpadeante, con la vista al frente e inmóvil durante horas.

Con el tiempo, el rumor llegó al director de la Oficina Estadounidense de Servicios Estratégicos en Berna, Allen Dulles, que ya tenía bajo el radar los famosos Diarios de Ciano. "Poco después de que Edda llegó, consulté a Magistrati", anotó en sus archivos. Massimo Magistrati era el ministro italiano en Suiza, pero también era el esposo de la difunta hermana de Galeazzo, Maria Ciano, y el hombre a quien Edda había enviado las cartas del 23 de diciembre de Galeazzo para Winston Churchill y Vittorio Emmanuele III. "Compartió (y creo que de manera honesta) la impresión de que no tenía los Diarios y de que seguían en Italia",[23] registró Dulles. Esas eran buenas noticias para Edda, si sospechaban que tenía los diarios, su situación habría sido más peligrosa, incluso en Suiza. Pero también significaba que Allen Dulles

---

[22] *Idem.*

[23] Allen W. Dulles, *The Craft of Intelligence: America's Legendary Spy Master on the Fundamentals of Intelligence Gathering for a Free World* (Guilford, CT: Lyon Press, 2016), 169.

dejaba ir el asunto a la deriva por más tiempo del que le habría gustado después.

A la mañana siguiente, el 10 de enero, los suizos decidieron que no había nada más que hacer. Tratarían de esconder la presencia de Edda a toda costa, pero no podían regresarla a Italia. La Gestapo la estaba cazando. Era obvio que la ejecutarían si la deportaban. Los suizos, desesperados, procesaron la solicitud de refugio. Después llevaron a Edda en automóvil a Neggio, un pueblo suizo cercano, donde se reunió con sus hijos.

Su hijo Fabrizio recordó su impresión al ver a su madre por primera vez en meses: ella estaba "pequeña, muy delgada, molesta, en problemas muy graves y vistiendo un abrigo naval azul. Llevaba los diarios alrededor de la cintura".[24] Quienes vieron su voluminosa figura ese día con rapidez especularon que Edda estaba embarazada. Su "condición delicada" fue la única razón por la que no la habían registrado en la frontera. Si lo hubieran hecho, habrían descubierto los diarios. Pero en ese momento nadie pensó en preguntar si ocultaba algo que para ella era muy valioso. Era la última oportunidad que tenía de salvar la vida de Galeazzo.

---

[24] Moseley, *Mussolini's Shadow*…, 218.

CAPÍTULO 9

EL JUICIO DE VERONA
8 de enero de 1944-11 de enero de 1944

El juicio de Galeazzo por fin comenzó, después de todos los vaivenes de la semana anterior, el sábado 8 de enero. Era la misma mañana en que Edda había estado en la oficina de Harster con los diarios pegados a su cintura. El juicio se realizó en Castelvecchio de Verona, una antigua fortaleza militar, donde oficiales alemanes y los más acérrimos enemigos fascistas de Galeazzo llenaron la ruidosa galería. Galeazzo, vistiendo un abrigo[1] y tratando de estar tranquilo, fue forzado a equilibrarse frente a los jueces en una tambaleante silla de madera. Detrás de él y sus cinco defensores, cortinas negras encuadraban los *fasces* emblemáticos de Mussolini (el antiguo "haz" romano de varas de madera, del que viene la palabra *fascismo*) y un crucifijo.

El juicio (llamado juicio contra los traidores al fascismo) fue tanto extraordinario como predecible. La mañana en que comenzó habían informado a Galeazzo de la renuncia del abogado defensor que había seleccionado —él no dudaba que hubiera sido bajo presión—, y en cambio se le asignó un defensor público incompetente. Aunque un buen abogado no habría hecho ninguna diferencia. El juicio fue, como Galeazzo había escrito al rey en su

---

[1] Ray Moseley, *Mussolini's Shadow: The Double Life of Count Galeazzo Ciano* (New Haven, CT: Yale University Press, 2000), 224.

carta del 23 de diciembre, "nada más que un asesinato premedi-
tado".[2] El voto en el Gran Consejo había sido por completo una
acción legal, de hecho, había sido permitida de manera explícita
por Mussolini y no había caso legal que responder sobre eso. Esto
fue un mero espectáculo político. Los cargos eran ajuste de cuentas de parte de sus acusadores y, para Mussolini, una prueba de los
alemanes para corroborar su fortaleza y una oportunidad de mostrar
su compromiso ideológico hacia el fascismo a los italianos cada
vez más cansados de la guerra.

Aunque hubo un aspecto del juicio que atrajo una buena cantidad de especulación y chisme en Verona.[3] A lo largo de todo el
juicio, en cada descanso, se vio a una joven alemana al lado de
Galeazzo, susurrándole palabras que parecían elevar su espíritu.
Tan pronto como se descubrió la huida de Edda y Emilio de Ramiola, Hilde regresó a Verona con Galeazzo y poco se molestaron
en pretender que no tenían una relación.

Todo el día del 9 de enero, mientras avanzaba el "infame destino" de Galeazzo, Hilde había esperado con ansias noticias de
Emilio Pucci. Esperaba oír que Edda había cruzado la frontera
el 8 de enero. Cuando regresó a casa la noche del 9, al hotel
Gabbia d'Oro, la residencia del *staff* de la Gestapo y la SD donde
compartía habitación con otras agentes, comenzó a preocuparse. Se
suponía que Emilio llevaría las cartas de demandas de Edda.
Lo había esperado todo el día y entendía que algo había pasado.
Hilde daba vueltas en la cama cuando se fue a dormir antes
de la medianoche.

---

[2] Paige Y. Durgin, "Framed in Death: The Historical Memory of Galeazzo Ciano",
tesis, Trinity College, 2012, 83.

[3] "Re. Trial Against Minister Ciano and Others at Verona", traducción, entrevista con
Hildegard Beetz, Berlín, 28 de febrero de 1944, archivo MGKW-2371-ATT, Archivos
de la Agencia Central de Inteligencia.

No dormiría mucho. Esa noche Emilio había esperado un par de horas en la frontera para asegurarse de que Edda había cruzado antes de regresar al sur hacia Verona con las tres cartas. Cuando llegó frente al hotel Gabbia d'Oro era la 1:00 a. m. del 10 de enero. Sabía dónde vivía Hilde, pero, con todo el estrés y la confusión, no recordaba el número de habitación y con delicadeza llamó a la puerta un piso debajo del de Hilde. Como Emilio contó la historia: "Entré a una habitación donde dos chicas estaban dormidas [...] Una de las chicas me dijo que ella estaba en el número 70. Subí y llamé. [Frau Beetz] salió de su habitación y le di las cartas. Le dije que la condesa Ciano había entrado a Suiza, llevando los documentos con ella, que debía decirle esto al conde Ciano, y entregar las cartas tan pronto como fuera posible y prevenir su ejecución".[4]

Edda había escrito tres cartas de demandas y Emilio estaba a punto de pagar un precio inmenso por ser el portador de noticias que seguro enfurecerían a todos los destinatarios. Eran cartas pensadas para iniciar una tormenta de fuego. Todos conocían lo suficiente a Edda para entender que no estaba mintiendo. Había hecho trizas su habitación en la clínica. Haría caer los regímenes con ella si estuviera en su poder. Como hija de Mussolini, conocía mucha información sensible. Y tenía los diarios.

Edda escribió al general Harster:

General: Por segunda vez confié en la palabra de los alemanes con el resultado que usted ya conoce. Es suficiente. Si no se hace lo que me prometieron lanzaré contra el Eje la campaña más terrible y para eso haré uso de todo el material que tengo y de todo lo que sé. Mis condiciones son: que dentro de tres días desde el momento en que se transfieran estas cartas a Frau B[eetz],

---

[4] Reporte de Emilio Pucci a Allen Dulles, 24 de mayo de 1945.

mi esposo debe estar en la estación de trenes de Berna, acompañado solo
de Frau B. entre las 10:00 y 15:00 horas. Si esto se realiza de manera leal,
nos retiraremos a la vida privada y no se volverá a escuchar de nosotros.
Los diarios se entregarán a Frau B. por mi esposo ese mismo día. Adjunto
dos cartas con el mismo tema, una para el Führer y otra para el Duce.
Entréguelas de inmediato con una copia de esta carta.

EDDA CIANO.[5]

Para Hitler escribió:

10 de enero de 1944

Führer: Por segunda vez creí en su palabra y por segunda vez me traicionaron. Solo el hecho de los soldados caídos juntos en el campo de batalla
me detiene de ir con el enemigo. En caso de que mi esposo no sea liberado de acuerdo con las condiciones que especifiqué a su general no habrá
consideraciones que me detengan más. Por algún tiempo los documentos
han estado en manos de personas autorizadas a utilizarlos en caso de que
algo le suceda a mi esposo, a mis hijos o a mi familia. Pero si, como espero
y creo, mis condiciones son aceptadas y nos dejan en paz ahora y en el
futuro, no volverá a escuchar de nosotros. Me consterna verme forzada a
actuar de esta forma, pero usted entenderá. EDDA.

Y para su padre:

Duce: He esperado hasta hoy para que me muestres los más sutiles sentimientos de humanidad y justicia. Es suficiente. Si Galeazzo no está en
Suiza en tres días, de acuerdo con las condiciones que di a los alemanes,
entonces usaré sin piedad todo lo que tengo a la mano como pruebas.
Si, por el otro lado, nos dejan en paz y dan seguridad contra todo, desde

---

5 Howard McGaw Smyth, "The Papers: Rose Garden", Agencia Central de Inteligencia, Historical Review Program, 22 de septiembre de 1993.

tuberculosis pulmonar hasta accidentes de autos, entonces no escucharás más de nosotros. EDDA CIANO.

Emilio pasó las tres cartas, cada una sellada y dentro de un gran envoltorio en el que Edda escribió "General Harster" y debatieron en susurros en el pasillo. Hilde pensaba que debía esperar para entregar las cartas al general Harster. El juicio de Galeazzo estaba en marcha. Tal vez en el último momento Mussolini perdonaría a su yerno, haciendo innecesarias las amenazas de Edda. No había vuelta atrás en sus cartas, razonó. También le recordó a Emilio que debía huir de Italia esa noche si lograba llegar a la frontera de nuevo a tiempo. Las cartas activarían su orden de arresto e interrogación de la Gestapo. Ella quería darle ventaja. Emilio accedió a dejarlo a juicio de Hilde y partió con la intención de ir de inmediato a Como y, él esperaba, de ahí a Suiza y con Edda.

Mientras Emilio bajaba las escaleras hacia su automóvil, su suerte falló de manera desastrosa. Fue descubierto por otro agente, quien demandó saber con quién había estado y por qué estaba en el edificio. Cuando Emilio contestó que había llevado un mensaje a Hilde el agente lo dejó pasar. Emilio manejó pensando que había escapado por poco. Pero en el hotel Gabbia d'Oro, sin querer, había echado a andar una cadena de eventos que socavarían los planes de Hilde de retrasar la entrega de las cartas y que pondrían su vida en peligro inmediato. Hilde se culparía por eso más adelante.

El agente vio a Emilio marcharse y después se dirigió escaleras arriba para encontrar a Hilde y llegar al fondo del asunto. Hilde escuchó pasos en las escaleras, tiró el paquete de cartas al piso mientras la puerta se abría. Cuando el agente demandó de nuevo saber quién la había visitado, sospechando un sórdido amorío romántico, Hilde mintió, afirmando no haber oído nada. Incrédulo, el agente prendió la luz para ver bien a Hilde y a quien sea o a lo que fuera que pudiera estar escondiendo. Ahí en el piso estaba el paquete de cartas, dirigido al general Harster. Lo debieron dejar mientras dormía, aseguró Hilde. El agente la estudió y anunció que llevaría el paquete de inmediato al general Harster.

Hilde dio un paso adelante. Se los habían entregado a ella, llevaría el paquete ella, en cuanto se vistiera. La puerta se cerró con el suspicaz agente esperando afuera. Hilde trató de ponerse la ropa lo más lento posible y retrasar la entrega. Lo mejor que podía hacer por Emilio era darle tiempo de escapar. Pero no podría llegar a Suiza con diez o quince minutos extra. Estaba a punto de desatarse un infierno y Hilde lo sabía.

Hilde no podía hacer tiempo para siempre. En algún momento antes del amanecer en la mañana del 10 de enero,[6] un empleado despertó al general Harster de su sueño. Frau Beetz esperaba afuera con un mensaje urgente para él y Walter Segna. Hilde entregó al general el paquete de cartas sin abrir, declarando que se las había entregado en el hotel Emilio Pucci, con el mensaje de que Edda había huido de la clínica a las 3:00 a. m. la mañana anterior y se dirigía a la frontera suiza. Era probable que ya hubiera cruzado. El general Harster sorprendió a Hilde con una risa. "¡Lo sabía!", exclamó.

Continuó leyendo las cartas con seriedad y moviendo la cabeza con arrepentimiento: "Como sea hizo lo correcto, de otra manera a esta hora grandes problemas habrían empezado para ella".[7] La carta de Mussolini fue puesta en manos de un mensajero, con instrucciones de llevarla de inmediato. Alguien haría las llamadas para conectar con Hitler. Un nervioso general Harster le leyó la carta por teléfono antes del amanecer el 10 de enero. Hitler ordenó la cacería inmediata de Edda. Mussolini también recibió la carta antes del amanecer. En la mañana llamó

---

[6] Andrea Niccoletti, "The Decline and Fall of Edda Ciano", *Collier's Weekly*, 20 y 27 de abril de 1946.

[7] Moseley, *Mussolini's Shadow…*, 218.

a su secretario personal,[8] Giovanni Dolfin, quien después registró lo que le dijo el Duce:

> Anoche me entregaron una carta de Edda, quien ha huido. En caso de que Ciano no sea liberado en tres días, amenaza con publicar un conjunto completo de documentos de nuestra relación con los alemanes. Desde hace un tiempo sé que Ciano llevaba un diario [...] Su relación personal con Ribbentrop nunca fue buena y hacia el final se odiaban. La publicación de ese diario que pretende mostrar la continua traición alemana hacia nosotros, incluso durante el periodo de una alianza total, podría generar en este momento consecuencias irreparables. Mi peculiar destino es ser traicionado por todos, incluso por mi hija.

Edda se habría reído amargamente por esa declaración. Ella sabía con precisión a quien culpar por esa traición: a su padre.

Durante días hubo rumores de que en cualquier momento el juicio de Ciano se suspendería. El 10 de enero, a medida que el caso entraba a su etapa final, Hilde, sin dormir y nerviosa, seguía esperando algún giro repentino en dirección a su fortuna. El general Harster envió las cartas de extorsión de Edda a Hitler y Mussolini en algún momento entre las 3:00 y 4:00 a. m. Hilde esperaba que hubiera algún tipo de amnistía mientras los dos dictadores consideraban el problema.

Esa mañana Hilde fue a la celda de Galeazzo como de costumbre y le contó que Edda estaba huyendo. Ella y Emilio suponían que Edda estaba a salvo del otro lado de la frontera, pero todavía no había confirmación de la policía alemana. De hecho, en ese momento Edda seguía en la estación en la frontera, esperando una decisión de los diplomáticos suizos y de la policía sobre si procesar una solicitud de refugio. Galeazzo lloró lágrimas de alivio cuando

---

[8] Durgin, "Framed in Death", 83.

Hilde le dijo del escape de Edda. Esperaba con desesperación que lo lograra. Extrañaba a los niños.

Galeazzo comenzó su mañana, como en días previos, en el banquillo de los acusados y tanto él como Hilde esperaban que el juicio continuara por lo menos otro día. Esperaban con ansias ver si las demandas de Edda provocarían un retraso o incluso tal vez una modificación en los cargos. En cambio, tras un descanso para almorzar, los jueces regresaron a la sala y de manera abrupta anunciaron un veredicto estremecedor: culpable. Nadie en la sala estaba preparado, y menos Hilde y Galeazzo. Hilde se quebró al fondo del salón y de su corazón salieron unos sollozos que evidenciaban que no solo era una agente de inteligencia común y corriente…

Galeazzo se sentó rígido y sin moverse, en shock por el inesperado anuncio. Seis hombres habían sido juzgados. Cinco de ellos (todos habían votado en contra de Mussolini en el Gran Consejo) fueron condenados a muerte por traición: Emilio de Bono, Luciano Gottardi, Carlo Pareschi, Giovanni Marinelli y Galeazzo Ciano. Solo un hombre acusado, Tullio Cianetti, se libró de la pena de muerte. Él fue sentenciado a treinta años de prisión, su recompensa por haber escrito con astucia y a tiempo una carta de disculpa a Mussolini.

De hecho no pudo haber otra decisión, sin importar lo que Hilde o Edda esperaran. Si los ocho jueces hubieran votado por exonerar a Galeazzo, los habrían matado junto a los defensores en una lluvia de balas en el patio. El jefe de la policía fascista que cubría el juicio, el mayor Nicola Furlotti,[9] confesó dos décadas después que se habría realizado un ataque esa tarde si hubiera habido cualquier intento de exoneración: "Estábamos determinados a no permitir que Ciano escapara". La policía del partido estaba preparada para realizar acciones extrajudiciales. Asesinato o ejecución eran las únicas dos opciones posibles.

[9] Durgin, "Framed in Death", 86.

El veredicto llegó a las 2:00 p. m. La sentencia era muerte por un pelotón de fusilamiento a la mañana siguiente. Después de que se anunció la sentencia los prisioneros fueron llevados a sus celdas y tras bambalinas hubo esfuerzos frenéticos a lo largo del día para conseguir, de último minuto, una conmutación de pena. Al viejo amigo de Galeazzo, Zenone Benini, que todavía estaba encarcelado por otros cargos, le permitieron verlo esa tarde en prisión. Mientras Galeazzo entraba a su celda, Zenone no pudo evitar llorar.

Galeazzo reprendió a su amigo:

—¡Ah, vengo a verte para que me des coraje y te sueltas en lágrimas!

—Siéntate —le invitó Zenone, señalando con gentileza la única silla.

Pero Galeazzo estaba lleno de humor negro.

—Oh no, siéntate tú, voy a tener todo el tiempo del mundo para descansar.

Zenone recordó cómo después de secar sus lágrimas Galeazzo "habló de sus hijos, de su esposa, quien había intentado todo lo posible por salvarlo".[10] Galeazzo habló de su amor por Hilde, "esa noble criatura que los alemanes mandaron a espiarme".[11] "A ella —Galeazzo confesó a su amigo— le encomendé mi testamento político y otra correspondencia de gran importancia."[12]

Hilde también llegó a la celda de Galeazzo esa noche. Le llevó el único regalo que en los primeros días de enero ella y Edda pudieron pensar que ahora podría importar: una pequeña dosis de veneno. Fue idea de Edda. Si no podía salvar a su esposo, estaba

[10] Edda Mussolini Ciano, *My Truth* (Nueva York: Morrow, 1977), 244.
[11] Smyth, "The Papers: Rose Garden".
[12] *Idem.*

determinada a poner una muerte sin dolor en sus manos. Galeazzo estaba listo. Lo tomaría, con Hilde a su lado.

Galeazzo desabrochó el reloj de su muñeca y sacó de las mangas de su abrigo un anillo de diamante que había escondido. Dio los recuerdos y su pluma fuente a Hilde, pidiendo que los mantuviera a salvo para Edda y sus hijos. Se recostó en su estrecho catre, dijo una última plegaria con Hilde, y tomó la dosis de cianuro. Hilde lloró en silencio. Con la mano en su brazo, esperaron juntos la muerte de Galeazzo.

El corazón comenzó a latir de manera violenta. El pánico lo invadió. El trabajo del veneno había comenzado. "Pero entonces me di cuenta: mi corazón estaba latiendo de forma normal. ¿Esto era la muerte? ¿Qué? Estaba vivo, muy vivo."[13] Algo había salido mal con la fórmula. No estaba muriendo después de todo. El veneno era lo suficientemente fuerte para darle náuseas, debilitarlo y hacerlo sentir miserable. Pero no para matarlo. Galeazzo estaba devastado. Significaba que no había escape.

Así comenzó, dijo Hilde: "La noche más terrible de mi vida".[14] Ella y Zenone se sentaron con Galeazzo en la celda esa tarde y durante la larga noche por delante. Poco después, cuando los alemanes sospecharon que Zenone conocía la ubicación de los diarios,[15] revelados a él en la celda de un hombre condenado a muerte, lo harían pagar también por la lealtad a su viejo compañero de escuela.

Hilde y Zenone hablaron esa noche de clemencia, aún con la esperanza de que las cartas de Edda o la lealtad de Mussolini a su hija pudieran cambiar el resultado. Cuando caía la noche los cinco hombres condenados firmaron una petición conjunta pidiendo un indulto a Mussolini. Seguro este no dejaría que el padre de sus nietos enfrentara una ejecución. Galeazzo, enfermo por

---

[13] Moseley, *Mussolini's Shadow…*, 224.

[14] "Re. Trial Against Minister Ciano…".

[15] "Copy of Letter Addressed to Countess Edda Ciano by Signor Zenone Benini", 16 de agosto de 1944, Archivos personales de Allen W. Dulles, US, NA, RG 226, entrada 190 C, caja 11, 1.

el intento de envenenamiento, despreció estas palabras de aliento. "Olvídense de los ruegos por clemencia: Hablemos de cosas serias", dijo.[16] "Cuando regreses entre los hombres y esta guerra maldita haya terminado (y terminará pronto) no abandones a mis hijos y a mi esposa: son lo único que todavía tengo.[17] Edda se ha portado de manera admirable conmigo." Sí le habló a Zenone sobre los diarios,[18] como los alemanes sospechaban, diciendo que ellos "me despojaron de mis posesiones. Ahora soy pobre. Pero hay un tesoro que no han tomado que es más valioso para mí que el resto: mi Diario, ahora en manos de mi esposa".

La confirmación del escape de Edda justo antes del amanecer fue el rayo de luz en una horrorosa noche. En algún momento antes de las 6:00 a. m. el jefe de la prisión, el doctor Olas,[19] llegó con la noticia de la prefectura de Hilde: inteligencia alemana tenía evidencia de que Edda estaba en Suiza y se le había dado estatus de refugiada. Zenone documentó: "La señorita alemana estaba de nuevo ahí y la cara de Ciano radiaba satisfacción cuando recibió la noticia".[20] Pasaron las horas que quedaban hablando y leyendo a Séneca. Galeazzo ya no tenía esperanzas y pronto también dejaría de tener miedo.

Tampoco Mussolini ni la madre de Edda, Rachele, durmieron esa noche. Ella recuerda la luz de la habitación de Mussolini encendida toda la noche y a él caminando de un lado a otro. La carta de Edda, amenazando con venganza y hablando sobre traición, molestaba a su padre. Debían evitar que publicara los papeles del conde. Su salida a la luz lo dañaría con Hitler. Aunque más que

[16] Durgin, "Framed in Death", 42.
[17] *Idem.*
[18] *Idem.*
[19] Moseley, *Mussolini's Shadow…*, 224.
[20] Smyth, "The Papers: Rose Garden".

eso, Mussolini estaba desesperado por una reconciliación con su hija. Era su hija favorita. Pasó horas vacilando. Amaba a Edda. Nunca lo perdonaría por la muerte de Galeazzo.

Mussolini esperaba esa noche una petición de clemencia. Justo después de la 1:00 a. m. del 11 de enero, Mussolini preguntó a su secretaria si había alguna novedad y se comenzó a esparcir el rumor de que había llamado a una reunión del gabinete para discutir un posible indulto. Pero no era nada más que un rumor. Le dijeron a Mussolini que no había ninguna novedad, no había correspondencia.

Si la petición de clemencia hubiera llegado en ese momento, tal vez la habría firmado. Estaba en conflicto. Mussolini, esperando la posibilidad de una súplica, llamó al general Karl Wolff, director de las ss en Italia, para hablar del tema de un indulto. El general Wolff le informó que las instrucciones de Hitler[21] eran que el asunto era una decisión "interna exclusiva y absoluta de los italianos". Pero insinuó de forma artera que Hitler no creía que Mussolini tuviera la determinación de llevar a cabo la ejecución. Mussolini estaba irritado. "¿Una falla en la ejecución me dañaría en consideración del Führer?",[22] preguntó Mussolini. "Sí, mucho", le informó el general.[23]

Mussolini se decidió en ese momento. No intervendría. O tal vez lo haría. Pero no lo pensó. En cualquier caso, todavía había tiempo para considerar la mejor acción. Esperaba recibir una petición de clemencia en cualquier momento y decidiría por sus méritos. Lo que Mussolini no sabía era que la solicitud de clemencia,[24] enviada horas antes, estaba detenida. La petición había caído en manos del ministro Alessandro Pavolini, un ferviente leal al Partido Fascista. Y él no tenía intenciones de colocar frente al Duce ninguna tentación. Él apoyaba la ejecución de Galeazzo. Tenía intención de que siguiera adelante sin interrupción.

---

[21] Durgin, "Framed in Death", 42.

[22] Moseley, *Mussolini's Shadow*…, 234.

[23] *Idem*.

[24] Mussolini Ciano, *My Truth*, 19.

En la celda de la prisión Scalzi, las campanadas del monasterio les dijeron a Galeazzo y a Hilde que eran las 6:00 a. m. No había respuesta a la petición de clemencia. Se esperaba que Galeazzo fuera fusilado al amanecer, pero a las 7:30 el sol se estaba alzando. Por media hora, Hilde se animó a creer que habían pospuesto la sentencia. A las 8:00 a. m. sus esperanzas se desvanecieron y el oficial confirmó que la ejecución seguía adelante.

Los cinco condenados fueron conducidos por calles desiertas hacia un campo de tiro local a las afueras de la ciudad, en el patio de un fuerte militar del siglo XIX en San Procolo. La mañana era fría y húmeda y en la camioneta de la prisión Galeazzo se enfurecía por la traición de su suegro. Pero en el momento en que puso un pie en el recinto colocó la mandíbula en señal de desafío. No lo verían suplicar o rebajarse. "No les daré a quienes me quieren ver muerto [...] el placer de verme morir como un cobarde",[25] le había confesado a Zenone durante la larga noche leyendo a los estoicos. Hilde se paró en el corredor del fuerte, llorando contra la pared y tocando con delicadeza el reloj de oro de Galeazzo, que vistió en su muñeca toda la mañana. En el patio, periodistas alemanes armados con películas y cámaras tomaron posición, mientras un pelotón de fusilamiento de jóvenes vestidos en negro y verde militar se acomodaban en dos hileras, una de pie y una arrodillada. Su comandante, Nicola Furlotti, uno de los implacables enemigos de Galeazzo, caminaba en silencio de un lado a otro. Entre los veintitantos testigos estaban el director de la prisión, el doctor Olas; un cura, el padre Chiot, y un médico, el doctor Caretto, quien certificaría las ejecuciones.

<hr />

[25] *Ibid.*, 11.

Justo después de las 9:00 a. m. del 11 de enero, con Mussolini todavía esperando la petición de clemencia y sin saber que la ejecución estaba en proceso, esposaron a los condenados. El padre Chiot los guio al patio donde había sillas de madera alineadas contra la pared. Hilde volteó hacia la pared de un corredor, incapaz de ver lo que sucedía. Primero llevaron a De Bono, seguido por Ciano y después Marinelli, quien, histérico y desmayándose, debió ser arrastrado a su ejecución. Galeazzo, todavía aturdido por los efectos del cianuro, se tambaleaba. El cielo era gris y los fotógrafos preparaban sus cámaras mientras Galeazzo se dirigía a su silla. Se quitó el abrigo y la bufanda despacio[26] y pidió al director de la prisión que los recibiera su hijo. Obligado a sentarse, Galeazzo se arrojó a la silla con furia, se cayó, mareado, y se sentó de nuevo mientras un soldado lo amarraba con dureza. Colocaron a los prisioneros con la espalda hacia sus verdugos. Cuando un soldado trató de poner una venda en sus ojos, Galeazzo volteó la cabeza en desafío. Los soldados se encogieron de hombros. El conde podía morir viendo si era lo que quería.

En el silencioso patio, el silbido mientras las armas se alzaban y las balas pasaban a la cámara parecía más ruidoso de lo que alguien podría imaginar. De Bono desafiante gritó en el instante antes de que comenzaran los disparos: "¡Viva! ¡Italia! ¡Viva! ¡Duce!". Marinelli gritó con terror: "¡No disparen!". Galeazzo no dijo nada.

Galeazzo Ciano había visto (incluso hecho) cosas terribles. Atestiguó de primera mano la maquinaria infernal y amarga de los regímenes fascistas esparciendo la muerte a lo largo de Europa y fue parte de esa maquinaria. Intentó buscar una forma de salir de esa oscuridad en julio de 1943 cuando renunció a Mussolini y votó para sacarlo. Intentó preservar sus diarios como testimonio. Este era el precio. En el instante final, justo cuando la lluvia de balas explotaba, Galeazzo tomó su última decisión. Se lanzó contra

---

[26] Moseley, *Mussolini's Shadow…*, 234.

las cuerdas que lo ataban y volteó sobre su hombro para encarar al pelotón de fusilamiento, ojo a ojo con sus verdugos. Fue un momento horrible, captado en cámaras para siempre.

Tal vez los jóvenes verdugos se inquietaron por la mirada ardiente de un hombre condenado. De Bono, con disparos limpios, murió al instante. Los otros cuatro fueron heridos, pero seguían vivos. A Galeazzo le habían dado cinco tiros de manera inexperta en la espalda, pero seguía consciente. Un oficial alemán de las ss que atestiguó la ejecución fue desdeñoso. Era una incompetencia total. "A los hombres tirados en el piso les habían dado de forma tan errónea que estaban retorciéndose y gritando de dolor", reportó. El pelotón se reorganizó y un momento después se realizó una segunda ronda de disparos.

Otra bala dio en el cuello de Galeazzo, sacando sangre en una larga cascada con cada latido del corazón. Ahora era, entre los prisioneros, el único que seguía con vida. Se recostó en el piso, gimiendo de dolor, y el pelotón se negó a una tercera ronda. El doctor Caretto y Nicola Furlotti caminaron a donde se encontraba acostado en polvo y grava. Furlotti se inclinó sobre él. Entonces disparó con su revólver en la sien de Galeazzo. Pero seguía vivo. Furlotti disparó de cerca de nuevo. Solo con el segundo tiro Galeazzo murió.[27]

Las ejecuciones y los eventos que llevaron a Galeazzo a su muerte aquella mañana serían conocidos en la historia italiana como el *proceso di Verona*, el juicio de Verona. Pero quienes fueron testigos del pelotón de fusilamiento esa mañana sabían que siempre se trató de asesinato, no de justicia.

---

[27] "Re. Trial Against Minister Ciano…"; Mussolini Ciano, *My Truth*, 9.

CAPÍTULO 10
EMILIO
10 de enero de 1944-15 de febrero de 1944

Eran las 9:25 a.m. y el juicio había terminado. Un diplomático alemán, testigo de la ejecución, dijo con disgusto: "Fue como una matanza de cerdos".[1] Winston Churchill después dijo que había sido un acto de "venganza calculada"[2] y una *vendetta* familiar "más acorde a una tragedia renacentista".

A las 10:00 a.m. un conmocionado Mussolini se enteró de que su yerno estaba muerto. Solo hasta la tarde entendería que habían retenido la tan esperada plegaria por un indulto.[3] Su hijo, Romano, recordó a su padre llorando.[4] Mussolini se sorprendió al enterarse de que sería culpado por haber rechazado la conmutación de pena. Al día siguiente una monja estadounidense que pasó la guerra en Roma registró en su diario: "Ciano está muerto. Lo fusilaron como traidor ayer en la mañana [...] Cualquier animosidad que se haya alzado por su carrera en extremo colorida ya no está, ya no hay más que simpatía ahora, para él y para su familia,

---

[1] Ray Moseley, *Mussolini's Shadow: The Double Life of Count Galeazzo Ciano* (New Haven, CT: Yale University Press, 2000), 236.

[2] Paige Y. Durgin, "Framed in Death: The Historical Memory of Galeazzo Ciano", tesis, Trinity College, 2012, 91.

[3] Moseley, *Mussolini's Shadow...*, 236.

[4] Romano Mussolini, *My Father Il Duce: A Memoir by Mussolini's Son*, trad. de Ana Stojanovic (s.l.: Kales Press, 2006), 103.

simpatía y una indignación creciente por el comportamiento de
su suegro y los fascistas. La esposa de Ciano hizo cada esfuerzo
por persuadir a su padre para perdonar la vida de su esposo, pero
Mussolini fue inflexible".[5]

El sufrimiento de Galeazzo había terminado. El terrible calvario
de Emilio Pucci apenas comenzaba. El 10 de enero, tras dejar
los departamentos de la Gestapo en el hotel Gabbia d'Oro justo
antes de las 2:00 a.m., Emilio huyó hacia la frontera como le
recomendó Hilde.

Cruzaría cerca de Sondrio, en las montañas, a unos doscientos
cuarenta kilómetros al noroeste de Verona. Pero estaba exhausto.
Tiempo después recordaría: "Iba camino a Sondrio, donde esperaba hacer los arreglos para cruzar. Pero desde la mañana del
2 de enero (ocho días antes) había estado manejando y tras mi reciente enfermedad estaba en muy mala forma. Así que me quedé
dormido. Desperté poco después de las cuatro".[6] Cuando trató de encender el automóvil, el motor no andaba. Problemas con el auto
habían plagado toda esta penosa aventura. A un lado de la carretera, Emilio pensó. Había pasado una pequeña casa unos kilómetros atrás y no había nada que hacer más que pedir ayuda al
granjero para echar a andar el coche. El granjero lo ayudó y Emilio
regresó al auto.

Pero la frontera era vigilada. La Gestapo estaba cazando a
Edda y Emilio. En la mañana del 10 de enero los alemanes todavía
no sabían con certeza que Edda ya había huido a Suiza. Cuando
Emilio se detuvo al lado del camino, una patrulla alemana pasó y
exigió ver sus documentos. Por desgracia, no tenía papeles falsos

---

[5] Jane Scrivener, *Inside Rome with the Germans* (Nueva York: Macmillan, 1945), 87.
[6] Andrea Niccoletti, "The Decline and Fall of Edda Ciano", *Collier's Weekly*, 20 y
27 de abril de 1946.

y viajaba bajo su identidad real. El agente leyó su nombre y, en un instante: "Cuatro metralletas estaban contra mi garganta [...] me empujaron contra una pared. Exigieron que les dijera dónde estaba la condesa".[7]

Emilio estaba atrapado. Los agentes le gritaron amenazas de muerte, exigiendo que hablara, pero Emilio tenía miedo de que, si decía algo, los pondría tras el rastro de Edda. Sabía que había tratado de cruzar la frontera y asumía que había llegado al control fronterizo suizo. Pero si no la habían procesado como refugiada y admitida en Suiza de manera formal, la presión política de Alemania sería suficiente para que la rechazaran. De hecho, del otro lado de la frontera esa mañana, mientras Edda esperaba sentada en una banca, los suizos podrían haber aprovechado la oportunidad de deshacerse de una llegada políticamente difícil y no deseada. Emilio no tenía ninguna duda de que, si la regresaban a Italia, la matarían.

Trató de engañar a la Gestapo diciendo que iba en camino a Sondrio para encontrarse con Edda. Su preocupación principal era que ellos creyeran que Edda seguía en Italia. Los hombres de la Gestapo lo aventaron al asiento trasero de un auto[8] y partieron en dirección de Sondrio, apresurados por aprehender a Edda. Pasaron casi todo el día esperando el encuentro, pero Edda, por supuesto, nunca llegó. Ahora sus interrogadores estaban molestos. Los agentes de nuevo exigieron una respuesta: ¿dónde está la condesa? Contaron los segundos de un minuto que tenía para decirles. "Me puse tenso para recibir el golpe, pero no llegó. Me patearon, me arrojaron dentro de un carro y me llevaron a los cuarteles en Verona."[9]

El 11 de enero Hilde se enteró del arresto de Emilio justo antes de que la ejecución empezara. Cuando estaba segura de que ya no había cómo ayudar a Galeazzo, se apresuró a los cuarteles

---

[7] Reporte, Emilio Pucci a Allen Dulles, 24 de mayo de 1945.
[8] Walter Segna, reporte de interrogatorio, 13 de mayo de 1945, XARX-27856, Agencia Central de Inteligencia, desclasificado en 2001.
[9] Niccoletti, "The Decline and Fall of Edda Ciano".

de la Gestapo. Emilio registró después que vio a Hilde esa mañana "unos minutos antes de que el conde Ciano fuera fusilado".[10]
Hilde no podía ayudar a Emilio como no pudo con Galeazzo. Esperaba que Emilio mantuviera todos sus secretos. Su propia vida
estaba en riesgo si se quebraba durante la interrogación. Cuando
se supiera el rol de Hilde en ayudar a Edda a escapar con los diarios, sería la siguiente en prisión. Tenía esperanzas, pero no era
optimista. Tenía muy buena idea de lo que le esperaba a Emilio
en custodia de la Gestapo. Al final la mayoría de las personas hablaba. Era la única forma de detener la tortura.

Primero sus interrogadores de la Gestapo probarían con la forma suave: terror psicológico. Llevaron a Emilio a una celda y esperó ahí desde media mañana hasta las cuatro de la tarde, una táctica
pensada para ponerlo nervioso. A las 4:00 p. m. guardias lo escoltaron a ver al general Harster, quien de manera amable le aconsejó
que lo mejor sería ser comunicativo ahora. Pero Emilio todavía temía que cualquier cosa que dijera comprometiera las oportunidades
de Edda de obtener asilo. Estaba determinado a guardar silencio.

Llevaron a Emilio a la clínica de Ramiola y ahora era interrogado junto con el doctor Melocchi, quien de manera perjudicial
había compartido con la Gestapo su opinión de que Emilio era
antifascista y antialemán. Por fortuna, el doctor Melocchi no reveló la presencia de los papeles que solo unos días antes Edda y
Emilio habían dejado a su resguardo y seguían escondidos en la
estación de energía. De nuevo Emilio no dijo nada, aunque el
general Harster estaba seguro de que el marqués sabía dónde encontrar a la condesa y los papeles. La identidad de Emilio se confirmó en el hotel en la frontera, pero seguía rehusándose a hablar
sobre la condesa o su misión de escape.

Entonces sería a la mala. Llevaron a Emilio a las oficinas de la
Gestapo en Milán, en el hotel Regina, para un interrogatorio bajo
presión y, al final, tortura. Tiempo después Emilio describió una

---

[10] *Idem.*

parte del coronel que lo interrogó: "Me sorprendieron sus manos, manos pequeñas y bien cuidadas, que parecían incapaces de dañar a una mosca. Pero la apariencia de la habitación me dijo que esas manos eran responsables de mucho trabajo sucio".[11]

Dentro del cuarto de interrogación había tres hombres de pie: el coronel, un ayudante y un mayor. Una anciana estaba sentada con una máquina de escribir registrando la entrevista. Emilio notó que mantenía los ojos meticulosamente sobre el papel en frente de ella. El coronel y su interrogador en jefe, el hombre con las manos delicadas, era Walter Rauff, director de la policía secreta en el norte de Italia y un nazi conocido por su brutalidad y "pandillerismo político".[12] Entre las vergonzosas contribuciones del coronel Rauff a los esfuerzos nazis durante la guerra está el diseño para una cámara de gas portátil. Emilio no hablaba alemán, así que la interrogación fue en un mal inglés, seguido por un mal francés y Emilio se negó a hablar, en ningún idioma. No podía saber si habían aceptado a Edda en Suiza o no, tenía miedo de ponerla en peligro.

Por fin, desesperado, el coronel Rauff dijo algo al mayor que Emilio no pudo entender. La mecanógrafa saltó de su asiento y salió corriendo de la habitación, deseosa de no ver lo que seguía. Eso asustó a Emilio. El coronel Rauff caminó con lentitud de manera deliberada hacia un almacén y tomó tres fustas, una para cada oficial alemán. Se acercó a Emilio sin prisa, de pronto los tres hombres comenzaron a golpear a Emilio con furia en la cara y alrededor de la cabeza con latigazos mientras gritaban insultos. "Lo peor", Emilio recordó después, no fue el dolor, "era el terrible sentimiento de humillación".[13]

---

[11] "Pucci Story", Exhibit E, ECDAR, Archivos personales de Allen Dulles, US, NA, RG 226, entrada 190C, caja 11.

[12] Mayor S. H. Shergold, "First Detailed Report on Five PW from SIPO und SD Aussenkommando Milan", CSDIC/CMF/SD 13, 4 de junio de 1945. Agencia Central de Inteligencia, desclasificado en 2001; "German Intelligence Officers: Walter Rauff", Archivos de Servicios de Seguridad, Archivos Nacionales de Reino Unido, KV 2/1970.

[13] Reporte, Emilio Pucci a Allen Dulles, 24 de mayo de 1945.

La golpiza siguió hasta que Emilio se desmayó. Despertó para descubrir que lo habían apoyado contra una pared. Las palabras alemanas parecían venir de algún lugar lejano y no entendía el significado de lo que sucedía. La sangre que salía de las heridas en su frente le llenaba los ojos y nublaba la vista. Histérico de pronto, todo le pareció muy gracioso, y cuando el coronel Rauff le dijo que se limpiara Emilio tomó un pañuelo e hizo un *show* cómico de palmearse con delicadeza y arreglarse el cabello. "¿Está bien así?", preguntó Emilio riéndose.[14] Al coronel no le causó gracia.

Después lo ataron a una silla, los hombres tomaron prensas de acero y torcieron sus dedos y muñecas. "Sentí como si mis huesos se fueran a partir y un sudor frío bajó por mi espalda",[15] recordó después. De nuevo, Emilio se desmayó de dolor. Despertó para descubrir que otra vez lo golpeaban con las fustas, alzó la mirada hacia los torturadores y volvió de nuevo a la oscuridad. Y así siguió, regresaba y se volvía a desmayar cada pocos minutos hasta la medianoche, sin decir nada con determinación. Los hombres regresaron con pistolas amenazando con dispararle de cerca, pero Emilio solo decayó.

Perdía y recobraba la consciencia y se dio cuenta de que estaba acostado, temblando, en el frío piso de una celda. Podía ver las estrellas en una clara noche de invierno a través de una pequeña ventana: "Pensé en las claras noches en África, cuando volaba sobre el desierto, y traté de imaginar el maravilloso sentimiento de estar libre de nuevo y de ser un ser humano".[16] Luego la oscuridad lo tomó de nuevo.

La siguiente mañana, el 12 de enero, despertó en la prisión San Vittore y lo transportaron de regreso a las oficinas de la Gestapo, donde las torturas volvieron a empezar, le prometieron que seguirían así día y noche hasta que les dijera dónde encontrar a

---

[14] *Idem.*
[15] *Idem.*
[16] *Idem.*

Edda y los diarios. Las golpizas del coronel Rauff se incrementa-
ban y se volvían más aleatorias. Al final del día, cuando regresaron
a Emilio a su celda,[17] esposado y semiconsciente, su cráneo estaba fracturado en varios lugares y tenía hemorragias internas. Esa
noche Emilio decidió que no había alternativa. No soportaba el
dolor. Sabía que esto iba a terminar con los alemanes matándolo.
Era mejor terminarlo rápido. No tenía una dosis de veneno. Pero
había escondido una navaja de rasurar en su ropa interior antes
de partir con Edda hacia la frontera, con la intención de darle su
arma cargada. Los alemanes no la habían descubierto. Retorciéndose con las esposas, deteniéndose por largos momentos con la
visión borrosa y las articulaciones hinchadas, soportando las olas
de dolor que le recorrían el cuerpo, por fin consiguió sacarla.

Emilio dudaba mientras sostenía el delgado y frío pedazo de
metal con los dientes. Esperaba que Edda lo hubiera logrado. Había hecho lo mejor que podía para salvarla. Entonces, aunque
la navaja le cortaba los labios y lengua, la giró para alcanzar su
muñeca izquierda y comenzó a recorrerla tan fuerte como pudo,
esperando cortar lo suficientemente profundo para empezar a
sangrar.

Esposado, era imposible. Maniobró la navaja hacia una mano
y levantó las esposas hacia su cara. "Traté de cortarme las venas
en el cuello, pero estaba muy débil",[18] recordó. Las fracturas en su
cráneo lo dejaron inconsciente. Cuando regresó en sí, fue por el
sonido de las pesadas botas de los guardias, que lo llevaban a otro
día de tortura.

El tercer día de tortura de Emilio fue el 13 de enero y sobrevivió para ser arrojado a su celda esa noche. El 14 de enero se
sorprendió cuando no fue nadie y lo dejaron ahí, con las fracturas
en el cráneo y el rostro hinchado. Para ese momento la noticia de

---

[17] "The RSHA and Edda Ciano in Switzerland", interrogatorio de [Hilde] Burkhardt
Beetz, 16 de junio de 1945, SCI Detachment Weimar, Agencia Central de Inteligencia.
[18] Durgin, "Framed in Death...", 35.

la ejecución de Galeazzo y el escape de Edda ya había llegado a Berlín. El director de inteligencia de Hilde, Wilhelm Höttl, llegó esa mañana a Verona para supervisar en persona la cacería de los diarios, que la Gestapo seguía creyendo que estaban escondidos en Italia. Los alemanes estaban decididos a hacer que Emilio hablara, de una forma u otra.

Hilde sabía, por supuesto, que Edda había huido con los diarios de la época de la Oficina de Relaciones Exteriores que estaban buscando. Todavía no sabía que Edda y Emilio habían escondido otro paquete de papeles, "los chocolates", con el doctor Melocchi en Ramiola, pero sí sabía suficiente para sospechar que habían dejado algunos papeles con la familia Pessina en la carrera hacia la frontera. Pero Hilde continuó sin decir nada. Más que eso, reportó a sus supervisores nazis que los diarios ya no estaban.

Para no poner a Edda o a los niños en peligro en Suiza, Hilde contó una historia nueva, una historia que ella y Galeazzo habían inventado en los últimos días en prisión. Los diarios, reportó a Harster y Höttl, *estaban* en Suiza. Pero *no* con Edda, mintió. Los habían transferido a un banco con un amigo de Galeazzo, con las instrucciones de seguir adelante con la publicación si lo ejecutaban. Hilde ya había entendido, aunque Edda tal vez no, que la Gestapo pronto estaría en Suiza buscándola para interrogarla y, después, liquidarla.

La trampa podría ofrecerle a Edda un poco de protección, pero los alemanes estaban determinados a prevenir la publicación de los diarios a cualquier costo y planeaban desplegarse de inmediato en Suiza. Wilhelm Höttl le dijo a Hilde que había una nueva misión. Ella iría a Suiza de incógnito a buscar los papeles y al amigo diplomático. También debía hacer contacto con Edda y persuadirla de guardar silencio sobre lo que había en los diarios y la traición de los alemanes. Ellos asumieron que Edda tenía el poder de autorizar (o no) la publicación de los papeles del conde.

Walter Kaltenbrunner tenía miedo de que si Edda sabía dónde estaban los manuscritos y si podía entrar en contacto con el amigo de Galeazzo, liberaría los diarios, justo como amenazó a Hitler y a su padre.

Hilde aceptó la misión encubierta en Suiza con una condición, quería que Emilio Pucci fuera con ella. Emilio y Edda eran amantes, Hilde explicó a su jefe. Edda confiaría en él, no confiaría en un alemán. Emilio sería fundamental para averiguar lo que sabía Edda y para persuadirla de quedarse callada. Wilhelm Höttl vio sentido en su argumento y accedió a su estrategia. Ordenó que se pausara el interrogatorio de Emilio… y esta fue la única razón por la que no molestaron al marqués en su celda el 14 de enero.

Hilde no compartió con Wilhelm Höttl la razón real de su petición: la culpa la atormentaba. Pasó las cartas de extorsión al general Harster muy pronto, no dándole suficiente tiempo a Emilio para llegar a la frontera. Deseaba haberlas retenido, aunque hubiera consecuencias. Llevar a Emilio Pucci con ella en la misión era la única forma de evitar que lo matara la Gestapo. También podría ser la única forma de prevenir que Emilio se quebrara bajo la presión y hablara. Ella podía salvarlo. Tal vez también podía salvarse. Cuando Hilde llegó a Múnich se enteró de que había un problema: Emilio no quería tener nada que ver con la linda espía de Galeazzo o con esta vil tarea.

CAPÍTULO 11
REFUGIO EN SUIZA
14 de enero de 1944-27 de enero de 1944

Emilio estaba retenido en la conocida prisión San Vittore en Milán, que de manera rutinaria se usaba como punto de preparación para transportes a los campos de exterminio en Auschwitz y a lugares de abusos espantosos. Hilde lo sabía. Pero cuando la pesada puerta de su celda se abrió con un chirrido, Hilde se quedó sin aliento. Su rostro ensangrentado y roto era irreconocible. Le costaba trabajo ponerse en pie. Hilde había llorado mucho en los días anteriores y comenzó a llorar de nuevo por lo que le habían hecho.

Se sentó con Emilio en la celda y le explicó que era una espía alemana y necesitaba su cooperación para salvarlo. Emilio debía aceptar que lo llevaran a escondidas a Suiza. A cambio de su vida, debía estar de acuerdo en que, una vez en territorio neutral, daría a Edda una advertencia de la Gestapo: si hablaba de los diarios de Galeazzo o hacía cualquier esfuerzo por publicarlos, la inteligencia alemana la liquidaría a ella y a los niños. Cuando Hilde explicó que el trato era, en efecto, su ayuda para aterrorizar a Edda para guardar silencio y suprimir el testimonio de Galeazzo sobre crímenes de guerra, Emilio con gallardía y terquedad lo rechazó. No quería ser parte de esa misión. No haría nada que dañara a Edda, insistió, y no tenía interés en ayudar a los alemanes. Hilde le rogó. Los alemanes lo matarían. Emilio solo la vio a través de ojos medio hinchados y golpeados.

Hilde se puso la cabeza entre las manos. Emilio aseguró después: "Me dijo que no le importaba lo que yo hiciera, que solo quería sacarme de prisión y llevarme a Suiza porque se sentía responsable por mi vida [...] porque me habían arrestado por entregar las cartas muy pronto".[1] Para que lo pudiera salvar debía aceptar su rol en la misión alemana. Podía hacer lo que quisiera cuando estuviera a salvo en Suiza. Emilio por fin aceptó pasar el mensaje a Edda.[2] Se había dado cuenta de que la vida de Edda ya estaba en peligro por la Gestapo. Y si era el caso, alguien tenía que advertirle.

El día que Hilde y Emilio se encontraron en Milán, Edda comenzaba a aceptar su nueva realidad en Suiza. La habían aceptado como refugiada, con la condición de que accediera a vivir de incógnito y no llamar la atención hacia su presencia en el país. Los oficiales fronterizos le advirtieron con rigor que si se convertía en una molestia sería expulsada y probaría suerte de vuelta en Italia. Esa sería una sentencia de muerte segura. Si se quedaba, la pondrían bajo estricto arresto domiciliario mientras estuviera en el país. Su prisión *de facto* en los primeros días fue un convento en la villa de Neggio, donde vivía con los niños. Las órdenes eran que Edda Ciano no tendría contacto exterior y no se le permitiría información política. La tienda de la esquina tenía prohibido venderle incluso un periódico.

Pero en la mañana del 14 de enero le permitieron recibir una visita oficial del consulado italiano.[3] El hombre (probablemente Franco Bellia)[4] era un viejo amigo de Galeazzo y se ofreció a ser

---

[1] Reporte, Emilio Pucci a Allen Dulles, 24 de mayo de 1945.

[2] Paige Y. Durgin, "Framed in Death: The Historical Memory of Galeazzo Ciano", tesis, Trinity College, 2012, 35.

[3] Edda Mussolini Ciano, *My Truth* (Nueva York: Morrow, 1977), 248.

[4] Howard McGaw Smyth, "The Papers: Rose Garden", Agencia Central de Inteligencia, Historical Review Program, 22 de septiembre de 1993.

quien diera la noticia que Edda tenía prohibido leer: Galeazzo
había sido ejecutado. Edda estaba sentada en una pequeña mesa
con un vestido de cuadros rosas y blancos. Marcaba el patrón aje-
drezado con su dedo mientras el diplomático hablaba. Después de
darle la noticia, ella le agradeció por la cortesía de ir en persona.
Su rostro no mostraba ninguna emoción. De vuelta en su habitación, a solas, aulló de dolor y furia. Pero Edda se había encerrado
en sí misma ahora. Ya no confiaba en nadie.

Tras componerse, llamó a sus hijos. "Vengan, vamos a caminar",[5]
les dijo. Su hija, Raimonda, vio que su madre había estado llorando. A pesar del frío amargo, los niños caminaron con ella a la
cima de una colina en la villa,[6] donde una gran cruz de madera con
flores marcaba un santuario de convento, con una gran vista a la
distancia sobre el valle. Fabrizio tenía trece años, Raimonda todavía no cumplía once y Marzio había cumplido seis ese invierno.
"Papá está muerto", dijo simplemente,[7] mirando sobre las montañas: "Lo fusilaron".

Los niños y Edda caminaron en silencio de regreso. Raimonda se encerró en el baño del convento. Su hermano recordó después: "Gritaba con una fuerza increíble para una niña de diez
años. Gritaba palabras que no se entendían, lloraba y golpeaba la
cabeza contra la pared".[8] Edda le rogó que abriera la puerta. Tuvieron que llamar al jardinero del convento para que la rompiera.
Fabrizio dijo después sobre el rol de su abuelo en la ejecución
de su padre ese invierno: "Todo fue muy confuso, todo se cruzó

[5] *Idem.*

[6] Ray Moseley, *Mussolini's Shadow: The Double Life of Count Galeazzo Ciano* (New Haven,
CT: Yale University Press, 2000), 241.

[7] Mussolini Ciano, *My Truth*, 248.

[8] Fabrizio Ciano, *Quando il nonno fece fucilare papà* (Milán: A. Mondadori, 1991), 97 y ss.;
"La famiglia Pini è partita da Lugano, accompagnata dall'ispettore Camponovo, col treno
ascendente delle 16.53", Reporte, Bellinzona, 18 de enero de 1944, firmato Imperatori,
in AFB, E 4320 (B) 1991/243 Bd. 97a, citado en Renata Broggini, *La "famiglia Mussolini":
I colloqui di Edda Ciano con lo psichiatra svizzero Repond, 1944-1945*, 338, n. 9.

y peleó entre sí: odio con afecto, lo obvio con lo incomprensible, grandes certezas con grandes dudas […] yo lloré muchas noches después de esa. También mi madre".[9]

Edda y los niños todavía no entendían el peligro que representaba la Gestapo. Pero la policía suiza sí. A la semana siguiente, el 18 de enero,[10] movieron a Edda y a los niños bajo protección policial a una nueva ubicación en Lugano, donde la vigilancia era más severa. Para febrero los movieron de nuevo, más al norte y alejados de la frontera italiana, al convento remoto de las hermanas de Santa Croce, en Ingenbohl.

En Lausana, Suiza, la vieja amiga de Galeazzo Susanna "Suni" Agnelli también se enteró esa semana de que había previsto su destino correctamente la tarde de aquel verano en Roma, cuando ella y el príncipe Raimondo visitaron a Galeazzo en su departamento. Susanna y su hermana Clara consiguieron cruzar la frontera en otoño de 1943 y ahora era estudiante de medicina en la universidad. "Llegó el día en que Galeazzo fue juzgado, sentenciado y después fusilado por la espalda mientras estaba atado a una silla en un patio en Verona",[11] Susanna recordó: "No podía hablar con mis compañeros estudiantes sobre estar conmocionada por la muerte de Ciano. Todos lo odiaban, era símbolo del fascismo, todos decían que tuvo su merecido. Yo lo veía como Galeazzo, un amigo, débil y bueno, crédulo y vanidoso de forma infantil. Lo imagino poniendo en duda todo al final, esperando algún encantamiento mágico que lo salvara".

[9] Moseley, *Mussolini's Shadow…*, 240.
[10] Broggini, *La "famiglia Mussolini"…*, 338. La familia adoptó varios seudónimos, incluyendo Santos y Pini.
[11] Susanna Agnelli, *We Always Wore Sailor Suits* (Nueva York: Bantam Books, 1975), 125.

En Italia, tras el "juicio", los cuerpos de los hombres ejecutados se exhibieron ante el público y después el cuerpo hinchado y roto de Galeazzo se colocó en un ataúd y se enterró en Verona. Los locales se preguntaban quién sería la misteriosa joven que iba con el rostro cubierto con un velo a colocar un ramo de rosas en el lugar. "Mientras su tumba estuvo en Verona, siempre aparecía cubierta de flores, difíciles de encontrar durante los meses de invierno de la guerra",[12] recordaron los locales.

Hilde, determinada a que los últimos objetos personales de Galeazzo —su reloj, su pluma fuente, su abrigo— llegaran a su familia como había prometido, los entregó a su madre, Carolina, quien se encontraba en ese momento en un hospital en Varese con problemas del corazón, antes de partir a Suiza con Emilio. Hilde también sentía que su corazón estaba hinchado y roto ese enero. "Yo amaba a Galeazzo, condesa. Y todavía lo amo[13] —confesó con lágrimas a Carolina Ciano—. Fue el gran amor de mi vida." Se dio cuenta cuando ya era muy tarde para salvarlo. Pero como Edda, Hilde ahora estaba decidida a que al menos hubiera justicia y ajuste de cuentas. Galeazzo quería que sus diarios se entregaran a los Aliados y se publicaran, como denuncia al fascismo. Y ella le había prometido que trataría de salvar la vida de Edda y sus hijos. Hilde haría todo lo necesario para cumplir ambas promesas. Lo haría por Galeazzo.

Tomó pocos días a la inteligencia alemana conocida como la Amt VI arreglar los detalles de la misión de Hilde e introducir en secreto a Emilio a Suiza. Con su director de inteligencia Wilhelm Höttl desplegado en Verona para supervisar la operación, su historia de

---

[12] Moseley, *Mussolini's Shadow*..., 238.

[13] "Fascismo: È morta Frau Beetz, la spia che doveva rubare i diari di Ciano", obituario, 31 de marzo de 2010.

fachada fue procesada por el cónsul alemán en Suiza a la mañana siguiente, 15 de enero. Viajaría como empleada diplomática y secretaria de oficina en la misión alemana en Lugano. Dos días después transfirieron al norte a Emilio Pucci,[14] que estaba vivo, pero en malas condiciones. La noche del 18 de enero, la inteligencia alemana lo metió en secreto en un bote y cruzó el lago Lugano. Desembarcó en la orilla el 19 de enero, a las 4:00 a.m.[15] Los suizos no estaban al tanto de su llegada clandestina. Más tarde ese día Hilde entró a Suiza en el puesto fronterizo oficial con su visa diplomática.

Hilde se registró en el hotel Alder,[16] una villa con vista al lago en Lugano, donde se quedaría durante su estancia en Suiza. El plan era reunirse con Emilio en el hotel de inmediato en la tarde del 19 de enero, tan pronto como hubiera entrado al país. No se suponía que viera a Edda en persona, eso habría roto la fachada, pero asistiría a Emilio para actuar como intermediario en Lugano, donde la inteligencia alemana sabía que Edda y los niños fueron relocalizados un día antes. La presencia de Emilio en Suiza era desconocida para todos fuera de la Amt VI. Con la ayuda de Hilde como agente nazi encubierta, él haría contacto en secreto con Edda en persona en Lugano y transmitiría los mensajes y advertencias alemanas.

Pero Emilio no estaba en condiciones de hacer viajes clandestinos en bote. Su cráneo estaba gravemente fracturado, sufría terribles dolores de cabeza y náuseas. Su rostro estaba negro y azul y sus rasgos estaban distorsionados por sangrados internos. En su primer día en Suiza colapsó en la calle antes de poder llegar al hotel Alder y cualquiera que lo viera podía decir que era un hombre con serios problemas médicos. Lo llevaron con rapidez a un hospital en

---

[14] "The RSHA and Edda Ciano in Switzerland", 16 de junio de 1945.

[15] Raymond Rendleman, "Thinker. Tailor. Soldier. Spy. The Kaleidoscopic Career of Emilio Pucci '37", *Reed Magazine* 93, núm. 1 (1º. de marzo de 2014), s.l. (reimpresión online). Hay discrepancias en las fechas. Seguí las notas de la interrogación de Hilde Beetz como la fuente más confiable.

[16] "Vetting of Hilde Beetz", AB 16, Berlín a AB 17, Saint Amzon, 24 de mayo de 1946, LBX-317, Hildegard Beetz, vol. 1, 0136, Archivos de la Agencia Central de Inteligencia.

Bellinzona, al norte de Lugano y, al admitirlo en la sala de urgencias, su estatus como militar italiano activo indocumentado se descubrió con rapidez.

El estatus de indocumentado fue la primera confirmación oficial que tenía la inteligencia estadounidense de que Edda había entrado al país y desató el parloteo en Berna. El jefe de espías Allen Dulles envió un telegrama inmediato a Washington: "Nos enteramos por una fuente [...] que a Edda Ciano [...] le permitieron entrar a Suiza con sus hijos. Estamos verificando".[17] Pocas horas después prosiguió con un segundo reporte al Departamento de Estado: "Nuestros periodistas recibieron noticias de la llegada de Edda, pero dicen que les prohibieron por completo mandar esa información".[18]

El rol involuntario de Emilio Pucci terminó antes de comenzar. Emilio pasaría los siguientes meses en recuperación en el hospital. Cuando por fin lo dejaron salir, lo internaron y pusieron bajo vigilancia policial. El internamiento era parte de la política suiza para manejar el riesgo de extranjeros. Suiza, una nación pequeña y neutral atrapada en medio de una guerra en todos lados, estaba en una posición difícil cuando se trataba de refugiados como Emilio y Edda.

Edda, como hija de un supuesto jefe de Estado italiano y viuda de un hombre ejecutado hacía poco, era un claro caso político y también un riesgo de seguridad. No había duda de que debía permanecer bajo arresto domiciliario en el convento y bajo constante vigilancia policial. Los servicios diplomáticos de Estados Unidos registraron en mensajes internos que "se tomaron medidas para

[17] Neal H. Petersen, ed., *From Hitler's Doorstep: The Wartime Intelligence Reports of Allen Dulles, 1942-1945* (Filadelfia: Pennsylvania State Press, 2010), 202.

[18] *Idem.*

internar a la condesa Ciano en un convento para que no pueda causar problemas para Suiza o hacerse notar",[19] pero incluso colocarla "bajo estricta vigilancia, en el claustro en Ingenbohl", no evitaba que la prensa se quejara sobre darle el beneficio del asilo que pocos creían que merecía.

Emilio Pucci, en cambio, era un miembro activo de la fuerza aérea italiana y las reglas de reclusión para soldados eran igual de estrictas. La "neutralidad" de Suiza dependía de que todos los refugiados con estatus de militar fueran internados. Las autoridades en el caso de Emilio estiraron las reglas tanto como pudieron. En vista de su estatus aristocrático como marqués y la evidente golpiza de la Gestapo, al final llegaron a un acuerdo. Cuando terminara su estancia en el hospital, que en enero de 1944 estaba muy lejana todavía, dejarían salir a Emilio del internamiento con el pago de una fianza, seguro no intentaría regresar a Italia hasta que acabara la guerra y no se involucraría en ninguna acción política o militar. El precio, catorce mil francos suizos, no era una suma enorme para un hombre con sus recursos, pero era imposible obtener los fondos porque había huido de Italia. Hilde, quien, por supuesto, no podía visitar a Emilio sin dañar su propia fachada de agente encubierta, estaba determinada a juntar esa fianza y liberarlo. Lo necesitaba como parte del equipo para trabajar con Edda. Todavía tenían algunos diarios para pasar con seguridad a los Aliados, justo como Galeazzo quería.

Encerrada en un convento en el invierno de 1944 y luchando por procesar la muerte de Galeazzo y la traición familiar que representaba, Edda se derrumbaba. Ni siquiera se podía ayudar a sí misma. Seguro no habría ayudado a Hilde ese invierno, incluso

---

[19] *Journal de Geneve*, 30 de enero de 1944, recorte del periódico incluido en Archivos de la Agencia Central de Inteligencia, US, NA, RG 184, caja 103, fólder 800.2.

si ella hubiera podido comunicarse con Edda. Pero nadie tenía permitido estar en contacto con ella, aparte de los clérigos y los niños. Fabrizio compartía habitación con su madre y fue testigo de su devastación. "De sus ojos corrían ríos de lágrimas: parecían interminables[20] —recordó—, un llanto continuo y silencioso, pero sin un sollozo. Solo sus hombros temblaban. Pobre Edda: en esa época en serio estaba hecha trizas. Toda piel y huesos."

Pronto las autoridades suizas se preocuparon por reportes de que Edda dormía hasta mediodía y lo pasaba en cama, fumando un cigarrillo tras otro y bebiendo coñac mientras los niños Ciano corrían salvajes. Cuando un inspector llegó a entrevistar a los niños,[21] se sorprendió al preguntarle a Fabrizio sobre la muerte de su padre, pues solo se encogió de hombros y respondió sin el mínimo rastro de emoción: "así es el destino de los hombres". Ninguno iba a la escuela. A Edda no la podían molestar con la vestimenta. La policía retiró a Raimonda y a Marzio de la custodia de su madre y los colocaron en un internado en la escuela Theresianum, asociada al convento a unos cientos de metros de distancia, donde podían visitar a Edda los fines de semana.

Pero Fabrizio fue enviado a una secundaria en el cantón cercano de Schwyz. Temeroso de dejar a su madre sola, se comió una bolsa de tabaco cuando llegó a la escuela para enfermarse. Lo enviaron a la enfermería en vez de a casa. Se arrastró fuera de la enfermería en su pijama y caminó a medio vestir a través de la nieve de invierno de regreso con Edda. La policía se rindió y dejó que el chico se quedara.[22] Era claro que la familia estaba muy traumatizada para preocuparse por la educación de un adolescente.

---

[20] Moseley, *Mussolini's Shadow*..., 240.
[21] *Ibid.*, 243.
[22] *Idem.*

Para finales de enero Hilde estaba frustrada en Lugano. No podía contactar a Edda o Emilio de forma segura sin tirar su fachada de secretaria diplomática. Ambos estaban oficialmente presos. Ella consiguió ver a Emilio en esos primeros días en el hospital solo una vez y hablar con él por unos minutos, pero todavía estaba muy mal para darlo de alta y sus comunicaciones estaban bajo constante vigilancia. Seguía trabajando en su liberación y en la fianza cuando los doctores lo dieron de alta, pero hasta ese momento había sido un callejón sin salida. Y ahora con su misión interrumpida por el descubrimiento de Emilio, fueron desplegados otros agentes y espías de la Gestapo en Suiza para buscar a Edda y los diarios, "la competencia". La inteligencia alemana estaba segura de que Edda sabía dónde estaban los diarios y Hilde había perdido el control de la misión. Esos otros espías nazis no actuaban como dobles agentes encubiertos y Edda y los niños estaban en un terrible peligro.

Hilde trató de advertirle. Escribió una carta, instando a Edda a guardar silencio y tratar de llegar a Gran Bretaña con los niños tan rápido como fuera posible. Hilde pensaba que Suiza ya no era segura, no con la Gestapo buscando de forma activa silenciar a Edda. Ella estaba quebrada y deprimida,[23] hablaba de querer morir en Italia. Hilde intentó advertir a Edda que, en efecto, Italia sería una sentencia de muerte. Pero no podía solo mandarle una carta. Alguien debía entregársela. Emilio prometió que trataría de encontrar a un amigo que pudiera llevar la carta al convento. Si no lo lograba, encontraría la forma de colar el mensaje en alguna de sus comunicaciones.

Algunas cartas de Emilio llegaban a Edda. La escritura para su amante no iba a prender ninguna alarma con ningún servicio de inteligencia, y ni Edda ni Emilio estaban de manera encubierta en Suiza. Pero como mostraron los archivos policiales, la correspondencia de Edda estaba bajo estricta vigilancia[24] y las autoridades

---

[23] Broggini, La "famiglia Mussolini"..., 339.
[24] Idem.

reportaban a todos sus visitantes y acciones. Adivinando, Emilio escribía las cartas con mucho cuidado, genéricas y llenas de eufemismos para evitar la censura.

Edda usó durante su tiempo en Suiza por lo menos dos apellidos falsos: Pini, el apellido de la madre de Galeazzo, y Santos. Y es claro que tanto Emilio como Hilde se arriesgaron a enviar a Edda al menos un mensaje de Hilde de forma inmediata cuando llegaron a Lugano. El 21 de enero de 1944 una mujer que firmó como Emilia Santos, el nombre falso que Edda usó para entrar a Suiza en la frontera y a la clínica de Ramiola, escribió a Hilde una carta curiosa y que era claro que estaba codificada. "Querida dama —decía la carta—, te envío los pedazos de jabón que me pediste. Si necesitas algo más avísame. Los niños están bien y yo también. Tu [*sic*] agradezco por todas las cosas y con cordiales deseos Emilia Santos".[25] O bien "jabón" era un pretexto para la carta o algún paquete se extravió y nadie supo, pero la existencia de la carta sugería que Hilde y Emilio sí consiguieron mandar al menos una carta de advertencia a Edda. Ella, que no tenía ninguna ilusión sobre la relación de Hilde con Galeazzo, aceptó la ayuda.

A finales de enero Hilde y Emilio pensaron en un nuevo plan, preocupados por la seguridad de Edda y de los diarios. Hilde pensaba que Edda debía huir a Londres, donde estaría fuera del alcance de la inteligencia alemana. Ella y Emilio tratarían de contactar a los servicios de inteligencia británicos, esperando intercambiar los diarios por el traslado seguro de Edda, Emilio y los niños fuera de Suiza. La Gestapo representaba un peligro real y constante para Edda. Después de todo, si Hilde entró al país a actuar como agente

---

[25] Correspondencia no identificada. 31 de enero de 1944, tomada por Hilde Beetz y colocada en su archivo de inteligencia oss, nota NWC-001899, Archivos de la Agencia Central de Inteligencia, desclasificado en 2005.

de la Amt VI, también pudieron (y lo *hicieron*) cualquier cantidad de colegas.

Galeazzo quería que sus diarios se entregaran a los Aliados y no le importaba si eran estadounidenses o británicos, pero sus contactos diplomáticos eran más fuertes en Gran Bretaña y en sus últimas cartas había escrito directamente a Winston Churchill. Su nuevo plan era vender los diarios al gobierno británico y usar los fondos para apoyar a Edda y a los niños en una nueva vida en Reino Unido. Si los rumores son ciertos sobre Christine Granville ayudando a salvaguardar algunos de los papeles del conde en el otoño de 1943, esa pudo ser otra razón para contactar de forma directa a la inteligencia inglesa.

El 27 de enero Hilde contactó en Suiza a un agente de la inteligencia británica llamado Lancelot de Garston.[26] Oficialmente, Garston era el vicecónsul en Lugano,[27] pero en secreto era un operativo de la M16 en inteligencia extranjera y, como Hilde estaba en posición de saber, era un objetivo activo de la Gestapo. Hilde pasó a Garston una carta en nombre de Edda y Emilio; ofrecían vender a los Aliados los diarios para que los publicaran. Dicho contacto con la inteligencia británica fue muy complicado para Hilde, porque tenía que asumir que todos sus mensajes eran interceptados. Reenviaba a la inteligencia alemana todas sus comunicaciones[28] con Emilio y Edda para no ser atrapada como agente doble, informando a Höttl de su intento de contactar a Lancelot de Garston en sus reportes de inteligencia, poniéndolo como un intento

---

[26] Segundo reporte, Emilio Pucci a Allen Dulles, 20 de junio de 1945, 42; "The RSHA and Edda Ciano in Switzerland", 16 de junio de 1945; Reporte Especial de Interrogatorio: Frau Hildegard Beetz, 9 de julio de 1945, del Destacamento SCI, Teatro Europeo de las Fuerzas de los Estados Unidos, para el jefe de CBI, Teatro Europeo de las Fuerzas de los Estados Unidos, AIC 166, desclasificado en 2001.

[27] "Doctor Lancelot Cyril Brewster Garston", identificación de lista G10, referencia de caso GbEyh270, Hitler's "Black Book", Forces War Records.

[28] Hildegard Beetz a Wilhelm Höttl, Como, Cernobbio, 30 de marzo de 1944, archivo 51, Archivos de la Agencia Central de Inteligencia.

de ganar la confianza de Emilio y Edda y engañándolos para que revelaran la ubicación de los diarios. Estaba jugando de tantos lados que la inteligencia suiza y aliada comenzó a preguntarse si Emilio trabajaba para la Amt VI. La misión era un caos. Aunque Hilde era la única que lo sabía. Su jefe en la RSHA le envió un mensaje a través de un intermediario, su "corredor", el 31 de enero con palabras positivas sobre su misión. Los alemanes todavía consideraban a Hilde una agente leal y experta. Este mensaje instruía al corredor que "informara a Felicitas"[29] (nombre en clave de Hilde) lo siguiente:

> Se ha comportado bien. Su objetivo principal es mantener a Frau R. [Rio di Savoia, un nombre en clave alemán para Edda] convencida de estar políticamente inactiva […] Emil [Emilio] debe influenciar a Frau R. y no permitir que entre en contacto con el otro lado. Si es posible sin riesgos para Felicitas, es interesante ubicar los documentos y la posibilidad técnica de obtenerlos.

El "otro lado", se presume, eran los británicos y los estadounidenses.

Pasó otra semana y después dos. Nada. La inteligencia británica parecía no estar interesada en los diarios de Galeazzo Ciano. Si Christine Granville en verdad había logrado, sin que Emilio o Hilde supieran, obtener copias de Edda, explicaría el silencio. También pudo ser que Lancelot de Garston, consciente de ser contactado por una linda "secretaria" alemana, asumiera que un "gorrión" de la Gestapo le quería tender una trampa.

A principios de febrero, esperar a contactar a la inteligencia británica o a que Emilio se recuperara y saliera del hospital ya no era

---

[29] "Hildegard Beetz", 26 de octubre de 1943.

opción. Llegaron noticias que aterrorizaron a Hilde y cambiaron todo. Con la intención de persuadir a Edda[30] de guardar silencio y tal vez de volver a Italia, Mussolini había contactado a su confesor, un sacerdote en Roma llamado padre Guido Pancino, quien, como Hilde sabía, trabajaba como espía para los alemanes desde la oficina de Hilde, reportando, como ella, al general Harster. Mussolini estaba muy probablemente siendo engañado, y Hilde vio al instante el peligro que representaba un sacerdote reportando a la inteligencia alemana tanto para ella como para Edda.

El padre Guido Pancino es un personaje turbio y no es de sorprender que sus informes y los de Hilde cuenten historias diferentes. Lo que la historia puede confirmar es que el padre Pancino no era un hombre físicamente imponente. Estaba perdiendo el cabello, usaba lentes gruesos y redondos,[31] medía solo 1.62 metros de altura y pesaba sesenta y cinco kilos, de acuerdo con documentos de la oss. Hilde no dudaba que Edda confiaría en el padre, así como habría confiado en Emilio si su plan hubiera funcionado bien. La familia Pancino y la familia Mussolini fueron vecinos en la década de 1920 y el padre Pancino dijo después: "Yo era amigo de los hijos [de Benito Mussolini], en especial de Edda, que era tres años menor que yo. Era una chica delgada y nerviosa con grandes ojos. Me llevaba bien con ella, jugábamos y disfrutábamos estar juntos".[32] La amistad de la infancia se renovó en 1941 cuando Edda y el padre Pancino terminaron asignados en el mismo hospital de la Cruz Roja durante la campaña italiana en Albania.

Ahora, en los primeros meses de 1944, Mussolini quería pre-

---

[30] "The RSHA and Edda Ciano in Switzerland", 16 de junio de 1945.

[31] Teniente Stewart French, "Hildegard Beetz, nee Burkhardt, SD Executive and Agent", entrevista a CIB, G-2, 12th Army Group, 18 de junio de 1945.

[32] Renzo Allegri, "Nel racconto di un sacerdote, una pagina di storia sconosciuta riguardante Edda Ciano e suo padre Benito Mussolini", 11 de marzo de 2011.

venir que los alemanes encontraran los diarios de Galeazzo a cualquier costo. Su sujeción al poder era débil y no se podía permitir perder credibilidad ante Hitler, quien por mucho tiempo había pensado que Mussolini necesitaba tener mano firme con su rebelde hija. Extrañaba a Edda y a sus nietos. Sentía algo de culpa también por Galeazzo. Mussolini acudió al padre Pancino como emisario de confianza, le pidió viajar a Suiza para persuadir a Edda de regresar a casa y de guardar silencio sobre los diarios. A mediados de febrero, con la ayuda del Vaticano y Joseph Goebbels, la autorización papal del cura para viajar a Suiza como petición de Mussolini estaba en proceso. El general Harster asignó a su segundo al mando, Walter Segna,[33] escoltar de manera personal al padre Pancino y asegurarse de que el incentivo económico de Mussolini, un regalo de cuatro millones de liras, llegara a salvo al otro lado de la frontera.

Todo esto eran malas noticias para Hilde. ¿Y si Edda, confiando en su viejo amigo y sacerdote, revelaba que ella tenía los diarios pensando estar protegida por el secreto de confesión? Igual de terrorífico: ¿y si Edda revelaba que Hilde la había ayudado a huir al traicionar a los nazis? De pronto ya no era solo la vida de Edda la que estaba en peligro. Si descubrían a Hilde, la ejecutarían por traición. Hilde debía llegar a Edda de alguna forma. Y tenía que hacerlo rápido.

---

[33] Walter Segna, reporte de interrogatorio, 13 de mayo de 1945.

CAPÍTULO 12
EL PADRE PANCINO
15 de febrero de 1944-5 de mayo de 1944

Hilde necesitaba advertir a Edda: el padre Pancino era un espía alemán. El problema era que todavía no había forma de hacerle llegar un mensaje en secreto.

Hilde estaba muerta de preocupación. Pero también indignada. O decidió que sería mejor que sus jefes pensaran eso. Esperaba que, si se sentía lo suficientemente insultada por la llegada de otro agente a su misión, Wilhelm Höttl tal vez cancelaría la tarea del padre Pancino. Esa sería una solución a lo que, de otra forma, parecía un problema intratable. Con claridad escribió una carta distante a su jefe, había perdido la confianza de sus superiores o no estarían enviando a Pancino para interferir en la operación. Pidió que la retiraran de Suiza.

La táctica funcionó. Wilhelm Höttl mordió el anzuelo. Respondió el 15 de febrero pidiéndole que se calmara y fuera estratégica. Pancino iba por insistencia de Mussolini para tratar de persuadir a Edda de regresar a Italia y al control de su padre. La misión estaba destinada a fracasar. Edda sería una tonta si regresara a Saló después de que su padre ejecutara a su esposo. Mussolini ya había puesto una recompensa por la cabeza de su hija y la estaba cazando tanto como la Gestapo. La misión de Hilde era diferente y seguía al mando por completo. Höttl le aseguró que había hablado con "el jefe", instando a Kaltenbrunner a indicar al general Harster que dejara a Hilde a cargo de la operación en Suiza. Le había "echado flores", escribió de manera sorprendente, ¿y ahora ella pedía que la retiraran? Höttl le advirtió que pensara en su reputación como agente: "Usa esta oportunidad, tú, que gobiernas sobre todos los hombres como sea y haz que este viejo hombre de Dios esté bajo tu dedo".[1]

Se suponía que fuera alentadora. Pero no resolvió su preocupación: el padre Pancino todavía iba para Suiza. Hilde se dio cuenta de otro problema amenazante. Su visa suiza iba a expirar dentro de poco. No había garantía de que se le permitiera seguir ahí, incluso si el general Harster le daba el mando de la misión. Los suizos tomaban la decisión en ese asunto y su contacto regular con Emilio Pucci, cuya alta del hospital ya era inminente, había levantado algunas sospechas. De verdad necesitaba que Emilio hablara con Edda en persona. Podría advertirle. Y eso significaba que necesitaba juntar los fondos para liberar a Emilio del campamento de internamiento de refugiados cuando lo dieran de alta. Debían apresurarse.

Preguntó a Emilio a quién podrían movilizar para ayudar con el dinero. Los pensamientos de Emilio se volcaron en Susanna Agnelli, tan vieja amiga suya como de Edda y Galeazzo, que ahora estudiaba medicina en Lausana. Las hermanas Agnelli habían huido a Suiza en 1943 con la mayor parte de la familia real italiana y la aristocracia del país. Susanna vivía con su hermana Clara[2] en absoluta pobreza en un pequeño departamento en Avenue de Gramont 11, a pesar del hecho de que Clara, a través del matrimonio, ahora era la princesa Von Furstenberg. Su madre, Virginia Agnelli, cuyo padre era un noble italiano pero cuya madre era una *socialite* estadounidense, había sido arrestada en Roma tras la caída del

[1] Wilhelm Höttl a Hildegard Beetz, Viena, 15 de febrero de 1944, archivo 45, Archivos de la Agencia Central de Inteligencia.

[2] "Subject: The Zimmer Notebooks", memorándum de AB para AB 52, JRX-3748, 21 de agosto de 1946, ref. LBX-495, Archivos de la Agencia Central de Inteligencia.

gobierno de Mussolini. Al lograr escapar del arresto domiciliario, Virginia llegó a Suiza como refugiada, pero la persuadieron de volver de manera voluntaria a Italia, donde la familia había dejado una gran cantidad de bienes. Eso fue un trágico error. Virginia ahora estaba en serias dificultades en Roma. Era una buena advertencia para Edda.

Emilio telefoneó a Susanna y le preguntó si lo podía visitar. Como Susanna recordó esa llamada más tarde, Emilio le dijo que había escapado de prisión (después de ser torturado por los alemanes, quienes le rompieron la cabeza) y tratado de llevar los diarios de Galeazzo a Suiza. Justo cuando Emilio iba a decir más y pedir la ayuda de Susanna, el teléfono hizo un chasquido que le dio mala espina. La línea murió. Susanna no dudaba que la policía, escuchando la llamada, había roto la conexión. Esperó que Emilio la llamara de nuevo en los siguientes días, pero la llamada nunca llegó.

Algunos días después arribó una carta. Emilio no tenía permitido hacer llamadas ahora, escribió. Lo habían dado de alta del hospital y trasladado a una clínica de rehabilitación en el campo. Necesitaba su ayuda. "¿Trataría de conseguir un permiso para ir a verlo? Él estaba desesperado",[3] recordó Susanna. Usando todos sus contactos y su considerable encanto consiguió un permiso para ir a verlo. Lo que se dijo con precisión cuando los dos amigos se encontraron no está registrado, pero a partir de ese momento el clan Agnelli (Susanna, su hermana Clara y, a su regreso a Suiza más tarde ese año, su madre Virginia) fue parte del círculo de conspiradores que trataba de proteger a Edda y los diarios. Iban contra la red de inteligencia del estado alemán. Pronto las mujeres Agnelli llevarían a ese círculo a otra de sus amigas, una *socialite* estadounidense llamada Frances de Chollet.

[3] Susanna Agnelli, *We Always Wore Sailor Suits* (Nueva York: Bantam Books, 1975), 124.

Emilio no advirtió a Susanna sobre la Gestapo.

La tarde del lunes 21 de febrero, cuando regresaba a casa después de clases, la detuvieron mientras bajaba las escaleras de Place de l'Université. La noche había caído y había una neblina en el aire nocturno, volviendo todo gris y solemne, Susanna recordó después. "Vi a una mujer caminando hacia mí, la figura de una chica regordeta con un rostro demacrado y aterrorizado."[4]

—¿Eres Suni Agnelli?[5] —preguntó la mujer, tartamudeando las palabras.

—Sí —dijo Susanna, dudando.

—Necesito hablar contigo de inmediato —insistió la mujer—, es importante, es urgente. No podemos hablar en medio de la calle. Dame tu dirección, iré a verte.

Susanna le dio la dirección con cautela y la mujer desapareció entre los grupos de estudiantes.

"Estaba un poco ansiosa mientras esperaba a esta mujer extraña", recordó Susanna. Cuando llegó la mujer se sentó con incomodidad en una silla en el departamento, Susanna vio que le temblaban las manos. La mujer las apretó para tratar de controlarlas. Solo dijo:

—Mi nombre es Hilde B. Soy alemana. Trabajo para las ss.[6]

Fue una presentación aterradora. Susanna recordó después cómo el sudor bajaba por su cuerpo cuando escuchó eso. Tenía mucho miedo. Una agente nazi en su departamento solo podía significar el peor tipo de problemas.

—Estuve a cargo de Galeazzo Ciano hasta su muerte —Hilde comenzó a llorar—. Le conseguí una dosis de cianuro de potasio.[7] Me prometieron que funcionaría. No murió, solo enfermó, por lo que casi tuvieron que cargarlo a la ejecución —los hombros de Hilde temblaban mientras lloraba. Cuando recobró el control,

---

[4] *Ibid.*, 93.
[5] *Idem.*
[6] *Idem.*
[7] *Idem.*

continuó—: Galeazzo me contó de ti.[8] Estuve con él todo el tiempo
que estuvo en prisión en Verona. Se suponía que lo haría hablar,
en cambio le tomé cariño. Quería ayudarlo, traté de organizar
su escape, al menos que perdonaran la ejecución. Ni siquiera eso
logré —Hilde estaba llorando de nuevo mientras decía unas palabras—: Debes ayudarme.[9]

Tras un momento de silencio,[10] Susanna solo dijo:

—Sí, ¿qué puedo hacer?

—Consígueme una dosis de cianuro real[11] —dijo Hilde—, una
que me garantices que me va a matar al instante. Tengo que volver
a Italia. Si los alemanes me descubren, si me matan no me importa,
pero si me torturan, sé lo que significa, sé que no voy a resistir,
no puedo enfrentarlo. Sé que estudias medicina. Sé que lo puedes
conseguir. Por favor consíguelo por mí. Hazlo por Galeazzo.

Susanna hizo una pausa. ¿Esto era una especie de trampa? No
podía ver cuál era el juego.

—¿Por qué? —le preguntó a Hilde—. ¿Por qué no pides asilo
a los suizos? No se van a negar ahora que estás aquí.[12]

Hilde se sonrojó. La razón era su esposo.

—Mi esposo es un general en el frente ruso[13] —explicó.

Susanna conocía a Galeazzo lo suficientemente bien para saber lo que "tomar cariño" significaba. Hilde era recién casada
cuando la enviaron a espiar a Galeazzo en el castillo a las afueras
de Múnich y su esposo también había sido amigo de Galeazzo.
Gerhard Beetz sabía por seguro que su esposa trabajaba como
agente de la Amt VI. Pero es probable que no supiera que Hilde
se había enamorado del conde. Es seguro que no estaba consciente

---

[8] *Ibid.*, 127.
[9] *Idem.*
[10] *Idem.*
[11] *Idem.*
[12] *Idem.*
[13] Ray Moseley, *Mussolini's Shadow: The Double Life of Count Galeazzo Ciano* (New Haven, CT: Yale University Press, 2000), 236.

de que su esposa estaba poniendo en riesgo la vida de ambos trabajando como agente doble autoasignada para los Aliados. Si desertaba, los alemanes tomarían venganza con su familia. No le podía hacer eso a Gerhard. Y —Hilde explicó a Susanna— le preocupaban también su madre y su hermano menor en Weimar. Susanna aceptó que eran preocupaciones válidas. Accedió a buscar veneno para Hilde.

Hilde tenía una segunda petición también. ¿Podrían las ricas Agnelli estar dispuestas a pagar la fianza para liberar al viejo amigo de Susanna del internamiento? Con esto Susanna no podía ser tan alentadora.[14] Como refugiadas en Suiza, incluso las Agnelli estaban empobrecidas. Pero Susanna prometió preguntar a un amigo que tal vez podría tener acceso a algo de dinero.

Y Hilde pidió un favor más. Estaba desesperada por enviar una carta personal a Edda, diciéndole las últimas palabras de Galeazzo y rogándole como un asunto urgente no publicar los diarios hasta después de la guerra. Necesitaba advertir a Edda que no confiara en nadie el secreto de los papeles. Susanna prometió que trataría de ver a Edda y entregársela. Hilde había escrito en la carta: "Tu esposo murió en calma. Quiere que el mundo sepa todo sobre él, pero más que eso quiere que tú y los niños estén a salvo. Por lo tanto, quería decirte que hasta que termine la guerra y comience una vida sin riesgos no hagas nada que dificulte tu posición".[15]

Hilde tenía razón en pensar que Edda estaba en peligro. Había un precio por su cabeza. Mussolini había ofrecido una recompensa cuando huyó y envió a su hermano Vittorio a detenerla. En la primavera de 1944 la Gestapo preparaba planes activos para secuestrarla y a sus hijos en el convento. Ella y los niños estaban

[14] "The RSHA and Edda Ciano in Switzerland", de L. E. de Neufville, SCI, para CO, SCI, Alemania, 19 de julio de 1945, Archivos de la Agencia Central de Inteligencia, desclasificado en 2006.
[15] "Letter Written by Frau B, with Pucci, with Purpose of Sending (Similar) Information to Edda", s.f., Archivos de la Agencia Central de Inteligencia, desclasificado en 2006.

bajo vigilancia policial, pero encargarse de uno de ellos durante un paseo era algo factible. Creían que, si lograban alejarla solo unos cuantos kilómetros del convento, podrían aplicar suficiente presión para obtener la información que querían. Cualquier viaje en automóvil que Edda hiciera sería una oportunidad bienvenida. Una vez que la Gestapo tuviera confirmación por parte de su rehén de la ubicación de los papeles del conde, los archivos guardan ominoso silencio sobre lo que harían los agentes con Edda o a dónde la llevarían. Por otra parte, el mensaje de Hilde a Edda de no exponerse era por el mayor interés de Edda y los niños. Pero alentarla a mantener la cabeza agachada y guardar silencio era un mensaje acorde a su misión de inteligencia. Era precisamente para lo que la habían mandado los nazis.

A finales de febrero las cosas se volvían desesperantes. Susanna Agnelli había tratado de ver a Edda para pasarle la carta y le habían negado el permiso. La visa de Hilde expiraba en cuestión de días. La extensión de su visa estaba retrasada y algo había alertado a los suizos sobre la inusual naturaleza de la secretaria consular. Se le pediría que dejara Suiza. Mientras tanto, el padre Pancino había hecho un contacto inicial con Edda y pronto se le permitiría el acceso al convento, dado que la autorización venía del Vaticano. Era un sacerdote. Las monjas no le negarían ver a una parroquiana.

Hilde hizo un último intento de ver a Edda en persona y, cuando fracasó, aceptó lo inevitable. Emilio y Susanna se encargarían de la "operación" no oficial. El 27 de febrero, resignada pero preocupada, Hilde escribió a Emilio para poner en marcha un plan de contingencia:

Mi querido amigo:

Estuve en I[ngenbohl]. El convento está situado entre las otras casas y puedes estar cerca de los edificios durante el tiempo que quieras sin que te corran [...] No vi a nadie de la familia. Después continué mi camino

hacia tu amiga en L[ausana]. Me entusiasma. Encontré su dirección en
la universidad y la esperé en el pequeño departamento que comparte con
su hermana. Su madre está en Italia. El problema del que habló contigo
es serio: los fascistas arrestaron a su madre [...] Por supuesto que las hijas
deben ser muy cuidadosas en todo [lo que hacen]. Pero S[usanna] hará por
ti todo lo que pueda. Primero que nada, tratará de liberarte con la ayuda de
un amigo. Espera tener éxito, aunque tampoco tiene mucho dinero. Te va
a escribir y tal vez vaya en persona después del comienzo de las vacaciones
de la universidad (8 o 10 de marzo) [...] Los suizos no permiten nada, no
correspondencia, no visitas y ni siquiera ir afuera de la puerta del convento.
Así que S[usanna] tampoco puede verla, pero tratará de pasarle la carta. Tal
vez S[usanna] de alguna forma pueda advertirle de no [hablar]. ¿Conoces
a su confesor? ¿El tipo de hombre que es? [...] Es imposible para ti regresar. Tu seguridad fue lo más importante de nuestra acción. Estoy segura
de que no te dejarán regresar al ejército, sino que te arrestarán de nuevo.
No puedes volver. Para nuestra comunicación hay dos maneras: puedes
escribir a mi nombre, Consolato Germ. Lugano, y ellos me enviarán las
cartas o puedes escribir a mi dirección en Alemania, Weimar, Belvedere
Allee 14. Por favor escribe en italiano y usa algunas palabras en alemán si
has [escuchado] que ella [está] mejor y las cosas están bien y algunas palabras
en inglés si está en comunicación con los ingleses. La nombraremos "mi
amiga" [...] Después de cada carta que reciba escribiré una carta postal
con "molti saluti" a S[usanna]. Debes contarle de esto.[16]

Cuando Hilde se preparaba para salir de Suiza hubo otro giro
inesperado. Wilhelm Höttl, el jefe de espías de Hilde, bromeó con
que ella "gobernaba sobre todos los hombres". Para febrero de
1944 Emilio también se estaba enamorando de Hilde. Como Hilde
diría después, sus "sentimientos de gratitud por su seguridad fueron cambiando con rapidez a un sentimiento de afecto o amor".[17]

---

[16] Carta de Hildegard Beetz, 25 de febrero de 1944, nota 46, Archivos de la Agencia
Central de Inteligencia.

[17] "The RSHA and Edda Ciano in Switzerland", 16 de junio de 1945.

Aunque Edda en su convento-prisión todavía no lo sabía, su amorío con Emilio había terminado. Pobre Edda: primero su esposo y ahora su novio… corazones conquistados por Hilde. Ella sabía de Galeazzo, pero no se enteraría del deseo de Emilio en meses, tal vez más.

Hilde no era muy comunicativa en sus cartas a Emilio. Preguntaba qué sabía del padre Pancino. No compartió con Emilio que ella sabía que era un espía alemán al servicio del general Harster. Hilde sabía que toda su correspondencia la leería la Amt VI. Sabía porque daba copias a sus jefes de todas sus comunicaciones en sus reportes. Trabajar con Emilio para tener acceso a Edda siempre fue parte de su misión. Arruinar la fachada de un espía colega habría sido imperdonable. Por desgracia, las consecuencias fueron desastrosas. Emilio, de manera despreocupada al no ser consciente y asumiendo que el padre Pancino compartía el objetivo de mantener a Edda a salvo, se metió en un desastre, poniendo a Hilde en peligro mortal.

La lealtad del padre Pancino era complicada. Había sido enviado por el Duce para apoyar al estado fascista italiano, no al alemán, y su lealtad personal era hacia Mussolini. Esto fue precisamente la razón por la que el general Harster pensó que sería buena idea enviar a Walter Segna a Suiza con él como vigilante, o, tal vez para ser más precisos, como *recordatorio* de sus obligaciones adicionales a la misión de la inteligencia alemana. El cura reportaba a dos estados fascistas y, cuando los intereses de Mussolini se alineaban con los de Hitler, el acuerdo funcionaba bien. Pero esos intereses no siempre se alineaban y el general Harster era muy claro: el padre Pancino solo era leal a sí mismo. Como resultado, era un hombre con el que se podía negociar.

La llegada de un hombre con principios tan flexibles encantó a la inteligencia alemana y a los agentes de seguridad en Suiza, salvo a Hilde. Todos tenían diferentes motivos para querer los diarios de Galeazzo. Mussolini, temiendo la ira de Hitler, quería destruirlos. Preocupados por su publicación, los alemanes esperaban prevenir que cayeran en manos de los Aliados. Ribbentrop, quien podría perder más por los diarios, los habría quemado de inmediato. Kaltenbrunner y Himmler, todavía con el deseo de destruir a Ribbentrop en una lucha política interna nazi, querían los diarios en el escritorio del Führer. Todas esas facciones de agentes y refuerzos desplegados en Suiza buscaban a Edda y los papeles. Ahora llegaba el padre Pancino: un hombre de recursos. La carrera por ver a quién favorecía el sacerdote estaba en marcha.

El padre Pancino no enfrentaba los mismos obstáculos para ver a Edda en el convento que Hilde o sus amigos de Italia. Él era su confesor y había ido a tratar de persuadirla de regresar a la protección de su padre en Italia. Los suizos estarían encantados de deshacerse de la sensible complicación política que representaban Edda y sus hijos. Pero primero el padre Pancino visitó a Emilio para escuchar de él la historia de su escape de Ramiola y tal vez averiguar el destino de los papeles familiares. Emilio, sin ser consciente del rol del sacerdote como informante alemán, sin haber sido prevenido por Hilde, de inmediato compartió mucha información. Debió parecer muy inocente. El padre estaba ahí aparentemente como emisario personal de Mussolini y como consejero espiritual familiar. Hilde había confiado a Emilio, de manera tonta, que había tomado notas de algunos diarios de Mussolini, que habían estado en posesión de Edda. Emilio mencionó esto al sacerdote de paso.[18]

El padre Pancino encontró eso en extremo curioso. ¿Significaba que Frau Beetz había *visto* papeles que sabía que estaban en posesión de Edda y no los había confiscado? Los alemanes buscaban activamente los diarios de Mussolini de la época de guerra y los papeles de Galeazzo. ¿Por qué Hilde no había revelado esta

---

[18] "Subject: Amt VI Agents in Italy", diario de Frau Hildegard Beetz, 12 de agosto de 1945, XX8602, desclasificado en 2001.

información al general Harster? El sacerdote se lo preguntó de
frente a Hilde. Cuando la presionó, ella solo se encogió de hombros, dijo que Emilio estaba equivocado y que tal vez tenía algún
daño cerebral.

El padre Pancino no estaba convencido. No dijo nada más.
Pero comenzó a tener una corazonada de que Frau Beetz estaba
jugando dos manos en Suiza. No le gustaba esta joven mujer. Tan
pronto como pudiera probarlo, la entregaría al general Harster.

Cuando el padre Pancino hizo su primera visita en persona al convento, a principios de marzo de 1944, Edda no había visto a nadie
en quien pudiera confiar en casi dos meses. En esencia era una
prisionera en Suiza. Estaba delgada, enferma y deprimida. Soltar
todo a un viejo conocido, nada menos que a su confesor, era una
gran tentación. "Edda estaba en Ingenbohl, en el convento Heiliger
Kreuz",[19] Guido Pancino dijo sobre su visita:

> Llevé conmigo las últimas cartas de Galeazzo Ciano, sus objetos persona-
> les y una larga carta de Mussolini. Era una carta humilde, dulce y afectiva,
> la carta de un padre que teme perder el afecto de su hija favorita. Edda
> estaba en un estado de terrible desesperación. Cada palabra era una acu-
> sación contra su padre y una amenaza de venganza. Si trataba de decirle
> que Mussolini buscaba su perdón, el odio de Edda se dirigía hacia mí.
> Me quedé con ella por veinte días tratando de confortarla, pero sin conseguir
> nada de lo que me pidió Mussolini.

Edda tenía el espíritu roto. También estaba económicamente
quebrada. El padre Pancino había llevado un generoso regalo de
efectivo de su padre. *¿Qué más podía hacer su padre?* Le preguntó

---

[19] Renzo Allegri, "Nel racconto di un sacerdote, una pagina di storia sconosciuta
riguardante Edda Ciano e suo padre Benito Mussolini", 11 de marzo de 2011.

el sacerdote. Edda se suavizó. Sí tenía un favor que pedirle: que movieran el cuerpo de Galeazzo de Verona y lo enterraran en la cripta de la familia Ciano en Livorno, con sus padres. Su padre, buscando hacer un gesto, accedió con rapidez. Pero Edda, precavida, no le dio los diarios al sacerdote. El padre Pancino era paciente. Seguiría tratando.

A comienzos de marzo Hilde recibió malas noticias sobre su visa suiza. Le darían una breve extensión hasta el 20 de marzo,[20] solo el tiempo necesario para preparar su partida. Regresaría a los cuarteles en Italia. Podría tratar de persuadir a sus supervisores de inteligencia alemanes para renovar su visa y enviarla de nuevo, pero se preguntaba si valdría la pena el esfuerzo o el peligro personal. Para el 23 de marzo el padre Pancino tenía acceso regular a Edda en el convento[21] y ya había desafiado a Hilde en el tema de los papeles de Mussolini. Ella no dudaba que engañarían a Edda para entregar los diarios.

Pero los diarios eran la menor de las preocupaciones de Hilde. Había ayudado a Edda a huir de Italia con los papeles, en contra de sus órdenes superiores. Su vida dependía de cualquiera de estas dos opciones: que Edda guardara el secreto o que sus supervisores consideraran que no se podía confiar en Edda. Hilde, considerando el primer escenario poco probable, confesó a Wilhelm Höttl en su informe de inteligencia que no estaba segura de que invertir más tiempo tratando de ver a "una mujer histérica que a veces no es del todo normal" tuviera mucho sentido.

Hilde regresó a Italia en la última semana de marzo y le asignaron esperar en una casa de seguridad en Cernobbio, cerca de

---

[20] Hildegard Beetz, carta [al señor] Höttl, 4 de diciembre de 1943, con nota escrita a mano, nota 30, Archivos de la Agencia Central de Inteligencia.

[21] Hildegard Beetz, carta a Wilhelm Höttl, Como, Cernobbio, 30 de marzo de 1944, nota 51, Archivos de la Agencia Central de Inteligencia.

Como, propiedad de un banquero alemán, donde volvió a trabajos de escritorio mientras sus jefes reflexionaban. En un reporte a sus superiores notó con franqueza que la misión en Lugano no había producido resultados. No había conseguido contactar a Edda en Suiza, quien estaba incomunicada. Emilio Pucci se estaba recuperando, pero se quedaría internado y bajo observación. Susanna Agnelli seguía trabajando para asegurar el dinero y ver a Edda.

Por otro lado, sus jefes reflexionaban,[22] Hilde había obtenido para los alemanes una gran porción de los diarios antes de la ejecución de Galeazzo, incluyendo el material más dañino para Ribbentrop. La cadena de mando de Hilde en la Amt VI era así: Harster, Höttl, Kaltenbrunner y Himmler; y en la batalla nazi interna ella era parte de la operación contra Ribbentrop. Había hecho un buen trabajo en su primera asignación clandestina. A Hilde la recompensaron con un mes de vacaciones desde el 7 de abril para coincidir con la retirada de su esposo.

Por desgracia, cuando regresó de esa vacación a principios de mayo, estaba en serios problemas. El padre Pancino había regresado de Italia convencido de que Hilde Beetz estaba actuando como agente doble. La reportó de inmediato con sus superiores de inteligencia. Esperaba estar firmando su sentencia de muerte.

Tras la guerra, estaban quienes querían reformar al sacerdote, algunos declaraban que no era un agente nazi. Quienes esperaban reformarlo notaron que, de regreso en Italia, como sacerdote de un pueblo al final de la guerra, en 1945, trabajó con los partisanos contra los alemanes y peleó para salvar a sus parroquianos de la violencia. Pero los hechos de la primavera de 1944 solo pueden

---

[22] Hildegard Beetz, carta a Wilhelm Höttl, consulado alemán, Lugano, 3 de marzo de 1944.

apuntar a una sola dirección: Guido Pancino, al saber que Hilde había trabajado para salvar a la familia Ciano y al estar enterado de lo que pasaría si era descubierta, la entregó a la Gestapo. Mientras Hilde estaba de vacaciones, a Ernst Kaltenbrunner le informaron lo siguiente: de acuerdo con inteligencia del padre Pancino en Suiza, Hilde Beetz había ayudado a sus "objetivos" y había dañado la misión de inteligencia alemana. La pena por traición, como todos sabían, era la ejecución.

Sus vacaciones terminaron el 4 de mayo. Hilde regresó a trabajar a los cuarteles principales de la Amt VI el 5 de mayo. El 6 del mismo mes la llamaron a la oficina de Ernst Kaltenbrunner. Si la habían descubierto, no sobreviviría al resultado.

CAPÍTULO 13
GERMANIA
6 de mayo de 1944-24 de agosto de 1944

Ernst Kaltenbrunner era un hombre atemorizante. Medía 1.93 metros de altura y su rostro largo y delgado tenía un aspecto esquelético perturbador. Se le conocía por su temperamento peligroso. En esencia, su poder como el "gran jefe" en el sector de seguridad del estado, solo respondiendo ante Himmler y Hitler, era desenfrenado. La vida y la muerte estaban por completo en su poder. Pero lo más perturbador era la profunda cicatriz que iba de la oreja a la barbilla y jalaba de forma amenazadora las facciones de su rostro al hablar. Se decía que la cicatriz surgió a partir de un ritual de duelo, parte de alguna fraternidad universitaria en su nativa Austria, donde se había preparado en otra vida como abogado, pero se agregó a su aterradora reputación.

El corazón de Hilde latía. Ahí estaba el jefe de la división preguntándole, con una mirada penetrante, si había traicionado al Reich ayudando a Edda Ciano a huir de Italia con los diarios del conde. Claro, la verdad era que lo había hecho y Hilde no tenía manera de adivinar qué parte de la historia ya conocían sus superiores. Si la atrapaban en una mentira sería lo peor de todo. Pero incluso una fracción de la verdad sería suficiente para que sus compañeros agentes le dispararan. Una palabra de Kaltenbrunner y estaría muerta en una hora.

¿Qué podría hacer salvo negar todo de forma categórica? Le aseguró a Kaltenbrunner que el reporte era falso. Ella jamás trabajó contra los intereses de la Amt VI. No se podía confiar en nada de lo dicho por Edda. Emilio tenía daño cerebral. Ribbentrop había enviado a sus propios agentes, quienes naturalmente trataron de desautorizarla. Ella había obtenido con éxito del mismo Galeazzo Ciano varios volúmenes de sus diarios. Si parecía tener algún interés emocional en su objetivo era porque su misión fue seducir a Galeazzo. Siguió intentando contactar a Edda en Suiza. Emilio estaba enamorado y haría lo que le indicara. Era natural que, ante Edda y Emilio Pucci, ella pretendiera estar de su lado y trabajar para ayudarles. ¿De qué otra manera habrían confiado en ella? Había reportado todo a sus superiores en sus archivos de inteligencia. Estaba segura de que si no fuera por el infortunado colapso de Emilio y sus heridas en Milán, ella habría tenido éxito.

Ernst Kaltenbrunner observó a Frau Beetz. Era innegable que era inteligente y bonita. Hablaba con calma, seguridad, certeza, y nada en ella sugería que fuera una agente doble. Tenía un rostro abierto y transparente. Fue presionada a unirse a la Amt VI cuando empezó la guerra. Podía ver por qué Wilhelm Höttl la defendía de forma tan apasionada. De hecho, frente a estos cargos y la investigación interna, Höttl la defendió.

Kaltenbrunner no sabía, obvio, que las cartas de Wilhelm Höttl a su agente a veces sonaban un poco enamoradas. En una de sus comunicaciones, en diciembre de 1943, una nota escrita a mano que venía al final de una de las cartas de Hilde decía: "Querida niña, tengo mucho que hacer, pero seguiré cuidándote, así que no quiero escuchar cualquier acusación que te descuido".[1] Lo que se pierde en la traducción de este enunciado al español es el sorprendente uso de "du" en el escrito para Hilde (la forma familiar de "tú", reservada en alemán solo para relaciones íntimas. Hilde tenía a su supervisor en la palma de su mano).

---

[1] Hildegard Beetz, carta a Wilhelm Höttl, consulado alemán, Lugano, 3 de marzo de 1944.

Kaltenbrunner cerró el archivo de golpe. Höttl había metido las manos al fuego por la niña. Ella había hecho un buen trabajo. Él había investigado los reportes. Su acusador quiso la misión para él, pero le ordenaron que se reportara ante Hilde después de que ella se quejara con su jefe sobre la cadena de mando en la misión,[2] semanas antes. Kaltenbrunner estaba seguro de que la acusación era falsa "motivada por celos personales".[3] Nada más que un sacerdote célibe y un agente periférico amenazados por una mujer hermosa con una carrera formidable y registros impecables. Caso cerrado. Se reportaría a la oficina para una nueva asignación. Y con eso se despidieron.

Sin embargo, su nueva misión la llevó al centro del peligro.[4] La asignaron para que regresara a Como, hiciera contacto con su agente, el padre Pancino, y, usando su influencia, lograra contactar directo con Edda. Hilde todavía no sabía el origen de las acusaciones anónimas. Incluso si lo supiera, no podía hacer nada, salvo esperar que Emilio y Edda estuvieran quietos.

El padre Pancino no era tonto. Vigilaría a Frau Beetz con cuidado. Si había cualquier evidencia de un paso en falso, aprovecharía la oportunidad de reportarla. Kaltenbrunner no sería tan comprensible una segunda vez. El sacerdote planeaba que Edda le dijera sus confidencias. Ya había estado a punto de recibir los diarios de ella en Suiza.

---

[2] Wilhelm Höttl a Hildegard Beetz, Viena, 15 de febrero de 1944.

[3] Corinna Peniston-Bird y Emma Vickers, eds., *Gender and the Second World War: Lessons of War* (Londres: Palgrave Macmillan, 2017), 73.

[4] "The RSHA and Edda Ciano in Switzerland", 16 de junio de 1945.

La desestimación de Ernst Kaltenbrunner a los alegatos contra
Hilde reflejaban una desconfianza más grande en el clérigo, y no
sin razón. Los alemanes no confiaban por completo en que el padre
fuera de confianza y eso funcionó a favor de Hilde. "Mi misión
se está complicando",[5] recordó el padre Pancino. Cuando describió
esa misión, dijo:

> Edda Ciano posee los famosos diarios de su esposo, los cuales estaban
> tentando a Himmler, jefe de las ss. Himmler sabía que, en los Diarios de
> Ciano, él había transcrito con detalle las charlas que tuvo con Ribbentrop.
> El ministro de Relaciones Exteriores alemán había emitido juicios negati-
> vos sobre Hitler. Himmler quería acusar a Ribbentrop frente al Führer
> y estaba dispuesto a hacer cualquier cosa para obtener esos diarios.[6]

Al parecer, el padre Pancino trabajaba con la Amt VI, contrario a
las instrucciones de Mussolini, para entregar estos diarios a Kaltenbrunner y Himmler. Lo que nadie sabía bien era si la lealtad
del sacerdote estaba con Himmler o Mussolini. Este último quería
el control de los diarios con tanta urgencia como Himmler. Al
interior de los servicios de inteligencia alemanes existía la preocupación de que el padre Pancino escondiera los diarios (o partes de
ellos) si sus contenidos dañaban al fascismo italiano.

Los agentes de Himmler intentaron sobornarlo, ofreciendo al
sacerdote una cuantiosa suma de dinero (cien millones de liras) y
un boleto para cualquier lugar al que quisiera, a cambio de entre-
garles los diarios de forma directa. El equivalente actual a más de
cinco millones de dólares y un pasaje seguro fuera de Europa en
tiempos de guerra era tentador. Cuando el padre Pancino insistió
en quedarse en Suiza y seguir en contacto con Edda, tomando
una actitud pasiva, los agentes de la Gestapo fueron asignados

---

[5] Renzo Allegri, "Nel racconto di un sacerdote, una pagina di storia sconosciuta
riguardante Edda Ciano e suo padre Benito Mussolini", 11 de marzo de 2011.
[6] *Idem.*

a seguirlo con la esperanza de que los guiaría hacia los diarios. Si tenían oportunidad, sus instrucciones eran secuestrar a Edda.

"Una vez que Edda y yo escapamos de los espías alemanes —dijo el padre Pancino— nos encontramos en la punta de un gran árbol de roble. Nos forzaron a usar códigos secretos para hacer reuniones."[7] Si era una trampa para tranquilizar a Edda de que el padre Pancino estaba de su lado o si el artilugio era la evidencia de la doble misión que Kaltenbrunner sospechaba... no es claro. Pero el resultado de sentir que ella y el padre estaban juntos tratando de evadir la vigilancia de la Gestapo tuvo un efecto muy conveniente: le afirmó a Edda que podía confiar en su confesor.

A finales de la primavera Edda estaba lista para revelar su secreto al padre Pancino (o así fue como este contó la historia). El 15 de mayo Edda y el sacerdote se encontraron en el convento en la cima de la colina de Ingenbohl, donde permanecieron recluidos. Ahí, según la versión de posguerra de la historia del padre Pancino, Edda pasó al padre al menos una parte de los manuscritos originales.[8] El sacerdote los sacó del convento ese día y durante unos más los mantuvo escondidos en su habitación del hotel.

"¿Tuviste en tu poder los Diarios de Ciano?", le preguntaron después de la guerra. "Sí, aquellos famosos cuadernos estuvieron en mis manos varios días. Edda me los dio en el convento Heiliger Kreuz [Santa Cruz] para mantenerlos a salvo. Los escondí en mi habitación un tiempo y cuando se presentó la oportunidad, fui a Berna y los deposité en Credit Suisse. Solo aquellos que pronunciaran la contraseña de los tres números de fecha de nacimiento de Edda Mussolini podrían sacarlos."[9] La caja fue registrada a su nombre y el de Emilia Conte Marchi. Prometió que, si Edda era asesinada, él los publicaría después de la guerra y usaría el dinero

---

[7] *Idem.*

[8] Teniente Stewart French, "Hildegard Beetz, nee Burkhardt, SD Executive and Agent", entrevista a CIB, G-2, 12th Army Group, 18 de junio de 1945.

[9] Ray Moseley, *Mussolini's Shadow: The Double Life of Count Galeazzo Ciano* (New Haven, CT: Yale University Press, 2000), 244.

para apoyar a los niños Ciano. Y si tenía un poco de sentido común (seguro lo tuvo) haría copias de los diarios en los días en que los tuviera consigo.

¿Edda le dio al padre Pancino todos los diarios o solo una parte pequeña, ahora perdida? Nadie lo sabe con seguridad. A la fecha se cree que algunos de los diarios privados de Galeazzo Ciano siguen perdidos (tal vez destruidos en Roma en los días posteriores al voto del Gran Consejo; abandonados con la familia Pessina por Edda antes del escape o, tal vez, una parte sí se la dio a su confesor). Después el padre Pancino insistió en que los papeles que él depositó en Credit Suisse siguieron ahí hasta que Edda los recogió (o alguien los recogió por ella). Él insistió: "Fue Edda quien recogió los diarios".[10] Como veremos, incluso eso no es del todo cierto.

Hilde no sabía nada de esto en mayo. Estableció contacto con el padre Pancino, como le indicó Kaltenbrunner, pero su regreso a Suiza se retrasó por problemas con la visa. Los suizos habían señalado algo inusual, su solicitud de visa para reentrar fue retrasada y, al final, negada. Ahora se esfumaba cualquier oportunidad de que Hilde viera a Edda en persona. Al principio podría parecer que el padre Pancino había ganado: él se encargaría de la misión. Pero a principios de junio este fue víctima del escrutinio suizo y lo forzaron a regresar a Italia sin visa. De regreso en Italia siguió causándole problemas a Hilde. La fastidiaba con preguntas sobre el escape de Edda a través de la frontera, decía de forma intencionada que él sabía que ella sabía sobre eso. Insinuaba que tal vez debía sentarse con Edda y Hilde juntas para llegar al fondo de todo.[11] Por suerte, después el sacerdote regresó a su parroquia local en el norte

---

[10] Allegri, "Nel racconto di un sacerdote…".

[11] [Hildegard Beetz], reporte para el doctor Hügel, Cernobbio, 7 de junio de 1944, nota 53, Archivos de la Agencia Central de Inteligencia.

y quedó atrapado cuando los partisanos de la resistencia italiana cerraron las carreteras para viajar.

Fue un alivio temporal para Hilde. Guido Pancino estaba decidido a desenmascararla y ella sabía que tarde o temprano él conseguiría una visa para regresar a Suiza. Hilde estaba segura de que Edda hablaría. Ella no era el tipo de persona en que uno puede confiar en que no actuará de manera impulsiva. Y Edda no tenía todos los papeles con ella en Suiza. Emilio, obsesionado con Hilde y confiando en ella completamente, le había revelado en Lugano el secreto que solo Edda conocía: había más papeles y algunas joyas de Edda escondidas en Ramiola con el doctor Melocchi. ¿Qué pasaría cuando Edda le avisara al padre Pancino de *su* presencia?

No era el mejor momento de Hilde. Era joven y estaba muy asustada. Decidió que mejor haría un espectáculo de "descubrir" los papeles y las joyas en Ramiola antes de que el padre Pancino supiera sobre ellos a través de Edda y tuviera la oportunidad de usarlos en su contra ante Kaltenbrunner. A Hilde le hubiera gustado permanecer leal a Galeazzo y salvar todos los manuscritos, pero necesitaba algo para probar que seguía siendo leal a los nazis. No soportaría el tipo de "interrogación" que sufrió Emilio. Entregarlos no dañaría a nadie. Edda todavía tenía los diarios de la época de la Oficina de Relaciones Exteriores para publicar. Hilde sentía que su vida pendía de un hilo.

Tendría que montar un buen espectáculo de obtener evidencia nueva porque, a finales de marzo, los informes de inteligencia de Hilde habían asegurado a Wilhem Höttl que ningún papel se quedó en Italia, mientras que aquellos en Suiza ya estaban en las manos de terceras partes neutrales. El problema era que Höttl (su protector) ya no era su supervisor. Fue transferido a una asignación en Budapest y reemplazado por el doctor Klaus Hügel, un especialista en inteligencia, nacido en Suiza, experto en los servicios de seguridad nazi, asignado a unirse al general Harster y su teniente, Walter Segna, en Verona. El doctor Hügel no estaba enamorado de Hilde.

Hilde arregló recibir una "pista" el 22 de junio sobre la ubicación de algunos papeles desconocidos en Ramiola. De inmediato informó a Segna, pidiendo permiso para seguirla, y cuando la solicitud fue aprobada Hilde consideró que necesitaba como pareja al agente más estúpido de la oficina. Alguien demasiado tonto como para hacer las preguntas obvias. Eligió a un desdichado oficial italiano cuyo nombre es recordado solo como Radice.

Esa misma tarde Hilde y el agente Radice viajaron en automóvil a Ramiola para reunir la evidencia preliminar y pasaron el día siguiente persiguiendo pistas conectadas a la clínica. Hilde confesó que le costó trabajo que todo "pareciera difícil". Como era de esperarse, la pista fue sólida. Hilde reportó las buenas noticias al general Harster el 24 de junio en persona e informó más noticias prometedoras al general dos días después, el 26 de junio.

Todo parecía avanzar sin contratiempos. Luego, el 27 de junio, en una visita de regreso a Ramiola, Hilde se equivocó. Emilio le contó sobre los papeles y un código secreto. Hilde sabía que Edda usaba el seudónimo de condesa de Santos. Pero Emilio no esperaba que Hilde intentara recuperar los papeles, así que Hilde no sabía que Edda y el doctor Melocchi habían acordado que cualquier solicitud con la palabra secreta debía hacerse solo por escrito.

En la clínica podían reconocer a Hilde como una agente alemana porque ya había estado allí, así que la trampa fue enviar a Radice solo. Se anunció como el sobrino de un reconocido ginecólogo en Milán, el profesor Fossati. Estaba ahí como amigo y mensajero de Edda. Cuando Radice pidió al doctor los papeles en nombre de la condesa, el doctor Melocchi, tomado desprevenido, pidió ver la carta. Radice dejó escapar una mirada de sorpresa y el doctor de inmediato se dio cuenta de que había cometido un error colosal.

Días después Hilde y Radice intentaron de nuevo. Esta vez Radice regresó con una "carta" de Edda. El doctor, un partisano veterano, fue rápido. Pretendiendo que creía que la carta era genuina, explicó en su mejor manera conspirativa que los papeles ya no estaban en Ramiola. Por favor, dile a la condesa, agregó, que Emilio Pucci se los llevó a una casa familiar vacía en Florencia para mantenerlos a salvo.

Hilde tuvo que admirar el pensamiento frío del doctor. Sabía perfectamente bien que eso era puro cuento. Los papeles seguían escondidos en la planta eléctrica donde el doctor Melocchi los había guardado antes de que Edda y Emilio escaparan por la frontera. El problema de Hilde era que necesitaba "descubrir" esos papeles. El doctor Melocchi tendría que ser persuadido. Regresaron unos días a Verona para que Hilde "desarrollara" sospechas y armara un archivo del doctor y sus actividades partisanas. Esta vez Walter Segna decidió que iría con Hilde para supervisar la operación para el general Harster.

El viernes 30 de junio llegaron a la clínica en Ramiola, escoltados por un interrogador de las ss. Ambos cómplices de Edda, el doctor Elvezio Melocchi y su hermano y socio, el doctor Walter Melocchi, fueron advertidos para que consideraran con mucho cuidado su posición. Hilde informó a los hermanos que era una agente alemana y, manteniendo la trampa, les confió que el emisario de la condesa, el sobrino ficticio del doctor Fossati, ya estaba bajo arresto y siendo "interrogado". Los doctores se opusieron, pero la Gestapo los escoltó a Parma.

Un viaje a Parma con la Gestapo fue lo único que se necesitó para convencer a los doctores de que ya era suficiente. El doctor Elvezio Melocchi rápido entregó los manuscritos (los cuales incluían el diario de Mussolini de 1914 a 1918, el diario de Edda de su servicio en la guerra, algunas cartas personales pero sensibles políticamente de Mussolini hacia su hija, y un gran conjunto de materiales diplomáticos que documentaban los eventos que llevaron a la guerra en Europa continental) a cambio de la promesa de que no serían procesados por su apoyo a los partisanos. "Por qué tendría que sufrir tortura para proteger los papeles de un hombre que no me interesa y con quien no tengo obligación alguna", dijo Elvezio Melocchi en su explicación. No le debía nada a Galeazzo Ciano.

Hilde, ya bien parada ante su superior, apuntó otra victoria en su registro. Había encontrado el segundo escondite más grande de los papeles de Ciano y lo entregó a sus jefes nazis. Cuando Hilde se dio cuenta de lo que había en el paquete se sorprendió. Los reportes de inteligencia estadounidense grabaron esto en las entrevistas de posguerra: "Al tratar de proteger los papeles, Frau Beetz dijo que sabía de un paquete, los de Ramiola, los cuales pensó que eran insignificantes; cuando los encontraron, con horror se dio cuenta de que eran los más importantes ya que contenían información de Alemania".

Ahora los alemanes poseían (gracias casi por completo al trabajo de Hilde como agente) más de dos tercios de los documentos de Ciano. En enero entregó los papeles del pago anticipado al general Harster y sus superiores antes de que Galeazzo y Edda fueran traicionados con la cancelación de la Operation Conte. Estos comprendían los cinco o seis volúmenes que Edda y Galeazzo llamaban Conversaciones. Así, los alemanes recuperaban de la planta eléctrica en Ramiola: los dos diarios de la época de la Oficina de Relaciones Exteriores de 1937 y 1938 que Edda y Emilio no pudieron llevar cuando escaparon, los papeles que Edda y Galeazzo llamaban Germania, los documentos personales, familiares y las valiosas joyas que Edda había dejado. Hilde traicionó a los nazis cuando ayudó a Edda a escapar con la mayoría de los diarios actuales. Pero entregó el resto de los manuscritos a los alemanes precisamente porque Galeazzo y Emilio, dos enamorados, le habían confiado sus ubicaciones.

Así pues, algunas referencias en los papeles de Ramiola ponían a la familia Pessina en peligro. Hilde fue celebrada como una agente estrella y una traductora muy buena. Entonces le asignaron realizar un resumen rápido de los papeles para sus superiores.

El resultado tuvo un interés electrizante. De inmediato la enviaron a entregar los papeles a Zossen, al sur de Berlín. La sinopsis de inteligencia proveyó a los alemanes con la primera conexión entre Edda y sus amigos Tonino y Nora Pessina. Walter Segna y dos agentes hicieron una visita desagradable a casa de los Pessina en las semanas siguientes a la recuperación de los manuscritos. La aterrorizada familia negó cualquier conocimiento sobre cualquier papel y sobrevivieron al encuentro, pero ahora estaban en el radar de la Gestapo. Si Edda dejó cualquier papel final con Tonino Pessina en su escape por la frontera, nunca se recuperó. Si hubiera alguno, la familia Pessina podría ser perdonada por quemarlo en 1944, aunque sobre eso la historia es silenciosa.

Todo lo que Edda dejó en Suiza fueron los cinco diarios de la época de la Oficina de Relaciones Exteriores, de 1939 a 1943, además de tres grandes paquetes de papeles originales. Si se le cree al padre Pancino, al menos una parte de *estos* seguía en una caja de seguridad en Berna, Suiza (y él tenía el código). Parecía que los diarios de Galeazzo Ciano no iban a llegar a los Aliados.

Los papeles de Ramiola, como los papeles del pago anticipado, no estaban destinados a sobrevivir la custodia de la Gestapo. Hitler quería saber el contenido de los dichosos manuscritos del conde para evaluar el daño y decidir qué medidas tomar. Si Edda Ciano pensó que había algo en esos documentos para sobornarlo, eso necesitaba ser investigado. Luego los papeles serían destruidos.

Asignaron a Hilde para traducir al alemán el paquete Ramiola para los líderes nazis. Con su esposo en el frente en Rusia y su imposible regreso a Suiza, le dieron permiso de regresar a su casa familiar en Weimar, Alemania, y completar la traducción bajo la vigilancia de la Gestapo mientras cuidaba a su madre anciana. También le asignaron la tarea de traducir la segunda parte del diario de Mussolini, descubierto en Gran Sasso cuando fue liberado y que había sido copiado antes de regresárselo. Nadie en

Alemania se preocupó por las memorias de Edda cuando estuvo en los servicios de la Cruz Roja. Sus diarios no tenían importancia política.

De finales de junio o principios de julio hasta el 24 de agosto de 1944, cuando terminó el trabajo, Hilde permaneció en Weimar traduciendo los papeles. Cada noche, cuando terminaba la traducción de ese día, regresaba los papeles a las oficinas de la Gestapo, donde los ponían a salvo hasta la mañana siguiente.

CAPÍTULO 14
LA ESPOSA DEL BANQUERO
30 de julio de 1944-15 de agosto de 1944

A Hilde le llevaría hasta finales de agosto de 1944 terminar el trabajo sobre los temas más importantes. Ahora estaba oficialmente fuera de la cacería de Edda y los diarios restantes. Pero la búsqueda en Suiza se estaba poniendo intensa. La misión quedó en manos de otros agentes de la Gestapo justo cuando un nuevo grupo se unió a la cacería de lo que ahora llamaban los Diarios de Ciano.

La carrera internacional para encontrar los diarios de Galeazzo Ciano ese verano empezó con un curioso artículo de periódico. Los Aliados entraron a Roma el 4 de junio. El 30 de julio una nota prometedora apareció en el *New York Times*, reportando sobre un artículo reciente en la prensa italiana. Una de las últimas personas con las que Galeazzo Ciano había hablado en prisión era un periodista italiano, que aseguraba tener una copia de al menos una parte de los diarios del conde y su permiso para publicarlos. "De forma deliberada, grupos interesados están retrasando la publicación del diario del difunto conde Ciano, informó hoy el periódico comunista *L'Unità*."[1] El *New York Times* registró:

---

[1] Paige Y. Durgin, "Framed in Death: The Historical Memory of Galeazzo Ciano", tesis, Trinity College, 2012, 41.

Se dice que el diario, que Ciano mantuvo desde el principio de la guerra hasta su arresto el verano pasado, es uno de los documentos históricos más importantes de la Segunda Guerra Mundial. Se creía que su esposa se había llevado la única copia cuando huyó a Suiza, perseguida por órdenes de su padre, Benito Mussolini, para capturarla, viva o muerta. Pero *L'Unità* dijo que el diario estaba en Italia y fue escondido o eliminado por alguien que temía sus revelaciones.

¿Sería cierto? Galeazzo y Edda insistieron varias veces en que habían dejado copias de los diarios con amigos en Italia y Suiza, tal vez con la familia Pessina, con contactos en el Vaticano o la embajada española. Había insinuaciones prometedoras de que les dieron copias a Delia di Bagno y Christine Granville, quienes las enviaron por mensajería a la inteligencia británica. Esas declaraciones tal vez fueron una mentira desesperada. O los Ciano quizá tomaron las medidas necesarias para circular múltiples copias. Por un lado, dada la importancia que Edda y Galeazzo dieron a estos papeles no sería sorprendente que hubieran tenido la previsión de hacer copias. Por otro lado, no hay ningún registro público de que se haya encontrado alguna. Pero el hecho de que algunos extractos de los diarios *sí se publicaron* aquel verano en *L'Unità*, mientras los originales seguían en Suiza, sugiere que Galeazzo sí compartió algún material durante sus últimos días en la prisión Scalzi, donde escribió el borrador del prefacio póstumo para sus futuros lectores.

El artículo del *New York Times* se filtró en la comunidad de inteligencia. De pronto los Diarios de Ciano estaban en el radar de las operaciones de inteligencia de Estados Unidos. Y ese verano hubo una mujer (la esposa de un banquero) que estaba a punto de involucrarse en una de las misiones de rescate más asombrosas de la guerra: una misión para burlar a los nazis y salvar las últimas porciones sobrevivientes de los diarios del conde Ciano.

Aquel verano la misión de inteligencia estadounidense en relación con los diarios de Galeazzo Ciano fue un poco vaga y aleatoria. No había mucho al respecto, salvo el artículo del *New York Times* y la copia del periódico italiano, y entonces descendió en la lista de prioridades. Luego, a mediados de agosto, hubo algo que puso los Diarios de Ciano al frente y al centro. Ese mes las tropas aliadas se movieron al norte, hasta Florencia, y empujaron el retiro del Eje hacia las montañas. Zenone Benini (el amigo fascista que estuvo con Galeazzo Ciano y Hilde en prisión la noche anterior a su ejecución) fue arrestado y encarcelado. Durante su interrogatorio, su relación con Galeazzo y Edda pronto se volvió un factor crucial. Él sabía sobre los diarios y podría atestiguar la importancia de sus contenidos.

Los archivos internos del Departamento de Estado de Estados Unidos tenían el siguiente registro de Zenone Benini sobre los diarios y sus contenidos: "Los Diarios […] parecen ser el documento político individual más importante que existe sobre las relaciones exteriores italianas recientes".[2] Ahora el embajador estadounidense, Alexander Kirk, y el Departamento de Guerra[3] se metieron al asunto. Insinuaciones diplomáticas en Suiza eran el tema de la discusión interdepartamental. La cacería por los diarios de Galeazzo Ciano estaba en marcha. Ahora las preguntas eran: ¿Dónde tienen los suizos a Edda? ¿Dónde están los diarios? ¿Cómo persuadir a Edda de que se los diera a los estadounidenses?

Zenone Benini, arrestado en Italia y encontrándose en una posición difícil como fascista, demostró su cooperación con los Aliados. Aceptó ayudar y actuar como intermediario con Edda si podían entregarle una carta. Los reportes de inteligencia registraron: "Benini está convencido de que, como amigo de Ciano de toda la vida y asesor financiero de Galeazzo y Edda, puede persuadir

---

[2] Lorie Charlesworth y Michael Salter, "Ensuring the After-Life of the Ciano Diaries: Allen Dulles' Provision of Nuremberg Trial Evidence", *Intelligence and National Security*, 21, núm. 4 (2006): 568.

[3] Durgin, "Framed in Death…", 43.

a la última de poner el documento disponible a las autoridades aliadas. También está convencido de que Edda Ciano [...] no entregó los diarios a los alemanes, ya que los considera un instrumento de seguridad para ella y sus hijos tras el colapso de Alemania y del gobierno fascista republicano de Italia".[4] Estas fueron noticias bien recibidas por los Aliados.

Ante la petición de Estados Unidos, Zenone escribió una carta para Edda el 15 de agosto. "Estuve en la prisión de Verona del 30 de noviembre al 30 de enero y estuve en contacto con Galeazzo a pesar de la estricta seguridad de los guardias",[5] Zenone dijo a Edda. "Pasé la última noche trágica [...] con él, y quiero llevarte sus últimos deseos, sus palabras y su consejo."[6] El gobierno de Estados Unidos esperaba que Edda confiara en el antiguo amigo de su esposo y, al final, aceptara entregarle los diarios de Galeazzo.

El problema era que nadie (ni los alemanes ni los estadounidenses) sabía con exactitud dónde escondían a Edda los suizos o cómo llevar la carta hasta ella, pues estos no querían problemas con su incómoda refugiada política. Los alemanes esperaban encontrar a Edda para arreglar su desaparición permanente. La Gestapo llevaba planeando secuestrarla desde la primavera y los agentes consideraban de forma ominosa que "sería suficiente con que la condesa se alejara diez kilómetros del convento" para eliminar con efectividad el problema de Edda. Lo único que la había salvado hasta ahora era que seguía encerrada ahí. Los estadounidenses ahora estaban determinados a localizarla también y obtener los Diarios de Ciano antes de que los alemanes los destruyeran.

---

[4] Charlesworth y Salter, "Ensuring the After-Life of the Ciano Diaries...", 578.
[5] Durgin, "Framed in Death...", 43.
[6] *Idem.*

LA ESPOSA DEL BANQUERO 221

Encerrada de incógnito durante más de medio año, mientras servicios de inteligencia rivales la cazaban, y despreciada por sus guardianes suizos, la salud mental de Edda estaba colapsando para el verano de 1944. Vivía (y con razón) aterrada de que la Gestapo lastimara a los niños. Tenía depresión, ansiedad, poco dinero y nostalgia por Italia. Las autoridades federales suizas estaban cada vez más preocupadas por los riesgos de seguridad que planteaban el potencial para una pesadilla diplomática internacional. Tal vez ahora sabía que Emilio se había enamorado de Hilde. Uno espera por el bien de Edda que no lo haya sabido. Pero se estaba desmoronando bajo la presión acumulada.

Edda era fuerte. De hecho, su valor había sido nada menos que asombroso a lo largo de toda la horrible experiencia. Pero la carga psicológica era inmensa. Llevaba desde enero viviendo como la huésped incómoda, empobrecida, bajo arresto domiciliario dentro de un convento. Le confiscaron sus cuentas bancarias y bienes inmuebles en Italia y vivía como prisionera virtual en Suiza. Seguía procesando las complejas repercusiones emocionales de la ejecución de Galeazzo y el rol que su padre jugó en ello. Estaba aislada de todos en el mundo exterior, excepto por el agente de su padre, el falso padre Pancino. Le habían quitado la custodia de sus hijos por sus errores como madre. Y todo el mundo la odiaba: era la hija de Mussolini.

En algún momento de julio, justo antes de que la historia apareciera en el *New York Times*,[7] la transfirieron del convento a un hospital de salud mental de alta seguridad, una clínica psiquiátrica de corta estancia cerca de Monthey que su hijo Fabrizio describió como "manicomio provincial". La decisión de mover a Edda al Hospital Psiquiátrico Malévoz, bajo la dirección del renombrado psiquiatra André Repond,[8] fue planeada por las autoridades federales

---

[7] Ray Moseley, *Mussolini's Shadow: The Double Life of Count Galeazzo Ciano* (New Haven, CT: Yale University Press, 2000), 244.

[8] "André Repond, Psychiatrist, Headed World Health Unit", obituario, *New York Times*, 15 de marzo de 1973, 46.

suizas, en parte para colocarla en una instalación más segura, donde la Gestapo no pudiera alcanzarla. Pero también fue la aceptación tácita de que Edda no estaba superando la situación.

En Monthey, a pesar de la naturaleza lujosa de las amenidades de la clínica privada, Edda era más miserable que antes. Las condiciones estaban reglamentadas de manera muy severa. Emilio seguía recluido y, aunque tenía prohibido ver a Edda en persona, estaba decidido a ayudarla. Sí, quizá se había enamorado de Hilde, "la que gobernaba sobre todos los hombres", pero él era cortés y se consideraba un caballero. Y Edda estaba en un verdadero problema.

A finales del verano de 1944 Emilio vivía en Friburgo, una ciudad amurallada medieval enclavada en un acantilado sobre el río Saane, como a treinta kilómetros al suroeste de Berna, la capital suiza. Susanna Agnelli y su amigo consiguieron los fondos para liberarlo del campo de confinamiento, pero aunque Emilio estaba bajo vigilancia policial, había sido asignado para enseñar a niños en edad escolar como trabajo de contribución en tiempos de guerra.

Los suizos no podían decidir qué hacer con el problema de Emilio Pucci. Un día le aseguraron que le permitirían reunirse con los niños de Edda y Ciano en Monthey. Al día siguiente había preocupaciones de la inteligencia de que Emilio estuviera trabajando como espía alemán o británico, cualquiera de las dos opciones impedía su contacto con Edda.[9] Hasta el mes de agosto, Emilio, Susanna y Hilde, en comunicación furtiva y sin saber del creciente interés estadounidense en los papeles, seguían tratando de conseguir un trato en el que se entregaran los diarios de Galeazzo a los británicos a cambio de la seguridad física y financiera de Edda y los niños, y ninguno entendía por qué los suizos estaban

---

[9] Carta de Hildegard Beetz, 25 de febrero de 1944, nota 46.

tan recelosos. Mientras los suizos debatían, Emilio permaneció bajo la vigilancia de un equipo dirigido por un hombre llamado Werner Balsiger, un oficial de policía altamente posicionado en Berna, cuya esposa, se decía, espiaba para los estadounidenses.[10]

Si todo esto suena complicado, así era la realidad de la inteligencia en tiempos de guerra de la Suiza "neutral". Suiza era el nexo natural del espionaje porque permitía la pretensión de la indiferencia. Si el lugar más oscuro en el infierno de Dante estaba reservado para aquellos que en tiempos de crisis moral permanecían neutrales, aquí había un país completo atrapado en el infierno (o trabajando para mantener las apariencias). Porque no todos en Suiza eran neutrales. Los Aliados y los del Eje realizaban operaciones esenciales en el país y en especial en Berna. Los que se encontraban en el país durante la guerra parecían siempre tener conexiones con matices nacionales e internacionales. Si eran refugiados europeos que vivían prófugos, por lo general tenían títulos. Si eran estadounidenses, inevitablemente tenían grandes bolsillos o posiciones de gobierno. A menudo sus lazos eran trasatlánticos. Para atestiguarlo: Emilio Pucci era un noble italiano educado en el Reed College, en Oregón. Susanna Agnelli era la hija de un poderoso magnate italiano y de una princesa italiana (cuya madre era estadounidense).

Para aquel momento, finales de agosto de 1944, el asunto que más presionaba a Emilio y Susanna era el hecho de que Edda Ciano estuviera encerrada de manera injusta en un manicomio en Monthey. Sus amigos estaban de acuerdo en que eso era por completo inaceptable. Claro, la pobre Edda era miserable. Los suizos solo necesitaban permitir mejores condiciones. Emilio y Susanna se dirigieron hacia una nueva y formidable aliada: la madre de Susanna.

Virginia Agnelli era una fuerza de la naturaleza. Como su madre nacida en Estados Unidos, Jane Campbell (una abuela que

---

[10] Entrevista a Jacqueline de Chollet en 2020.

Susanna recordaría como alguien que "decía cosas atroces que hacían temblar a la gente, pero podía hacer la vida de cualquiera divertida si ella decidía ver por esa persona"),[11] Virginia fue bellísima en su juventud. Como una viuda de mediana edad (tenía cuarenta y cinco años en ese momento), Virginia era segura, arrogante, rica y muy sexy. Una vez la engañaron para que volviera a Roma, con resultados desastrosos y peligrosos. Eugen Dollmann también había jugado el rol de caballero de brillante armadura, ayudándola a huir, y no cometería el mismo error de volver a la Italia fascista. Ahora Virginia estaba cómoda y a salvo en un refugio aristocrático, reunida con al menos tres de sus hijas: Susanna, Maria Sole y Clara.

Virginia Agnelli era una luminaria social en Suiza, como había sido en Italia, y estaba extraordinariamente bien conectada. Estaba decidida a ayudar a la amiga de su hija, Edda Ciano. Gracias a su madre estadounidense, Virginia era un punto de contacto natural entre la comunidad estadounidense expatriada en Suiza y los círculos aristocráticos italianos. Y en el centro de la élite de la comunidad estadounidense expatriada en Suiza estaba la esposa de un banquero llamada Frances de Chollet.

Frances de Chollet nació como Frances Winslow en una familia patricia de Nueva Inglaterra en 1900. En medio de la Segunda Guerra Mundial, terminó en Suiza de forma tortuosa. De joven, Frances se casó con Boies Penrose II, un hombre formidable, bien conectado, con una mandíbula cuadrada fija y gran influencia política. Su boda salió en la columna de sociales del *New York Times* y su divorcio en 1936 fue igual de famoso, en una época cuando ser divorciada era un escándalo. Frances y Louis de Chollet, un banquero suizo y barón con título, se casaron poco tiempo después.

---

[11] Susanna Agnelli, *We Always Wore Sailor Suits* (Nueva York: Bantam Books, 1975), 107.

Aunque el divorcio con Penrose estableció la custodia de la hija adolescente a Frances y le dio al padre la custodia del hijo pequeño, la familia pronto volvió a las páginas de los escándalos sociales. Boies Penrose se opuso de manera enérgica a la negativa de Frances y Louis (quienes para esa época ya tenían un niño pequeño) de volver a Estados Unidos cuando empezó la guerra en 1939. Haciendo justicia por su propia mano, secuestró a su hija. El caso de la custodia de la niña con su exmarido (el cual Frances perdió) estableció una búsqueda de la "chica Penrose" y otra vez apareció en todos los periódicos. La policía registró los trasatlánticos entrantes con órdenes de arresto en la mano, seguidos por periodistas y flashes de cámaras de bulbos, en medio de gran especulación y drama.

Las dudas de Penrose quizá no estaban fuera de lugar, aunque sus métodos fueron inquietantes. Louis de Chollet, que trabajaba en París a nombre de sus antiguos clientes de la Ciudad de Nueva York, la famosa firma de corredores de bolsa Halle & Stieglitz, estaba moviendo fondos (en especial fondos judíos) fuera de la capital francesa antes de la guerra relámpago (*Blitzkrieg*) de Hitler, bajo la pantalla de operar una "oficina de información". La familia regresó a París después del juicio en Nueva York, llegando solo unos días antes de la caída de Francia, y su segunda hija nació durante la ocupación nazi. Cuando las actividades financieras de Louis se volvieron demasiado peligrosas en 1941, Louis, Frances y sus dos hijas pequeñas huyeron de Francia al llamado del consulado suizo, cruzando la última parte de la frontera caminando. Regresaron a Friburgo, Suiza, la sede de la aristocrática familia de Chollet por siglos.

Ahí Frances y Louis de Chollet se instalaron en una mansión en ruinas que pertenecía a la familia, conocida en la región como Le Guintzet. A diferencia de Susanna Agnelli y Edda Ciano, Frances no llegó como refugiada. Llegó como la esposa estadounidense de un barón y pronto dio una nueva vida a la finca y los jardines descuidados. Luego la pareja empezó a ofrecer fiestas espectaculares.

Eran fiestas maravillosas. En Le Guintzet, Frances creó a su alrededor un estridente "salón" en tiempos de guerra frecuentado por artistas, refugiados internacionales, comandantes de los Aliados, otros estadounidenses y expatriados. A los locales les disgustaba lo que sucedía en esa casa.. Siempre había gente riendo e intercambiando parejas. Hubo rumores de *socialite*s drogados desnudándose. El matrimonio de Frances y Louis ya se estaba desmoronando, y Louis tenía un ojo alegre que rivalizaba con el de Galeazzo Ciano. Las fiestas nocturnas en casa no hicieron nada para aliviar esas tensiones.

También había otros rumores… más serios. Muchos de los que iban y venían tenían conexiones (conocidas y desconocidas) en el sector de la inteligencia aliada. Le Guintzet fue conocida como la casa de los espías y, tal vez de forma inevitable, no pasó mucho tiempo antes de que Frances de Chollet estuviera metida en el mundo del espionaje como una agente accidental, dirigida por Allen Dulles. Su asignación: los Diarios de Ciano.

CAPÍTULO 15

LA CASA DE LOS ESPÍAS
14 de agosto de 1944-15 de octubre de 1944

Sin querer, Virginia, la madre de Susanna Agnelli, metió a Frances de Chollet en la cacería de los Diarios de Ciano.

Cuando Frances y Louis fueron obligados a huir del París ocupado en 1941, Le Guintzet era una enorme finca cerrada con más de una docena de habitaciones separadas en dos grandes alas, situadas sobre cavernosos sótanos de trabajo. Enclavado en la cima de una colina fuera de Friburgo, con vistas a los Alpes nevados a la distancia, el lugar era remoto y privado.

En el invierno de 1944, de un modo muy absurdo, Virginia Agnelli fue arrestada en Italia por los fascistas. Cuando tuvo una segunda oportunidad huyó a Suiza, ayudada por el mismo Eugen Dollmann que apoyó a Edda y Galeazzo a organizar su infortunado vuelo a Múnich. Ese verano de 1944 Virginia cruzó la frontera solo con sus joyas, las cuales eran famosas por su esplendor. Necesitaba a alguien dispuesto a "comprar" las gemas, que le diera los fondos por anticipado para vivir en Suiza hasta que sus vastos bienes inmuebles italianos, parte de la dinastía Fiat, fueran liberados. Louis de Chollet, quien hizo su carrera en tiempos de guerra en París sacando fondos a través de las fronteras, estaba trabajando en Suiza como banquero. Estuvo de acuerdo en darle fondos a Virginia y conservar las joyas. Jacqueline de Chollet, la hija más grande de Frances y Louis, tenía seis años en 1944 y recuerda a su madre usando las joyas Agnelli durante la guerra.

Una rápida amistad brotó al final del verano entre Frances y Virginia. Quizá se conocieron antes de la guerra, en algún bar clandestino de la alta sociedad como Deauville o París. Tal conexión entre las dos familias no sorprendió a nadie. Se movían en los mismos círculos sociales. En el verano de 1944, en Suiza, las dos mujeres se conocieron después del vuelo de Virginia a través de la frontera. Las dos, de mediana edad, tenían puntos en común. La madre de Virginia era estadounidense y, como Frances, Virginia había peleado una batalla de custodia violenta y muy publicitada, en su caso contra su millonario suegro por sus siete hijos. Al menos tres de las ahora hijas crecidas de Virginia (Clara, Maria Sole y Susanna) estaban en Suiza y las tres eran visitantes frecuentes en Le Guintzet. Frances y sus hijas también pasaban largas tardes en el jardín de la familia Agnelli, donde había fiestas para niños.[1]

Virginia y las tres hijas Agnelli pronto se volvieron parte del salón en Le Guintzet. La casa, dotada de personal a la manera de una gran finca de campo con jardineros, cocineros, criados de librea, amas de llaves, niñeras y mayordomo, estaba llena de invitados, algunos iban y venían, pero otros se quedaban como residentes semipermanentes, a veces casi inamovibles.

Los artistas visitantes bosquejaban en los jardines y pintaban retratos de las dos hijas de Chollet, rostros serios de quienes sufrían bajo la regla de hierro de una niñera inglesa nada agradable. La familia también alojaba a otros niños, incluyendo una sarta de jóvenes refugiados de guerra de los campos suizos. La mayoría eran niñas huérfanas cuyos padres habían trabajado para la resistencia y los habían separado de ellas en su vuelo a través de la frontera o niñas cuyos padres judíos habían muerto en los campos de concentración.

---

[1] Entrevista a Jacqueline de Chollet en 2020.

En el piso de arriba, en las habitaciones, estaban los aristócratas. Para la gran cólera de Frances, Marie Thérèse, la condesa de Monléon, se mudó a una de las habitaciones y se negó a irse, pasando sus días bebiendo martinis de vodka en la cama y fumando un cigarrillo tras otro.[2] Acompañando a la condesa estaba su hija de treinta y un años, la princesa Roselyne Radziwill, esposa de un hombre noble polaco, el príncipe Stanislaw.[3] La condesa odiaba a Frances, un hecho que, tal vez, no era ajeno a la relación que surgió entre Roselyne y el esposo de Frances, Louis. Frances, humillada, sufría no solo a la amante más joven en la casa, sino a la arrogante madre proalemana de la amante, quien con calma advertía a Frances que, cuando los alemanes llegaran, sería feliz denunciándola.

Había una docena de habitaciones y casi nunca estaban vacías. Frances y Louis mantenían un libro de visitas en la finca, y era común que cinco o seis parejas fueran a fiestas de coctel o de fin de semana. Pero casi todos los que iban y venían tenían alguna conexión, de una u otra manera, con el comando militar aliado o con sus operaciones de espionaje. Jacqueline, la hija de Frances, lo dijo de forma simple: "La mayoría de los visitantes [...] estaba afiliada, de alguna manera, con la inteligencia británica o estadounidense",[4] aunque muchos de los más experimentados espías firmaban solo sobrenombres imaginarios o se negaban a escribir. El libro de visitas en Le Guintzet registró las idas y venidas de mujeres y hombres bien relacionados, como[5] Victor Seely, Rudolph de Salis, el general Raymond Duval y su esposa Jeanine, el coronel George Banshawe, el coronel Younghusband, Donald Bigelow, Phyllis B. Legge y Barnwell R. Legge.

Expertos de otros tipos también pasaron a través de esas puertas, con sus conexiones para los servicios de inteligencia. En esa

---

[2] Manuscrito privado, cortesía de Jacqueline de Chollet, 2021.

[3] Entrevista a Jacqueline de Chollet en 2020. El matrimonio de Chollet terminó en divorcio en 1950 y Louis se volvió a casar en 1952, según su hija.

[4] Manuscrito privado, cortesía de Jacqueline de Chollet, 2021.

[5] "Libro de visitas" de Le Guintzet, cortesía de Jacqueline de Chollet.

época la psiquiatría suiza estaba dominada por el doctor Carl Jung, quien tenía lazos cercanos con la inteligencia de Estados Unidos a través de una agente llamada Mary Bancroft, su paciente. Durante la guerra, Mary fue la amante del jefe de espías estadounidense Allen Dulles, uno de los visitantes a Le Guintzet, quien no quiso registrar su presencia, pero a quien Jacqueline recuerda. Después, Allen Dulles dijo que Carl Jung, a quienes los estadounidenses llamaban por su nombre secreto Agente 488: "Es probable que nadie, nunca, sepa lo mucho que contribuyó el profesor Jung a la Causa Aliada durante la guerra, viendo gente que estaba conectada de alguna manera con el otro lado".[6] El libro de visitas en Le Guintzet del periodo de guerra incluye una referencia encriptada a "el doc", quien la familia piensa que puede ser Carl Jung. De hecho, los huéspedes incluyen a otros de los famosos pacientes del doctor.

Entre los invitados había demasiadas autoridades suizas que a veces eran poco menos que neutrales. Otro huésped regular en el libro de visitas era el amigable jefe de la policía para el Ministerio Público Federal Suizo, el mismísimo Werner Balsiger, quien estaba a cargo de la vigilancia de la reclusión de Emilio Pucci. Frances de Chollet le dijo a su hija después de la guerra que la esposa de Werner proveía inteligencia a los estadounidenses.

No es de sorprender, entonces, que esa casa de los espías, con sus jardines amurallados y extraños visitantes, generara reacciones de sorpresa o sospecha.

Frances se involucró en el asunto de los diarios en algún momento del final del verano de 1944. Ese verano Edda seguía atrapada en

[6] Christopher Dickey, "The Shrink as Secret Agent: Jung, Hitler, and the OSS", *Daily Beast*, 22 de octubre de 2018; "Remembering Jung", Kairos Film Foundation, 2016; Deirdre Bair, *Jung: A Biography* (Boston: Back Bay Books, 2004), 493, citado en la tesis doctoral de Gord Barentsen titulada "Romantic Metasubjectivity: Rethinking the Romantic Subject Through Schelling and Jung", (ref. 4784), Western University, 2017, x, n. 2.

el hospital psiquiátrico de Monthey, desesperada e infeliz. Emilio Pucci seguía internado como tutor de escuela no muy lejos de Friburgo. Hilde estaba de regreso en Weimar, traduciendo el paquete de los diarios de Galeazzo para el Reich, y Emilio y Susanna seguían trabajando juntos para mantener a Edda y el resto de los diarios a salvo de la Gestapo.

La presentación entre Frances y Emilio Pucci sucedió en algún momento al final de ese verano. Fue su "gran amiga" Virginia Agnelli quien arregló para que se conocieran en Morat, un pequeño caserío a orillas de un lago justo al norte de Friburgo,[7] donde Emilio estaba detenido. En específico, el propósito de la presentación era que Frances conociera a Edda Ciano.

¿Frances de Chollet solo tenía curiosidad por conocer a la tristemente famosa hija de Benito Mussolini? Virginia, que conoció a Edda en Roma y pensaba que Frances (quien consideraba al jefe de la policía Werner Balsiger como amigo) estaba en mejor posición para ayudar a Edda, ¿solo quería presentarlas para que Frances ayudara a Edda a conseguir unos términos de internamiento más compasivos? ¿No es una coincidencia que Frances, la anfitriona social de la casa de los espías, se involucrara en un emergente drama de inteligencia?

La argumentación para que Frances terminara siendo una operativa establecida en Suiza antes de agosto de 1944 es circunstancial, pero fascinante. Allen Dulles llegó a Suiza a finales de 1942 y durante su tiempo como jefe de espías en Berna puso por rutina en su red de inteligencia a estadounidenses bien acomodados, en especial mujeres. ¿Frances fue una de estas mujeres desde el principio? Su hija Jacqueline recuerda que, durante la guerra, su madre la enviaba a hacer extraños mandados. En una ocasión Frances envió a su pequeña a la estación de trenes para recoger a un caballero que, le explicó, tendría un portafolios particular. Con frecuencia, en la mansión de los de Chollet vivían refugiados a escondidas.

---

[7] Entrevista a Jacqueline de Chollet en abril de 2020.

Jacqueline también recuerda con claridad que su madre iba en bicicleta todos los días a la estación de trenes con su querido perro salchicha Badsy en la canastilla del frente, y viajaba a Berna y de regreso por algunos negocios inexplicables. Frances obtuvo a Badsy en 1937, cuando la familia vivía en el hotel Ritz, en París, y se volvieron inseparables. Una vez, cuando su madre no pudo llevar al perro, Badsy trotó solo hasta la estación y se subió al tren a Berna, donde apareció expectante en el elegante hotel Schweizerhof buscando a su dueña. Que el perro fuera reconocido de inmediato en el lobby nos da una pista de que era al menos uno de los destinos frecuentes de Frances.

Ahí en Berna, en el lujoso hotel, Frances fue parte de un grupo de amigos estadounidenses que disfrutaban largos almuerzos. Ese grupo incluía tres hombres que estaban al centro del servicio de inteligencia de Estados Unidos: Allen Dulles, la cabeza de la oss, y sus dos colegas Donald Bigelow y Gerald Mayer. Frances conocía a Allen Dulles y a su esposa Clover desde antes de la guerra y parece que había otra amiga estadounidense en común en Suiza, Jane Cabot, quien reconectó con él y Frances en Berna al poco tiempo de haber llegado. Allen era un hombre carismático y atractivo que exudaba energía sexual y Frances al menos sintió que había química. Pero Clover era una compañera bostoniana y Frances la consideraba una antigua amiga, lo cual significó que cualquier relación con Allen Dulles estaba fuera de cuestión. Frances conocía muy bien el dolor y la vergüenza de un esposo mujeriego y la relación extramarital de Allen con Mary Bancroft era todo menos un secreto de estado.

Gerald Mayer, el socio cercano y mano derecha de Allen Dulles en la Oficina de Guerra y en la oss, firmó el libro de visitas en la casa de los espías de manera regular desde, al menos, la primavera de 1944 en adelante.[8] Allen nunca firmó el libro. Pero también se unió a las fiestas en la casa.

---

[8] Quibble, "Alias George Wood", Archivos de la Agencia Central de Inteligencia.

¿Frances se involucró en el asunto de los Diarios de Ciano por casualidad o designio? La pregunta permanece sin respuesta y tal vez nunca lo sabremos. La solicitud de Ley de Libertad de Información no ha encontrado archivos desclasificados de la OSS relacionados con Frances o Louis de Chollet, aunque este hecho no es determinante. Con frecuencia los archivos personales se cierran durante sesenta o más años después de la muerte del individuo, lo cual significa que los investigadores no tendrán respuestas (si es que existen) hasta algún momento después de 2050.

Lo que se sabe es que Frances de Chollet conoció a Emilio Pucci en Morat en algún punto de finales de agosto o, a lo mucho, en los primeros días de septiembre. Y de inmediato siguió una extraordinaria reunión (el libro de visitas de Le Guintzet la registró el 4 de septiembre de 1944) que solo pudo ser parte de un plan coordinado para tratar el tema de la seguridad de Edda y el destino de los Diarios de Ciano.

Esa noche los huéspedes en la casa de Frances y Louis de Chollet incluyeron a Emilio Pucci y representantes de delegaciones italianas y estadounidenses, de los servicios de inteligencia de Estados Unidos y de la familia Agnelli. Gerald Mayer, el teniente de Allen Dulles, estaba presente. Allen, con su reluctancia a firmar el libro, tal vez fue un asistente no registrado. Del lado italiano estaba Giorgio Bombassei Frascani de Vettor, considerado confiable antifascista por los estadounidenses, y su esposa, Eli. Phyllis Legge, la esposa del agregado militar de Estados Unidos en Suiza, asistió (y su esposo seguro es otra persona presente, pero sin registro), también Clara von Furstenberg, la hermana de Susanna Agnelli y compañera de casa en Lausana. Clara era la esposa del príncipe Tassillo von Furstenberg, nacido en Alemania, y su nombre aparece en los archivos de la OSS de tiempos de guerra como ayudante de los Aliados.[9]

---

[9] "Subject: The Zimmer Notebooks", 28 de junio de 1946.

Fue una fiesta pequeña y estratégicamente selecta. Cada uno de los invitados tenía conexiones establecidas con la OSS en Suiza o con Edda Ciano. Tal reunión no pudo ser accidental. Emilio y las mujeres Agnelli, Susanna en especial, después de la súplica de Hilde y la visita dramática a Lausana a principios de ese año, habían trabajado, aunque de forma infructuosa, para organizar la transmisión de los diarios a los Aliados como parte de un trato para mejorar la situación financiera y doméstica de Edda y para prevenir un secuestro por parte de la Gestapo. Tras ser obstaculizados por el agente británico en Berna, nada era más natural que ellos llegaran al servicio de inteligencia de Estados Unidos usando las conexiones estadounidenses de Virginia Agnelli y su amistad con Frances. Ahí encontraron una audiencia receptiva. Los estadounidenses estaban trabajando de manera activa para establecer contactos personales con amigos de Edda en agosto, después de la publicación del artículo del *New York Times*. Después Emilio diría que cuando conoció a Frances de Chollet aquel verano, los estadounidenses ya le parecían muy interesados en los Diarios de Ciano.

Desde esa primera reunión, a principios de septiembre en Le Guintzet, las cosas progresaron muy rápido. Hubo más reuniones entre Frances, las mujeres Agnelli, los estadounidenses y ahora también los representantes británicos en Suiza. El 11 de septiembre Frances pasó la noche con Virginia Agnelli y otra de sus hijas, la hermana menor de Susanna, Maria Sole. El 26 de septiembre Frances pasó la velada con Catharine Cabot, la suegra de su amiga Jane Cabot Reid, quien conectó a Frances con Allen Dulles en Suiza. En la fiesta de esa noche también estuvieron H. Norman Reed, con el consulado británico, y Phyllis y Barnwell Legge, con la milicia estadounidense.

Y como siempre, hubo sombras de huéspedes que fueron y vinieron a la casa de los espías sin ser registrados. Frances de Chollet estaba a punto de hacerse cargo, estuviera lista o no, de una de las misiones de recuperación encubiertas con más consecuencias de la Segunda Guerra Mundial.

CAPÍTULO 16
MI NUEVA AMIGA
15 de octubre de 1944-9 de diciembre de 1944

La misión empezó a ponerse intensa en octubre.

En el otoño Edda estaba abatida y seguía encerrada en la clínica de Monthey. Para octubre Emilio Pucci había conseguido que lo transfirieran (con el apoyo directo o indirecto del jefe de la policía suiza y amigo de Frances, Werner Balsiger) a Estavayer-le-Lac, el caserío al lado del lago, un poco al oeste de Morat, en la costa del lago Neuchâtel. Emilio vivía como a treinta kilómetros al norte de Friburgo; la clínica-prisión de Edda estaba a unos cien kilómetros en la otra dirección, al sur de Friburgo.

Nada en la geografía hacía el contacto una tarea fácil. Virginia Agnelli, decidida a ayudarles, le pidió a Walter Balsiger que la cambiara. De seguro presionó al oficial suizo para que moviera a Edda "a una casa o departamento en algún lugar de la Suiza francesa"[1] donde pudiera tener a sus hijos con ella. El director de la clínica, el doctor Repond, reconociendo la "profunda depresión"[2] de Edda y las presiones del largo tiempo de internado, apoyó con todas sus fuerzas la solicitud y llegó al punto de viajar con ella a Lausana a la casa de las Agnelli, donde, por un periodo

---

[1] "Edda Ciano: Una Agnelli l'aiuto a 'sopravvivere' in Svizzera", s.l., s.f.
[2] *Idem.*

corto en octubre, le permitieron a Edda (aún de incógnito por su seguridad) quedarse en una visita familiar.

Ahí Edda y Emilio se reunieron en persona. No se habían visto desde aquella noche, hacía tres cuartos de año, cuando Emilio le entregó a Edda su pistola cargada y la dejó huir a través de la frontera militarizada. Desde entonces, Galeazzo había sido ejecutado y Emilio capturado y torturado.

En esos pocos días juntos, por fin capaces de hablar con libertad, Edda y Emilio consideraron qué hacer con los diarios de Galeazzo. ¿Debería intentar negociar un trato con los estadounidenses? Preguntó Emilio a Edda. Le explicó que él y Hilde ya habían fracasado en interesar al servicio secreto británico. Emilio solo se había encontrado con Frances de Chollet un puñado de veces, pero le aseguró a Edda que los estadounidenses estaban entusiasmados. ¿Debía regresar a la casa de los espías e intentar una transferencia? Edda no estaba segura sobre qué hacer con los diarios ni si podía confiar en los estadounidenses. Pero estuvo de acuerdo en que Emilio tanteara el terreno. Ahora, ella también tenía curiosidad de conocer a esa mujer llamada Frances de Chollet, la anfitriona de los espías.

A finales de octubre y de la corta estancia de Edda con la familia Agnelli en Lausana, Allen Dulles se involucró oficialmente en el asunto. No es imposible que Frances, una invitada frecuente a la casa Agnelli, primero fuera presentada a Edda durante esa visita y haya alertado a Dulles. Telegramas fueron y vinieron a través del Atlántico y Dulles recibió instrucciones formales para intentar obtener los diarios en posesión de Edda. La solicitud oficial para Berna llegó vía telégrafo el 22 de octubre de 1944: "Nos gustaría mucho tener este diario o un negativo de él. [¿]Podría hacer arreglos para obtenerlo[?]".[3]

---

[3] Lorie Charlesworth y Michael Salter, "Ensuring the After-Life of the Ciano Diaries: Allen Dulles' Provision of Nuremberg Trial Evidence", *Intelligence and National Security*, 21, núm. 4 (2006).

Franco Bellia era el cónsul italiano y conocía a Edda en persona. Cuando le preguntaron, Bellia informó a Allen Dulles que pensaba que Edda mantenía los diarios con ella. Esto fue un cambio con el punto de vista del diplomático italiano Magistrati, el cuñado de Edda, y sorprendió a Dulles. Por ahora, la inteligencia estadounidense sabía que Edda estaba encerrada en la clínica en Monthey y estaban seguros de que llegarían a ella. Lo que necesitaban era alguien en quien confiar. Alguien capaz de persuadir a Edda para entregar los diarios a la inteligencia estadounidense con discreción.

Fue una complicada misión de inteligencia y política. Suiza era un lugar pequeño (el centro de las operaciones espías en tiempos de guerra en Europa) y era difícil operar en cualquier capacidad oficial sin que otros servicios de inteligencia lo notaran. Para muchos (en particular para la resistencia antifascista que ayudaba a los Aliados detrás de las líneas al norte de Italia), Edda Ciano seguía siendo una *persona non grata*. Los estadounidenses no podían ser vistos o sospechosos de estar en contacto directo con la hija de Mussolini, en especial cuando la razón del contacto no podía ser discutida de manera abierta porque las redes de confianza eran demasiado frágiles. Incluso contactar a Edda era riesgoso. El gobierno suizo daba pasos para asegurar que su ubicación no se conociera públicamente. Al mismo tiempo, los Aliados ya estaban proyectando para Núremberg y los juicios de posguerra que serían inevitables. Parecía muy probable que los Diarios de Ciano incluyeran evidencia muy clara de los crímenes de guerra.[4]

Allen Dulles necesitaba un intermediario para esta nueva misión oficial. La relación de Emilio y sus comunicaciones con Hilde no

---

[4] Andrea Niccoletti, "The Decline and Fall of Edda Ciano", *Collier's Weekly*, 20 y 27 de abril de 1946.

pasaron desapercibidas y, aunque Emilio parecía capaz de persuadir a Edda de que entregara los diarios, ni los suizos ni los estadounidenses estaban seguros de que él no estaba trabajando con la inteligencia alemana. La OSS necesitaba a alguien más, alguien que pudiera operar en círculos de élite social sin levantar sospechas. Una estadounidense, de preferencia mujer.

La primera opción de Allen Dulles fue involucrar a una agente de inteligencia estadounidense en Berna llamada Cordelia Dodson, recién llegada a Suiza (quien de forma conveniente había estudiado la universidad con Emilio Pucci en el Reed College, en Oregón, antes de la guerra) para descubrir cómo estaban los asuntos con Edda y los diarios. Estudiante de posgrado en Austria en 1938 cuando el país cayó bajo el control nazi en la Anschluss, Cordelia hablaba francés y alemán con fluidez y atestiguó de primera mano los eventos descritos en *La novicia rebelde*. A los ciudadanos estadounidenses les permitieron irse, pero los austriacos quedaron atrapados. Después de que ella y sus hermanos ayudaron a un compañero austriaco a huir cruzando la frontera cerrada, Cordelia fue rápidamente reclutada, primero por el departamento de inteligencia militar[5] y luego la asignaron a la reciente oficina de la OSS en Berna como espía bajo las órdenes de Allen Dulles. Cordelia contactó a Emilio ("tras escuchar por azar que estaba en Suiza", como recordó Emilio) y reportó a sus superiores: "Vi a Emilio bastante seguido en Suiza. Tenía dolores de cabeza. La Gestapo le había fracturado el cráneo".[6]

Aunque Cordelia era capaz de informar el estado mental de Edda y sus miedos sobre los diarios de Galeazzo, Allen Dulles todavía necesitaba a alguien que pudiera hacerse amiga de Edda y ganar su confianza. Cordelia era una agente muy capaz, pero

---

[5] "Intelligence Officer Did Fieldwork fos OSS and CIA Cordelia Dodson Hood '36, MA '41", obituario, *Reed Magazine*, diciembre de 2011.

[6] Segundo reporte, Emilio Pucci a Allen Dulles, 20 de junio de 1944, 45; Ray Moseley, *Mussolini's Shadow: The Double Life of Count Galeazzo Ciano* (New Haven, CT: Yale University Press, 2000), 248.

era más joven y provenía de un mundo diferente al de Edda, por lo que era difícil encontrar muchos puntos en común entre las dos mujeres. Dulles tampoco quería arruinar la cubierta de Cordelia al tener que señalarla como agente de inteligencia estadounidense. Por fortuna él tenía una robusta red de información. Los registros históricos cuentan: "Según Cordelia Dodson Hood, quien trabajó en la estación de Berna durante la última mitad de la guerra, la oficina de Berna por lo general tenía menos de ocho auxiliares y nunca más de doce. Cuando sus operaciones se expandieron, Dulles no pudo obtener auxiliares estadounidenses porque los alemanes habían bloqueado las fronteras. Por lo tanto, Dulles explicó que buscaba 'estadounidenses que vivieran discretamente en Suiza por varias razones'"[7]. Mujeres, en otras palabras, como Frances.

Frances de Chollet estaba bastante bien posicionada. Ella, Edda y Emilio tenían amigos en común con Virginia Agnelli y sus hijas, en especial Susanna. Edda confiaría en Susanna, quien había sido fiel amiga de Galeazzo en Roma. Frances conocía a Allen y Clover Dulles desde antes de la guerra, era estadounidense y era la anfitriona social de una mansión frecuentada por la red de inteligencia internacional de los Aliados.

Frances también estaba aburrida e inquieta. Alcanzó la mediana edad, tenía cuarenta y cuatro años, sin saber qué estaba haciendo o por qué importaba. Era madre de cuatro hijos. Perdió custodia de dos y no los veía desde hacía cinco años por la guerra y el cierre de fronteras. Su matrimonio tenía problemas. La gente iba y venía a todas horas y pasaba los días lidiando con la condesa

[7] Jennifer Hoover, "Secrets in Switzerland: Allen W. Dulles' Impact as OSS Station Chief in Bern on Developments of World War II & Dominance in Post-War Europe", tesis (ref. 240), William y Mary, 2009, 18.

240 HERMANAS DE LA RESISTENCIA

de Monléon (la no grata y hostil huésped de su casa a la que no podía correr). Frances no era política. Nunca experimentó con el fascismo. Cualesquiera que fueran sus pecados, eran los menores pecados de una anfitriona social frustrada. Pero Frances también sabía, a la mitad de su vida, lo que era no estar segura del camino a seguir y encontrar eso inquietante.

Por eso, cuando Allen Dulles le pidió que hiciera algo por él, Frances no dudó. Le pidió a Virginia Agnelli que le presentara a Edda Ciano. Dulles solo quería que la conociera y se hicieran amigas como un servicio para los Aliados. Ya sea en la casa Agnelli en octubre o en algún lugar cerca de Monthey a principios de noviembre, la esposa del banquero conoció a la hija de Mussolini. Edda fue sinceramente receptiva. Necesitaba a una amiga. Estaba sola y asustada.

La amistad creció rápido. De mediados de noviembre en adelante Frances y Edda estuvieron en contacto constante, con llamadas o notas que volaban entre Friburgo y Monthey todos los días. Pronto, las dos mujeres se pusieron de acuerdo para almorzar los jueves cerca de la clínica. Los servicios de tren eran lentos e inconvenientes y, por un accidente ocurrido a la edad de seis o siete años, Frances caminaba con una cojera que, aunque no le impedía esquiar o bailar, le hacía imposible caminar largas distancias. Allen Dulles quería asegurarse de que nada interrumpiera las visitas de Frances. Ella, una entusiasta mecánica *amateur*, amaba manejar y había probado carreras de autos de largas distancias. Allen hizo arreglos para que Frances tuviera un coche (un pequeño deportivo Fiat Topolino) para que pudiera manejar los caminos montañosos a Monthey. En 1944 los automóviles privados eran un lujo insólito en Suiza. La gasolina, como casi todo lo demás, estaba racionada de manera estricta.[8] Frances estaba emocionada de volver al volante, manejando a toda velocidad hacia la clínica.

---

[8] "Switzerland's Economic Dependence During World War II", Historia de Suiza (sitio de internet), 2004.

Tras cada almuerzo con Edda, Frances registró notas cuidadosas para Allen Dulles, resumiendo lo que entendía como información de inteligencia. Su primera asignación fue ganarse la confianza
de Edda y establecer una amistad, pero Frances también entendió
que la información sobre personalidades políticas italianas y alemanas eran valiosas para el Departamento de Estado. En una de
sus primeras notas, reportó:

El jueves fui a ver a mi nueva amiga Edda; nos reunimos en la cafetería
de la estación de San Mauricio (este ha sido nuestro lugar de reunión
en las últimas fechas). Estaba alegremente vestida con una idea suiza de un
tartán escocés [...] sus ojos eran grandes y cafés (usó mucho verde en las
pestañas, lo que era un poco patético ya que debió ser muy elegante, bien
arreglada y con estilo). Noto que siempre disfruta mi ropa y por eso pre-
fiero esforzarme para estar más que presentable cuando voy a verla (algo
interesante de su carácter es la falta de envidia o celos sobre el hecho de
que ya no tiene las cosas bonitas que yo tengo). Empezó la conversación
preguntándome si vi el periódico *La Nación de Berna* [...] Leyó el artículo
[sobre Badoglio] temiendo encontrar algo desagradable sobre ella (es decir, es muy vanidosa y le dan miedo las críticas adversas); quiere agradar
y, lo que es interesante, quiere publicidad, pero solo complementaria, lo
cual indica que es honesta y solo haría el mal convencida de que está haciendo lo contrario. Le pregunté por qué Mussolini se unió a la guerra en
1939 si tenía un buen futuro por delante si se quedaba fuera de ella. Dijo
que no podía contestar, pero que había cometido un gran error y que
toda la gente grandiosa comete errores (estuvo de acuerdo en que fue una
gran tragedia para Italia y que si Italia hubiera permanecido neutral, su
padre hoy sería muy fuerte).[9]

[9] Cartas a Frances de Chollet de otros, Colección Frances de Chollet, MC292, Public
Policy Papers, Departamento de Colecciones Especiales, Biblioteca de la Universidad
de Princeton; la autora agradece el permiso otorgado por Jacqueline de Chollet para
citar este material.

La semana siguiente, Frances reportó:

> De nuevo jueves y fui a ver a mi amiga Edda […] llegamos a Aigle y al-
> morzamos ahí para cambiar. Hicimos una excelente elección. Hoy estaba
> vestida de forma más discreta. Estuvimos alegres y hablamos de muchas
> cosas, por ejemplo, sobre los dictadores. Ella está segura de que una dic-
> tadura es la única forma de gobierno para Italia. También explicó la razón
> para el despido de Ciano, parece que un año antes ella había dicho a su
> padre que la relación con las hermanas P[etacci] había ido demasiado
> lejos, que se estaban burlando de él etc. Su padre le prometió detener la
> relación, pero claro, las Hermanas P. fueron demasiado para él y al final
> ganaron al ponerlo contra su yerno.[10]

A pesar de la insistencia en que se trataba de una conversación
"alegre", los temas parecen bastante importantes. "Ella opina que
Hitler se suicidará y que los otros no harán nada, ni siquiera trata-
rán de venir a Suiza, pero tal vez intenten enviar a sus familias",[11]
escribió Frances, aunque observó que Edda también tenía preocupaciones más personales: "Está aburrida hasta las lágrimas […]
no quiere comer argumentando que le disgusta la comida […] luego
se queda en cama porque está aburrida y solo se levanta porque
ellos no quieren llevarle la charola".[12]

Para el 17 de noviembre Frances sacó a colación el tema de los
diarios. Edda le confió no solo que tenía varios volúmenes con ella
en Suiza, también que había más manuscritos que se quedaron
escondidos en Italia. Edda temía que, si le entregaba los diarios a
la inteligencia británica o estadounidense, no tendría nada como
ventaja para comprar la protección de su familia. De forma prometedora, se refirió a los papeles en Ramiola como "los chocolates"
a lo largo de sus negociaciones con los estadounidenses. Edda no

---

[10] *Idem.*
[11] *Idem.*
[12] *Idem.*

tenía idea de que Hilde ya había descubierto esos papeles, ahora en manos de la Gestapo.

La "misión" espía de Frances era hacerse amiga de Edda, pero no fue un engaño. Las dos mujeres se agradaron y entendieron los motivos de la otra. Floreció una amistad genuina. Edda estaba sola, pero también Frances. Las estridentes fiestas en su casa no cambiaban el que ella sufriera. Edda reconoció ese terreno emocional de inmediato. El hijo más pequeño de Edda, Marzio, solo era un poco mayor que la más grande de Frances, Jacqueline. Ambas mujeres habían sentido que a veces la maternidad es exasperante y agotadora. Edda también estaba lejos de casa. Estaba en Suiza y viva solo porque Hilde, una espía alemana enviada a seducir a su esposo, se enamoró de él. Tal vez Edda ya sabía o adivinaba que Emilio se había metido con la misma mujer joven y que su pasión se había enfriado hacia ella. Había ciertas cosas que Frances no necesitaba explicarle.

Frances, por su parte, sentía compasión por Edda y admiraba su estoicismo. Edda era cálida, ingeniosa y divertida. Como Frances dijo: "La adoro porque nunca se queja y su vida presente no es brillante […] Su carácter es una mezcla deliciosa de inmadurez, amor por la belleza, infantilidad, indolencia. Es una soñadora, tiene una mente muy buena (quizá demasiado aguda e inteligente), pero siempre debo admitir que es honesta. Es una mezcla fuerte, pero en el fondo encantadora […] y una cálida compañera".[13]

Edda le regresó los cumplidos en cartas íntimas. Pero en el otoño de 1944 Edda todavía no estaba lista para renunciar al control de los manuscritos o decirle a su nueva amiga el secreto de su ubicación precisa. Era reservada, desconfiada y sospechaba sobre

---

[13] *Idem.*

cualquier cosa que tuviera que ver con los diarios de Galeazzo. Frances reportó en sus notas para la inteligencia estadounidense: "La apoyé y le dije como su asesora financiera que siento que no se da cuenta de que debe darme el resto de los chocolates ya que sus medios pronto se acabarán […] y ella solo se encogió de hombros".[14]

A principios de diciembre, conforme la amistad se hacía más profunda, Edda se fue suavizando. Emilio Pucci y Susanna Agnelli le aseguraron que podía confiar en Frances y en los estadounidenses. Temían que solo fuera cuestión de tiempo antes de que la Gestapo secuestrara a Edda (o a uno de los niños Ciano) y la obligaran a entregar los papeles. El problema era que para Emilio todavía era difícil comunicarse en privado. Seguía en estrecha vigilancia como un oficial militar italiano y no disfrutaba libertad de movimiento. No tenía permitido asistir a las fiestas en la casa en Le Guintzet, donde los espías aliados se reunían los fines de semana.

Pero a principios de diciembre Emilio necesitó dar un mensaje privado urgente sobre los diarios a Frances. Así que preparó una trampa para salir. Era tutor de niños en edad escolar en el norte de Friburgo. La primera semana de diciembre, como era la tradición, se celebraba un festival navideño en Friburgo, donde el mercado del día feriado culminaba en una procesión nocturna con velas encendidas y un San Nicolás vestido de blanco, guiado por las calles sobre un burro. San Nicolás pasaba del burro a la catedral y luego al balcón, donde daba su homenaje cómico anual sobre los ciudadanos prominentes del pueblo en una especie de pantomima en vivo.[15] Por lo general, a Emilio no le emocionaba vigilar a los niños, pero se ofreció como cuidador voluntario de estudiantes en el festival y le otorgaron un pase para viajar a Friburgo. Observó

---

[14] *Idem.*

[15] Dimitri Kas, "The Unmissable St. Nicholas' Festival in Fribourg, Switzerland", House of Switzerland (sitio de internet), Departamento Federal de Relaciones Exteriores, 2019.

con mucho cuidado. Cuando encontró el momento oportuno, escapó entre la emoción de la gente por San Nicolás. Buscó dónde hacer una llamada telefónica urgente a Frances en Le Guintzet, esperando ser capaz de hablar con ella entre la muchedumbre de la procesión. Pero cuando la llamada se conectó, Frances no estaba en casa. Emilio solo pudo dejar un mensaje. Necesitaba verla con urgencia. Había algo que debía decirle. Un mensaje de Edda.

Cuando Frances supo que Emilio había llamado, intuyó que era algo importante. Emilio arriesgaba su reclusión o, peor, una deportación a la Italia fascista si lo atrapaban pasando mensajes de documentos políticos. Frances lo consideró. ¿Cómo sería la mejor forma de concertar una reunión? Contactar a Emilio discretamente no sería fácil. El 7 de diciembre se presentó una oportunidad y Frances la aprovechó.

Esa mañana un periódico suizo publicó un reporte anunciando (erróneamente) la boda de Edda y Emilio. La llegada de Edda a Suiza y su internamiento seguían siendo objeto de especulaciones, incluyendo el rumor de que Edda estaba embarazada. Los diarios que había cargado con ella alrededor de la cintura eran voluminosos y Edda culpó a su panza cuando cruzó la frontera como la fuente de ese rumor.[16] Alguien había dicho que dos más dos son cinco y el periodista suizo especuló sobre un matrimonio apresurado para legitimar a un hijo.

Paul Ghali era un periodista conectado al círculo aliado en Berna y Friburgo y, aunque no hay registro de su nombre en el libro de visitas de Le Guintzet, seguro conocía a Frances. El artículo lo intrigó. Tenía curiosidad de saber si había algo de cierto en la historia. Paul sabía que Frances veía a Edda. Así que hizo lo obvio: le preguntó.

⁓

---

[16] R. J. B. Bosworth, *Claretta: Mussolini's Last Lover* (New Haven, CT: Yale University Press, 2017), 18.

Paul Ghali, nacido en Francia de madre francesa y padre egipcio, tenía treinta y tantos, casi cuarenta años.[17] En 1944 usaba el cabello con una raya muy marcada y peinado hacia atrás, muy al estilo antiguo de los locos años veinte. Su rostro era cuadrado y regordete. Paul no era nuevo en el servicio exterior. Tampoco era progresivo en sus puntos de vista sobre la mujer, lo cual frustraba a Frances.

Paul había sido corresponsal en el extranjero para el *Daily News* (periódico con base en Chicago) desde antes del inicio de la guerra en 1939,[18] primero en París, luego en Burdeos, Vichy, y al final, cuando todo se puso muy peligroso para los reporteros aliados, se estableció en Berna. Lo más importante es que él ya había trabajado con Allen Dulles al menos de manera informal,[19] y en muchas ocasiones sirvió como punto de contacto entre la OSS y los ciudadanos franceses que huían de la ciudad ocupada de París o Vichy con información que podría ser útil para los Aliados.

Paul Ghali contó su versión de la cacería de los Diarios de Ciano en un emocionante libro llamado *Scoop*, escrito por un periodista llamado James H. Walters,[20] en el cual Paul aseguró que visitó a Edda con Frances de manera regular "durante varios meses" a principios de diciembre. Esto solo puede ser posible si Edda y Frances se conocieron por primera vez en la casa Agnelli en octubre, durante aquellos días en que Edda se quedaba con la familia, y no a mediados de noviembre cuando empezaron los reportes de inteligencia de Frances hacia Allen Dulles. Algunos de esos primeros reportes sugieren que los almuerzos no incluían a nadie más que a las dos mujeres. De hecho, la historia de Paul Ghali después fue considerada un gran golpe periodístico, lograda a través de sus esfuerzos individuales; hay partes de su historia que tratan por encima el papel de la OSS (y por lo tanto de Frances). Se supone que

---

[17] James H. Walters, *Scoop: How the Ciano Diary Was Smuggled from Rome to Chicago Where It Made Worldwide News. An Historical Adventure* (impresión privada, 2006), 103.

[18] "Paul Ghali, Wrote for Chicago News", obituario, *New York Times*, 4 de junio de 1970, 37.

[19] Walters, *Scoop…*, 106.

[20] *Ibid.*, 109.

esto pasó porque, después de la guerra, su necesidad de operar como corresponsal en el extranjero durante la Guerra Fría hizo que tuviera que separarse de la inteligencia estadounidense. Pero el resultado fue que el rol de Frances en los recuentos de la historia en la versión pública de los eventos pronto fue reducido a "mi amiga rubia de Friburgo".[21]

No es probable que Paul se reuniera a almorzar con Edda, Frances y sus hijas "durante meses". Pero sí es posible que *fuera* parte del equipo informal reunido por Allen Dulles en septiembre u octubre. Según los reportes de inteligencia: "El señor Dulles enlistó los servicios de unas pocas personas, digamos, un equipo, en la cuestión de Edda y el diario. Ellas eran: Cordelia Dodson, Mme. Louis [*sic*] de Chollet, una mujer estadounidense casada con un suizo, y Paul Ghali, corresponsal del *Chicago Daily News*".[22] A esta lista, Allen Dulles después agregó dos nombres:[23] la intrépida Susanna Agnelli y un glamuroso espía de la OSS llamado Tracy Barnes, enviado después a la misión como un juguete sexual para consolar y calmar a una Edda nerviosa.

Eran un equipo extraño: solo Cordelia Dodson y Tracy Barnes eran agentes profesionales. Cordelia, una morena con aire de actriz joven, y su antiguo amigo Emilio Pucci estuvieron juntos en el equipo de esquí en el Reed College, a finales de la década de 1930. Su trabajo con la OSS implicaba transportar prisioneros en vuelos secretos y trabajar con la máquina Enigma para descifrar códigos. Su rol en la misión de Ciano era hacer contacto con su antiguo

[21] *Ibid.*, 108.

[22] Howard McGaw Smyth, "The Papers: Rose Garden", Agencia Central de Inteligencia, Historical Review Program, 22 de septiembre de 1993 , citando la entrevista con Allen Dulles, 17 de enero de 1966; "Intelligence Officer Did Fieldwork for OSS and CIA: Cordelia Dodson Hood '36, MA '41", obituario, *Reed Magazine*.

[23] Charlesworth y Salter, "Ensuring the After-Life of the Ciano Diaries…".

compañero de clases en nombre de la inteligencia estadounidense para abrir los canales de comunicación. Pero Emilio no necesitaba ser persuadido de que era en el mejor interés para Edda pasar los diarios a los Aliados a cambio de protección contra la Gestapo. No necesitaba imaginar qué le pasaría a Edda o a alguno de los niños si los secuestraban. El cráneo fracturado todavía le dolía.

Susanna Agnelli se involucró en el asunto por Emilio y Hilde, cuando estaban desesperados por ayuda (y le consiguió a Hilde aquel cianuro). Era amiga de Galeazzo y trató de salvarlo con su advertencia en Roma aquel verano. También era antigua amiga de Emilio y Edda. Susanna conectó a todos. De hecho, Susanna fue la única persona, aparte de Edda, que conoció a las tres "hermanas de la resistencia". Ella estuvo en contacto directo con Edda, Hilde y Frances. El rol de Susanna fue simple: poner las manos al fuego por cada uno de los jugadores y asegurarles que podían confiar entre sí.

Además de hacerse amiga de Edda, Frances tenía otra tarea: llevar y traer mensajes entre el aislado mundo del hospital psiquiátrico donde estaba Edda y la casa de los espías donde Frances era la anfitriona. Como notaron los resúmenes de la inteligencia estadounidense, Frances, "la esposa del barón suizo y banquero de inversiones […] tiene la posición social y relativa facilidad para conectar la comunicación entre Edda Ciano, Pucci, Ghali y Dulles". Edda estaba aterrada por el dinero y Frances, en especial, ayudó a negociar con su antiguo amigo Allen Dulles algunos de los detalles más difíciles. Llevó múltiples mensajes de ida y vuelta entre Allen Dulles y Edda Ciano conforme las negociaciones procedían en serio,[24] a veces ocultando cartas insertas en los libros que llevaba a Monthey y en los almuerzos.

Las negociaciones financieras fueron complicadas. Estados Unidos no podía pagar a Edda por sus manuscritos. Cualquier *quid pro quo*… y los diarios de Galeazzo no tendrían el mismo peso

---

[24] Walters, *Scoop*…, 113.

moral como evidencia de crímenes de Guerra. Pero los Aliados *permitirían* que Edda vendiera los derechos de publicación cuando los papeles fueran desclasificados. Nadie dudaba que los diarios de Galeazzo serían una historia explosiva y un bestseller instantáneo.

Aquí es donde entra el periodista Paul Ghali. Su trabajo fue asegurarle a Edda un editor listo y dispuesto a negociar.

Frances consideró qué hacer. Emilio había intentado contactarla el 6 de diciembre con su mensaje telefónico urgente, pero ella no pudo hablar con él. El 7 de diciembre Paul quería hacerle algunas preguntas a Emilio sobre el supuesto matrimonio con Edda. Paul Ghali ya era parte de la red de Allen Dulles en Suiza y ya había pensado en trabajar la historia de Ciano para la inteligencia estadounidense. Tanto Frances como Paul querían ayudar a que la oss consiguiera los papeles. Frances vio la coartada perfecta para organizar una reunión importante el 8 de diciembre.

¿Y si Paul viene a Le Guintzet para reunirse con Emilio? Sugirió Frances. Él podría preguntar a Emilio sobre el artículo del periódico y podría asegurar a Emilio y Edda que había un mercado financiero sólido para los diarios. Esto solo pudo ser una reunión dirigida por la oss: Emilio Pucci como interno suizo necesitaría el apoyo de la oficina de Werner Balsiger para hacer el viaje de regreso a Friburgo. De inmediato Emilio estuvo de acuerdo en ir. Frances llamó a Paul con el siguiente mensaje: "Pucci desea verte. Vendrá esta tarde. Así que toma el tren y llega aquí a las cuatro".[25]

En diciembre el sol se ponía temprano en Friburgo y los colores del crepúsculo pintaban el cielo. Cuando Paul llegó a la finca en la cima de la colina, un cálido fuego aguardaba en un salón, y abajo, en las cocinas del sótano, se oía el ruido de gente yendo

---

[25] Moseley, *Mussolini's Shadow...*, 248.

y viniendo. Tras una pequeña charla donde todos tenían una bebida en la mano, Frances, Paul y Emilio se pusieron cómodos y Emilio fue directo al grano. No, explicó, no se había casado con Edda. Como dijo después sobre esa reunión: "El día anterior a que los periódicos publicaran la noticia de mi supuesto matrimonio con la condesa C. [Edda], Mr G[hali] quería saber al respecto. De inmediato negué el tonto rumor sobre el matrimonio".[26] Pero Emilio siguió, miró de frente a Frances y dijo que tenía un mensaje de Edda. Estaba lista para entregar los documentos si la inteligencia estadounidense los quería. Años después, Paul dijo: "Quedé sorprendido por la oferta de Pucci. Yo había ido por una interrogación trivial y ahí estaba la mayor exclusiva de mi carrera".[27]

Frances se recargó en su silla, aliviada y emocionada. No estaba sorprendida. Ella había trabajado para que esto sucediera. Lo había logrado. Su misión había dado resultados. Frances sabía que Edda estaría nerviosa e indecisa. Necesitaban transmitir la información a Allen Dulles de inmediato, antes de que Edda cambiara de opinión. El padre Guido Pancino había regresado a Suiza en diciembre de 1944, por solicitud de la Gestapo, demorándose en la clínica e intentando sacar los diarios restantes de Edda. No se podía saber con seguridad si Edda, en un momento de pánico o indecisión, le daría los papeles al sacerdote que era su confesor.

Después, por su cuenta, Paul Ghali dudó en contactar a las oficinas centrales de la oss. Seguro, quería incluir a Allen Dulles. Pero con una determinación de periodista para conseguir la historia, primero quiso el compromiso de Edda de que vendería los derechos de publicación solo a su periódico. Su posición fue la siguiente: "Colaboraré con Allen Dulles solo con la condición de que Edda acepte vender los derechos de publicación al *Chicago Daily*

---

[26] Segundo reporte, Emilio Pucci a Allen Dulles, 20 de junio de 1944.
[27] Moseley, *Mussolini's Shadow...*, 248.

News".[28] Todo era una fanfarronada. Allen Dulles no dependía de la "generosidad" de un corresponsal en el extranjero. Frances era dirigida por Allen Dulles como una "agente" *amateur* y ya le reportaba directo a él.

Tal vez hubo algo de revisionismo histórico cuando Paul volvió a contar la historia después. Tuvo que disfrazar su rol (como espía *ad hoc* para uno de los jefes de espías más famosos de la Segunda Guerra Mundial) cuando la Guerra Fría hizo de eso un tema delicado para un periodista. No mucha gente quería dar acceso a la prensa a alguien que hubiera sido agente de la inteligencia. Nadie culpó a Paul después de la guerra por manipular la historia, descubrir los Diarios de Ciano pareció un golpe de suerte, una exclusiva por accidente. Pero el efecto de los acontecimientos publicados de esa manera fue el mismo: sacaron a mujeres como Frances de Chollet y Susanna Agnelli de la historia en la que ellas eran los personajes principales. En esencia, Frances fue la espía que operó esta misión para los estadounidenses. Allen Dulles le dio ese crédito con sinceridad.

Paul propuso la venta de los diarios de Galeazzo para publicación. Emilio, como representante de Edda, dijo que debía preguntarle sobre la venta de los derechos en exclusiva al *Chicago Daily News*. Al día siguiente, 9 de diciembre, llamó por teléfono a Paul con la respuesta de Edda. Había un trato. Allen Dulles registró en sus reportes de inteligencia: "Me dijeron que estuvieron en contacto con Edda".[29] Estaba lista para entregar los diarios de Galeazzo Ciano, el último ministro de Relaciones Exteriores de Mussolini, "a los gobiernos estadounidense o británico". Edda estaba a punto de vengarse de su padre y de Hitler, tal como lo prometió.

---

[28] Walters, *Scoop*..., 135.
[29] Charlesworth y Salter, "Ensuring the After-Life of the Ciano Diaries...".

CAPÍTULO 17

ALMUERZO EN LA ESTACIÓN MONTHEY

9 de diciembre de 1944-8 de enero de 1945

Allen Dulles estaba encantado con la noticia. La amistad con Edda había pagado lo esperado con creces. Frances lo había hecho bien (sorprendentemente bien para una *socialite* sin experiencia profesional ni entrenamiento en inteligencia). Por otro lado, ser anfitriona de sociedad y la esposa de un hombre complicado, en una situación complicada, requiere considerable discernimiento y discreción. Justo por eso él prefería algunos de estos espías "accidentales" en estas operaciones.

Allen Dulles no tuvo una certeza completa de qué lograría Frances, por eso preparó planes de contingencia en caso de que no pudiera convencer a Edda de ofrecer los diarios a los estadounidenses solo con almuerzos de señoras. La debilidad de Edda por hombres jóvenes y guapos era bien conocida. Los reportes de inteligencia exterior habían monitoreado su estilo de vida "ninfomaniaco" desde finales de la década de 1930; de hecho, cuando empezó su aventura con el joven Emilio Pucci, en aquel chalet de esquí, fue un gran chisme en Italia. Justo sus predilecciones (aunque en realidad no mejores o peores que las de su esposo o las de cualquiera en su círculo) explicaban por qué la idea de una Edda embarazada, incluso en un convento, era creíble para los lectores de los periódicos. Pero Edda, quien como ya dijimos quizá estaba al tanto (consciente o inconscientemente) de que Emilio había cambiado de amor, estaba vulnerable a la amabilidad y al afecto.

Allen Dulles tenía en mente a un agente particularmente atractivo que tal vez podría persuadir a Edda si Frances no podía. Eligió al espía de treinta y tres años de la OSS llamado Tracy Barnes por "su apariencia y encanto y la disposición a usarlos" y el 3 de diciembre solicitó la transferencia del agente de Londres a Berna para la ofensiva.[1] Tracy Barnes estaba encantado con su nueva asignación.

Tracy Barnes era el personaje perfecto. Uno de sus colegas lo describió como "alto y rubio, el cabello hacia atrás con un copete. Era hermoso, no solo guapo, sino hermoso".[2] Cordelia Dodson recordó: "Le decíamos el Niño de Oro [...] tenía esa linda apariencia de los de Yale, era atlético y encantador".[3] Pero nadie lo envidiaba. Era demasiado adorable. Ya se había ganado una Estrella de Plata por entrar en paracaídas en Francia en agosto de 1944 para establecer comunicación con la resistencia[4] y, unos meses antes, había ido hasta París a la liberación "colgado atrás de un tanque, sosteniendo una gran botella de champaña y ramos para las chicas". Era el alma de la fiesta y cuando la guerra terminó admitió que nada superaría aquellas fiestas en Londres, Berna o Friburgo. Allen Dulles lo conoció ese otoño en Bretaña, saliendo de una sesión informativa de inteligencia nivel superior. A principios de diciembre le escribió a su director, David Bruce, pidiéndole que Tracy fuera desplegado a Suiza para un proyecto "útil" en particular. Lo que Dulles tenía en mente era darle a Tracy Barnes la tarea de galantear a Edda Ciano.

---

[1] Evan Thomas, *The Very Best Men. Four Who Dared: The Early Years of the* CIA (Nueva York: Simon and Schuster, 1995), s.l. (libro electrónico).
[2] *Idem.*
[3] *Idem.*
[4] *Idem.*

Allen Dulles seguía reacio a estar en contacto directo con Edda por razones políticas y de inteligencia. Quizá era el jefe de espías en Suiza, pero estaba en el país con una asignación burocrática ostensible como cubierta. No podía arriesgar su puesto notándose mucho y que la OSS lo sacara. El trabajo en Berna era demasiado importante. Ahora los Aliados se veían listos para ganar la guerra, pero Mussolini seguía por el momento nominalmente en control de partes de Italia. Los partisanos estaban ayudando a los estadounidenses en una guerrilla conforme se movían al norte, hacia el centro de Salò. Lo último que Allen Dulles quería era poner en peligro las operaciones al parecer muy amigable con la hija de Mussolini. Por eso nombró como reemplazo a Frances y Paul para completar las negociaciones, confiando en Cordelia para mantener a Emilio de su lado y contando con Tracy para encantar a Edda. De todos ellos Frances, "nada" más que una anfitriona de alta sociedad y la "esposa de un banquero de inversiones", tenía menos probabilidades de atraer atención. Así que reportaría a Allen Dulles de forma directa.

Era hora de los siguientes pasos. Frances, Paul y Emilio acordaron que necesitaban sentarse en persona con Edda para trabajar en la logística del contrato con el *Chicago Daily News* y la entrega de los diarios. La asistencia de Emilio sería una bandera roja para la policía suiza. Tendría que regresar a Morat. Edda confiaba en Frances, así que ella asistiría y Paul iría como representante del periódico. Como el Fiat era pequeño, viajaron en tren a Monthey para almorzar con Edda y discutir los detalles. Es agradable pensar que Frances se opuso a que un hombre manejara su automóvil deportivo y es difícil creer que a Paul Ghali le hubiera gustado ir de copiloto. Ahí, en el café de la estación de trenes, Edda los agasajó con historias sobre la vida privada de Hitler. Frances se aventuró a preguntar si las ideas de Hitler "no eran del todo naturales en lo que respecta a las mujeres",[5] un rumor persistente durante los años de guerra. Edda lo confirmó alegremente. Paul dijo después: "Tengo la impresión de que, a pesar de la ruptura con su padre, sigue siendo fascista y está orgullosa de ser la hija del Duce".[6]

Edda ya estaba dudando. Los diarios eran su única posesión y tenía miedo de que se aprovecharan de ella económicamente. También estaba preocupada sobre las consecuencias de traicionar a los alemanes. Quería vengarse de su padre y de Hitler. También tenía una idea bastante buena de cómo sería la contravenganza del Führer. Como dijo Edda: "Si los alemanes supieran del sucio truco que estoy a punto de hacerles, mi vida (aunque esa no importa, estoy tan harta de todo) y la de mis hijos estarían en gran peligro". Pero estaba indecisa. Había algo que quería más que la vida: "incluso si debo morir [...] primero quiero vengar a Galeazzo".[7]

Frances rápido informó a Allen Dulles que el trato se estaba desmoronando. Dulles tenía una carta que pensó que podría jugar para asegurar a Edda. Antes, en agosto, cuando los estadounidenses arrestaron a Zenone Benini como un fascista y cuando los Diarios de Ciano estaban atrapando la atención de la inteligencia estadounidense por primera vez, Zenone había escrito esa carta para Edda como parte de un esfuerzo para mostrar cooperación. En su carta Zenone registró los últimos deseos de Galeazzo: que sus diarios fueran entregados a los Aliados y publicados para que el mundo supiera lo que había pasado.

---

[5] Frances de Chollet, notas de reuniones con Edda Ciano, 1945, Colección Frances de Chollet, MC292, Public Policy Papers, Departamento de Colecciones Especiales, Biblioteca de la Universidad de Princeton.

[6] Ray Moseley, *Mussolini's Shadow: The Double Life of Count Galeazzo Ciano* (New Haven, CT: Yale University Press, 2000), 248.

[7] Howard McGaw Smyth, "The Papers: Rose Garden", Agencia Central de Inteligencia, Historical Review Program, 22 de septiembre de 1993.

La copia original de la carta de Zenone se envió a Washington, D. C., pero desde entonces Allen Dulles no estaba seguro de si regresó a través del circuito de inteligencia y llegó hasta Edda.[8] Pero una copia de la carta seguía en un gabinete de las oficinas de servicios de inteligencia estadounidenses en Berna, y Dulles decidió que ahora era el momento de usarla. No hubo formas seguras de comunicarse con Edda hasta que se volvió amiga de Frances.

"Si no la ha recibido, estoy seguro de que querrá leerla y, claro, tal vez quiera conservar esta copia",[9] escribió Allen Dulles a Frances el 15 de diciembre, adjuntando una copia de la carta de Zenone Benini. Allen Dulles viajaría a París toda la siguiente semana y sabía que era un momento difícil. Prometió que vería a Frances para ponerse al corriente tan pronto como regresara a Suiza. Y le dio un cargo extraordinario: su misión era cerrar este trato para los estadounidenses en su ausencia.

En privado, Dulles pensaba que Frances tenía talento para su trabajo. Tracy Barnes escribió en un telegrama interno que: "Edda es un caso psicopático bajo [la] influencia [de un] psicoanalista suizo cuyos motivos y conexiones [son] dudosos. Ella promete los diarios como un gesto de buena voluntad un día y al siguiente pide enormes pagos monetarios para proteger a los niños y también alguna carta de reconocimiento. Naturalmente el asunto requiere el manejo más discreto desde todos los puntos de vista".[10] Allen Dulles adivinó que era un buen resumen.

La carta de Zenone ayudó a que Edda se sintiera segura, pero la estrategia también creó una nueva complicación.[11] Ahora Edda decidió que no quería hacer nada hasta no hablar con Zenone (quien estuvo con Galeazzo en la celda en su última noche en Verona) sobre lo que su esposo habría querido. La oficina de Berna

---

[8] Paige Y. Durgin, "Framed in Death: The Historical Memory of Galeazzo Ciano", tesis, Trinity College, 2012, 43.

[9] *Idem.*

[10] Thomas, *The Very Best Men...*

[11] Smyth, "The Papers: Rose Garden...".

se movilizó rápido para presionar a Zenone Benini para que le escribiera otra vez a Edda, animándola a entregar los diarios a los estadounidenses. Zenone se negó. Tomó en serio las preocupaciones de Edda sobre el riesgo a su vida y la de sus hijos y no haría nada para presionarla o ponerla en peligro.

Ahora Edda temía una traición de los estadounidenses: ¿y si los Aliados clasificaban el material de los cuadernos, una vez que los hubieran traducido, impidiendo que los publicaran? ¿Y si exponían los detalles, como parte del esfuerzo de guerra, haciendo la publicación redundante? Ambas posibilidades la privarían del ingreso económico de la publicación. ¿Y cuánto dinero sería? Quería saberlo. Ella y Paul Ghali seguían negociando el precio de los derechos de publicación, y Edda a veces pedía sumas increíbles. Al final, el Departamento de Estado estaría de acuerdo (fuera de registro) en respaldar el pago del periódico.[12] Pero cuando todo esto se arregló y el fotógrafo de la oss llegó a la cita para sacar copia de los papeles, Edda había vuelto a cambiar de opinión.

Ahora insistía en que necesitaba hablar directamente con alguien del gobierno estadounidense, para obtener garantías directas. Esto significaba, claro, Allen Dulles. Edda le escribió una carta a Frances para explicar: "Cuando tu 'amigo importante' venga, me gustaría hablar con él porque, aunque deseo con todo mi corazón llevar a cabo el trato, todo esto es demasiado importante para mí (y no estoy pensando en el dinero) como para correr riesgos a ciegas [...] tu amigo importante podría venir en su coche y llevarme a dar un paseo (no en el sentido estadounidense, quiero decir)".[13]

[12] Manuscrito privado, cortesía de Jacqueline de Chollet, 2021.

[13] Carta de Edda Ciano a Frances de Chollet, Colección Frances de Chollet, MC292, Public Policy Papers, Departamento de Colecciones Especiales, Biblioteca de la Universidad de Princeton.

Edda envió la carta justo antes de Navidad. Frances estaba ocupada con los detalles de las celebraciones en Le Guintzet, donde además de encargarse de los niños preparaba una fiesta tensa en la que el placer sería mezclado con algunos negocios inevitables. La actriz y *socialite* Drue Mackenzie Robertson (mejor conocida como Drue Heinz después de su tercer matrimonio) estaba ahí para las celebraciones con Dale W. Maher, quien pronto sería su segundo esposo, un diplomático estadounidense en Berna. En el libro de visitas de Le Guintzet Drue firmó como "Queenie the strip tease Queen" (Queenie la reina del *striptease*), un guiño a la exótica bailarina y espía Mata Hari. Los periódicos reportaron abiertamente después de la guerra que Drue, nacida en Inglaterra, trabajó con la inteligencia británica.[14] Hubo artistas, refugiados yugoslavos aristócratas y varios estadounidenses. Pero, para la molestia de Frances, entre los invitados de la casa estaba Roselyne Radziwill. Para Navidad de ese año la princesa ya había solicitado a la Iglesia católica la anulación que le permitiría casarse con Louis.

El breve y distraído silencio de Frances casi les cuesta el trato… cuando Edda empezó a considerar vender los diarios a otras partes. El padre Pancino acababa de regresar a Italia, pero le prometió volver a visitarla en invierno. Edda, encerrada en el hospital psiquiátrico con tres niños en vacaciones escolares, empezó a preocuparse de haber exagerado su juego cuando no supo nada de Frances durante los días festivos. "Querida Frances", escribió el 30 de diciembre:

Solo me preguntaba qué pasó contigo y los demás (supongo que todo estará bien uno de estos días y justo ahora no debería preocuparme tanto). [Los niños] están bien, pero me cansan mucho de verdad […] le pido a Dios que el próximo año esté en algún otro lugar, libre, sin tener que

---

[14] "Drue Heinz, Philanthropist and Paris Review Editor, Dies at 103", obituario, *Seattle Times*, 5 de abril de 2018.

preocuparme por el dinero y rodeada de algunos amigos (tú eres uno de ellos). Te llamaré el lunes en la mañana y esperemos lo mejor, de otra manera tendré que probar mi juego con alguien más. Feliz año nuevo, querida Frances, y mucho amor.[15]

La carta debió llegar a Frances en algún momento del 30 de diciembre, un sábado, o a la mañana siguiente, porque Allen Dulles, de regreso en Suiza, rápido supo de ella. Incluso es posible que él haya sido un huésped sin registro en el libro de visitas de Le Guintzet. El sábado 31 de diciembre de 1944, en víspera de Año Nuevo, Allen Dulles envió un apresurado telegrama secreto a Washington que decía: "Creo que la mejor línea a seguir es generar en Edda el deseo de poner los diarios disponibles como un gesto generoso para ayudar a los Aliados y presentar la memoria del esposo a la luz correcta de la historia [...] A menos que Washington no lo apruebe, estén preparados para pagar una cantidad razonable por los diarios, tengan en mente algo entre $5 000 y $10 000. Espero arreglar el pago a través del periódico [...] Los siguientes días serán importantes".[16] Para Allen Dulles también era claro que, a pesar de los riesgos, tendría que ver a Edda Ciano en persona.

Allen Dulles pidió a Frances que organizara una reunión para el 7 de enero en Monthey. Los suizos vigilaban a Edda (así como la acechante Gestapo) y el equipo necesitaría trabajar con mucho cuidado para asegurar que la reunión no fuera detectada. Si descubrían a cualquiera de ellos involucrado en operaciones encubiertas para obtener los diarios políticos de la hija de Mussolini, pondrían en peligro todos sus estatus en Suiza. Y siempre estaba el riesgo

---

[15] Carta de Edda Ciano a Frances de Chollet, Colección Frances de Chollet.
[16] Neal H. Petersen, ed., *From Hitler's Doorstep: The Wartime Intelligence Reports of Allen Dulles, 1942-1945* (Philadelphia: Pennsylvania State Press, 2010), 422.

constante de que Edda fuera secuestrada en cualquier momento que dejara la clínica.

Frances lo arregló con la diestra habilidad que Dulles había llegado a admirar en su agente no oficial. Su plan era simple, explicó. A Edda siempre le daban autorización de salir a caminar a la hora del almuerzo alrededor de los campos de la clínica. Había una puerta lateral. Ella y Edda acordaron que saldría esa tarde para su caminata usando botas pesadas y una falda de lana gruesa, nada que sugiriera cualquier otra cosa que un paseo en la nieve. Caminaría donde los terrenos bordeaban el camino. Ellos viajarían en coche. El auto pasaría, se detendría junto a la puerta y Edda se subiría. Dentro del automóvil encontraría a Frances y Paul (ambas caras familiares) y el "amigo importante" cuyo nombre Edda todavía no conocía, pero era Allen Dulles.

Suiza en enero puede ser muy fría. La nieve cruje bajo las llantas. El equipo identificó a Edda a la distancia caminando a lo largo del sendero, una figura delgada y alta, justo como Frances había planeado, y avanzaron hacia el punto acordado. Era un día claro, brillante, la nieve cegaba los ojos y Edda se veía muy nerviosa. Conforme el carro bajó la velocidad, ella entrecerró los ojos con ansiedad buscando identificar a Paul y Frances. Nunca estuvo segura de que no serían los alemanes. La Gestapo vigilaba cualquier oportunidad de secuestrarla como un medio para obtener los diarios. Frances recordó después que Edda, aterrorizada, subió al automóvil sin decir una palabra, las manos le temblaban. Manejaron a un restaurante cerca de la estación de trenes en la línea entre Lausana y San Mauricio donde Frances había hecho una reservación. Allí pretendieron ser cuatro amigos cenando.

De hecho, durante la primera hora, la charla fue ligera y social. El equipo trataba de relajar a Edda. Pero para la segunda hora, Allen Dulles se dio cuenta de que Edda nunca iría al punto y con discreción vio su reloj. Por fin le preguntó de forma directa y sin preámbulos: ¿iba a dar los diarios al gobierno estadounidense? Edda hizo una pausa. No estaba lista para responder y en vez de eso empezó a contarles otra vez la historia de los juicios en

Roma y el escape a Suiza. Repitió que quería hablar con Zenone Benini en persona. Quería salir de Suiza y estar fuera del alcance de los alemanes antes de decidir. Tenía miedo de lo que le haría la Gestapo a cambio. Deseaba estar segura de que tenía derechos comerciales antes de proceder y que no fuera un truco. Quería estar segura de que los diarios serían publicados. Quería pensar.

El equipo la dejó hablar. Ahora Allen Dulles estaba a cargo y ya había llegado a la conclusión de que, si Edda hablaba lo suficiente, se daría cuenta de que ya no tenía opciones. Cuando terminó el almuerzo, Edda solicitó hablar a solas con Allen Dulles durante el café.[17] Frances y Paul esperaron en el lobby de la estación. Hablaron durante una hora y Dulles escribió después, en sus notas de la reunión, que Edda:[18]

> Obviamente estaba dudosa entre el deseo de proporcionar los diarios y la renuncia a separarse de lo que consideraba su último recurso hacia la rehabilitación tanto personal como financiera [...] quería garantías respecto a la publicación comercial de los diarios; quería ayudar a restaurar la reputación política de Ciano, la cual sentía que había sido distorsionada [...] quería seguir adelante con el trato, pero sentía que una vez que lo hiciera, se habría puesto en nuestras manos.

Más tarde Dulles admitió de mala gana su respeto por Edda tras esa reunión. Ella era difícil. Estaba traumatizada y era suspicaz. Pero no estaba equivocada: *estaría* en sus manos una vez que entregara los diarios. "Francamente admito que se comportó con una gran dignidad y fue mucho más razonable de lo que esperaba",[19] escribió. También aceptó que Edda no estaba equivocada por tener miedo del peligro en el que estaba con los alemanes. Ella y los niños necesitarían protección constante.

---

[17] Durgin, "Framed in Death…", 46.

[18] Andrea Niccoletti, "The Decline and Fall of Edda Ciano", *Collier's Weekly*, 20 y 27 de abril de 1946.

[19] *Idem.*

Después de esa tercera hora, Allen Dulles lo logró. Edda no se veía feliz, pero era realista. Dulles explicó: los diarios tienen valor para los estadounidenses ahora mismo. Pero pronto llegará un momento en el que la guerra concluya y entonces no tendrán la misma importancia estratégica. Decidir abandonar su neutralidad no tendría ningún valor una vez que la guerra terminara. La crisis moral era en ese momento, no después. Y los estadounidenses no pagarían por los diarios. Esto no era posible, insistió, manteniendo la línea oficial del Departamento de Estado. Claro, un periódico podría, pero eso era una transacción privada. Si Edda quería hacer lo correcto, el crédito sería para ella y Galeazzo en el mundo posfascista que vendría. Ella podría mantener todos los derechos para publicación. Los estadounidenses no deseaban quitarle la propiedad intelectual ni los medios de apoyar a su familia una vez que la guerra terminara, aunque la estrategia en tiempos de guerra podía requerir que los Aliados usaran algunos fragmentos antes de forma estratégica. La operación podría requerirles suprimir otros pasajes por ahora. Pero todo eso estaba en el futuro.

Allen Dulles estaba manejando lo que él y Edda sabían que era un trato difícil. A pesar de este conocimiento, Edda estuvo de acuerdo esa tarde en dejar que los estadounidenses copiaran los diarios que tenía en su poder. Dulles estableció que las fotografías se realizarían al día siguiente, 8 de enero, en la clínica Monthey. Decidió que el "hermoso" Tracy Barnes sería el mejor agente para manejar esa misión… como un poco de garantía extra.

En la noche del 8 de enero Tracy Barnes, Paul Ghali y un fotógrafo (algunos dicen que un agente llamado Schachter, aunque la hija de Frances, Jacqueline, recuerda con claridad que era un agente llamado Laxton) con su equipo se metieron a escondidas en la habitación de Edda en la clínica Monthey. Tenían que trabajar rápido toda la noche. Había más de mil páginas que fotografiar y debían hacerlo sin ser detectados por la policía suiza o el personal de la clínica.

Según el padre Guido Pancino, quien afirmaba ya haber recuperado los diarios en posesión de Edda,[20] fue ella (o alguien actuando como Edda y con la clave) quien recogió los diarios en Credit Suisse, donde él los había depositado. Tal vez Edda nunca los tomó, sabiendo que había copias. Tal vez Guido Pancino mintió. Quizá Edda entendió todo el tiempo que Pancino (quien volvió a estar en contacto con ella en diciembre, como Mussolini, viendo el final cerca y cada vez más asustado) había huido hacía mucho tiempo con los diarios que le había dado y lo que ella tenía era solo el recuerdo. Pero si alguien recogió los diarios en Credit Suisse en Berna, donde Frances seguía viajando con su perrito mimado Badsy en sus curiosos paseos durante la guerra, podemos adivinar que sería Frances y no Edda quien estaría todavía bajo estrecha vigilancia. Después de todo, ahora Frances era la única en la que Edda confiaba.

Como sea que se haya desarrollado esta parte, se perdió para la historia. El punto es que, sin importar la ruta que siguieron para llegar a Monthey, los diarios originales de Galeazzo Ciano estaban en la clínica la noche en que empezaron las fotografías. El agente corrió las cortinas opacas con fuerza para ocultar el flash de los bulbos y el camarógrafo preparó su equipo. Acomodaron los diarios abiertos sobre la mesa, mientras Edda se preocupaba. Cuando todo estuvo listo y en su lugar, empezó la sesión. Paul y Tracy pasaban las páginas mientras el fotógrafo trabajaba.

El flash iluminaba la habitación. Estaban en marcha, cuando, de pronto, hubo un corto eléctrico y oscuridad. Las enfermeras llenaron los pasillos tranquilizando a los pacientes y llevando linternas. Se escucharon gritos. Alguien tropezó y maldijo. El desastre se expandió casi de inmediato (todo el drama de un colapso de energía en un hospital psiquiátrico).

---

[20] Renzo Allegri, "Nel racconto di un sacerdote, una pagina di storia sconosciuta riguardante Edda Ciano e suo padre Benito Mussolini", 11 de marzo de 2011.

El equipo fotográfico y la iluminación quemaron los fusibles eléctricos, enviando a la clínica Monthey y todos sus planes al caos. Edda estaba segura de que era una señal y quería cancelar. El equipo se dio cuenta de que, una vez que la energía regresara, cualquier intento de seguir solo quemaría los fusibles otra vez. Tarde o temprano su reunión secreta sería descubierta y entonces todo el infierno de verdad se desataría. Para el momento en que los arreglos se hicieron para otro día, Edda ya había cambiado de opinión. Parecía como si la misión estadounidense de obtener los diarios de Galeazzo Ciano estuviera destinada a fracasar en el último minuto. La operación se había ido abajo, no en llamas sino en una oscuridad exasperante.

CAPÍTULO 18
LOS DIARIOS DE CIANO
8 de enero de 1945-25 de junio de 1945

Paul encontró el teléfono de la clínica y con discreción llamó a Frances para darle las desalentadoras actualizaciones. Ella pasó las noticias a través de canales de comunicación en la casa de los espías a Allen Dulles. La operación era un desastre. Necesitaban intentarlo de nuevo otro día y mover la operación a un lugar seguro. Asumiendo, claro, que Edda no cambiara de opinión otra vez y que pudieran mantenerla (y a los diarios) a salvo de la Gestapo el tiempo suficiente.

Frances pensó con rapidez. Sabía que Edda no dejaría que se llevaran los diarios de Galeazzo a otro lugar sin ella. Edda nunca los perdía de vista. Tenía terror de ser engañada y perderlos. ¿Por qué no venían a Le Guintzet? Podrían copiar toda la noche en la finca, sin interrupciones. Frances iría a recoger a Edda en persona. Tenía su pequeño automóvil deportivo, cortesía de Allen Dulles, y adoraba manejar. Edda confiaría en ella. Si el equipo de Tracy Barnes y Allen Dulles podía sacarla a escondidas de la clínica, ella iría y la recogería.

Las fuentes se contradicen en lo que sucedió después. Algunos dicen que Frances salió esa misma noche. Otros que la operación fue reagendada para la siguiente. Lo que no está en disputa es que cuando Frances calentó el Fiat y manejó en la oscuridad hacia Monthey para recoger a Edda y llevarla a Friburgo para una larga sesión de fotos nocturna, estaba bien consciente de que los caminos rurales de la montaña harían que Edda y ella fueran blancos tentadores para la Gestapo. El viaje era un riesgo terrible para las dos. Edda estaba bajo constante vigilancia y era un largo trayecto en carreteras solitarias para dos mujeres sin compañía. El viaje duró dos horas en cada dirección. Ni Frances ni Edda lo olvidarían (ni el escalofrío de miedo o emoción). Edda después hablaría de esto con su amiga como su "aventura". Ninguna de las dos habló esa noche de grandes ideas o elecciones morales, pero ambas sabían y estaban conscientes de que estaban entregando algo importante, algo con el objetivo de lograr lo que cada una de ellas creía que era la justicia.

El convoy a Le Guintzet (Edda y Frances en el Fiat Topolino y al parecer un equipo de la OSS y Paul en otro vehículo) viajaron por el camino de grava en algún momento después de la medianoche. En la finca bajaron en tropel a los cavernosos sótanos de trabajo de la mansión y Jacqueline de Chollet, de seis años de edad aquel invierno, recuerda el alboroto y verlos reunidos alrededor de un fotógrafo que tomaba capturas de los diarios esparcidos en la mesa de la cocina. También recuerda que su madre, arriesgando sus vidas y temiendo a la Gestapo a cada kilómetro, manejó para regresar a Edda a la clínica antes del amanecer, para que su aventura de medianoche no fuera descubierta al empezar el día y Edda no enfrentara un riesgo de deportación. A las 4:00 a. m. del 11 de enero de 1945, mientras Frances esperaba en su automóvil prendido, pero quieto, Edda subió por una ventana, entró a su habitación de la clínica y se despidió con la mano. Entonces Frances pisó el acelerador para regresar a las carreteras de la montaña que amaba manejar.

Por desgracia, la aventura crepuscular de Edda y Frances no pasó tan desapercibida como esperaban. Un intrépido periodista suizo que acechaba afuera del convento (tras la pista del supuesto matrimonio de Edda y buscando la exclusiva de otro escándalo de la hija "ninfomaniaca" de Mussolini) atestiguó el regreso a través de una ventana y concluyó que había estado afuera reuniéndose con su amante. En los días que siguieron los periódicos estuvieron

llenos de historias desagradables y de mal gusto sobre las licencio-
sas actividades nocturnas de Edda. Fue una advertencia cruel de
lo fácil que los alemanes podrían haberlas visto si hubieran estado
espiando. Y las historias difamatorias en los periódicos eran mejores que la verdad: la increíble historia de que Edda acababa de
entregar a los estadounidenses los explosivos diarios de guerra del
conde Ciano.

Esa madrugada, de regreso en su habitación, Edda se arrepintió de
su decisión y tuvo pánico. ¿Y si después de todo los estadounidenses
la traicionaban? ¿Qué les harían los alemanes a ella y a sus hijos
en represalia? Hilde Beetz y los alemanes los habían engañado a
ella y a Galeazzo. ¿No era cierto que los alemanes les prometieron
llevarlos a España de manera segura y en vez de eso los entregaron al poder de Joachim von Ribbentrop, el mayor enemigo de su
esposo, en Múnich? ¿Qué evidencia tenía, ahora que los estadounidenses poseían las copias, de que los derechos de publicación eran
suyos? Estaba desesperadamente quebrada y no veía otra forma
de restaurar las fortunas de sus familias. "Puse todas mis cartas en
la mesa y tuve confianza en usted y su gobierno y espero un trato
justo", escribió a Allen Dulles:

> No soy tonta y puedo ayudar mucho.[1] Las cosas no son tan fáciles como pa-
> recen [...] estoy esperando su respuesta con mucha ansiedad. No me haga
> esperar demasiado o tendré un segundo colapso nervioso fatal. Disculpe
> los errores, pero son las cinco de la mañana y no puedo dormir y estoy
> demasiado preocupada para molestarme en la correcta forma de escribir.

---

[1] Andrea Niccoletti, "The Decline and Fall of Edda Ciano", *Collier's Weekly*, 20 y 27
de abril de 1946; Howard McGaw Smyth, "The Papers: Rose Garden", Agencia Central de
Inteligencia, Historical Review Program, 22 de septiembre de 1993.

Edda reflexionó. Todavía tenía otra cosa a su favor. Había dia-rios que seguían en Italia, escondidos en Ramiola ("los choco-lates"). Edda trató de usarlos como incentivo ahora, agregando: "Otra cosa, el resto. El complemento de los diarios todavía está en Italia. Si me sacas de aquí estoy dispuesta a ir y traerlos, solo Pucci y yo sabemos dónde están. Pucci no sabe lo que yo sé".[2]

Lo que Edda no sabía era que los diarios que habían escondi-do (los cuales incluían algunos de los papeles más dañinos y deli-cados de Galeazzo) ya estaban en Alemania. Solo Edda y Emilio conocían su ubicación. Pero Emilio Pucci se había enamorado de la seductora Hilde y le había contado todo. Hilde Beetz había re-gresado a buscarlos, no en un acto de traición, sino en un intento desesperado por salvarse. Aunque al salvarse completó su misión de inteligencia.

En Weimar, Alemania, en ese preciso momento, Hilde estaba tra-bajando en secreto para completar la traducción de "los choco-lates" para sus superiores. Solo dos días después, el 12 de enero de 1945, Hilde terminaría su trabajo con los papeles en poder de los alemanes. Ese día enviaría los manuscritos originales y sus traducciones a Berlín, siguiendo las órdenes recibidas. Le habían dado instrucciones explícitas de no hacer copias. Cada noche, bajo una estricta seguridad, regresaba los borradores y los originales a la oficina de la Gestapo en Weimar para su resguardo. No hubo grietas en la seguridad. Cuando sus superiores leyeron los manus-critos de Galeazzo Ciano y tomaron las medidas necesarias que el contenido requería, los documentos fueron destruidos. Ambos, los papeles del pago anticipado y "los chocolates" de Ramiola, se fueron o se irían en cuestión de días. Solo que Edda no lo sabía.

[2] Paige Y. Durgin, "Framed in Death: The Historical Memory of Galeazzo Ciano", tesis, Trinity College, 2012, 48.

Ahora que Allen Dulles tenía los diarios de Galeazzo Ciano, era crucial que el material se transfiriera a Estados Unidos bajo una estricta seguridad. El gobierno estadounidense, ya apuntando hacia los juicios que con el tiempo se llevarían a cabo en Núremberg, entendió que los diarios eran evidencia poderosa en especial contra Joachim von Ribbentrop, y quizá también contra Ernst Kaltenbrunner y Heinrich Himmler. También había razones para creer que los materiales, a corto plazo, funcionarían como propaganda importante: un pequeño peso más que, al final, inclinaría la balanza de la guerra al lado de los Aliados.

No había forma de enviar miles de fotografías por telegrama. El material clasificado se debía llevar en secreto en un vuelo fuera de Europa y dirigido a través de una base aliada o de un país neutral. El viaje involucraría transitar por tierra a través de Vichy, Francia, y cruzar España para llegar a una base aérea en Portugal. Alguien tenía que volar desde Lisboa para entregar directamente las fotografías en Washington. Necesitaba ser alguien preparado para aceptar que él (o ella) podría no ser capaz de regresar a Suiza de inmediato si la situación política cambiaba. Alguien que fuera estadounidense. Alguien en quien la inteligencia de Estados Unidos confiara sin reservas. Allen Dulles no arriesgaría a un agente profesional como Cordelia Dodson o Tracy Barnes, no en 1945 cuando se desarrollaba la última etapa, la crucial etapa de la guerra. Así que Frances aceptó la misión.

Para ese momento Frances no había estado en Estados Unidos desde aquella semana, casi cinco años atrás, cuando se embarcó a Francia con Louis desde el puerto de Nueva York, en el primer arranque de amor y acabando de perder la custodia de su hija adolescente con el fin de proteger su matrimonio. Esa hija ahora era una mujer. Louis tenía otros amores. Los niños vivían en otro mundo con sirvientas y nanas. Su matrimonio estaba colapsando. Y este trabajo (su trabajo como espía, su aventura con Edda) era lo más importante que le había pasado en la vida.

Paul Ghali y Jacqueline recuerdan diferentes partes de la última aventura de Frances, su vuelo secreto para llevar los Diarios de Ciano a Estados Unidos, permitiéndonos juntar las partes de la historia. Años después, cuando le preguntaron a la esposa de Paul Ghali si Frances actuó como la mensajera estadounidense, buscó en los archivos de su esposo para entonces muerto. "Usted mencionó a la mujer estadounidense, Mme. de Chollet, cuyo nombre Paul usaba. Yo estaba 90% segura de que ella fue la mujer que llevó las fotografías a Estados Unidos, pero quería estar 100% segura, así que desenterré el gran archivo de los Diarios de Ciano y lo revisé. Resultado: Sí, fue Mme. de Chollet quien lo hizo. Al parecer era muy buena amiga de Edda Ciano en Suiza."[3]

Jacqueline tiene recuerdos diferentes, pero complementarios, de aquel invierno. Su madre odiaba volar, pero cuando era más grande le contó la historia de cómo una vez voló en una "aeronave" a Estados Unidos desde Lisboa para llevar algo. Tuvo que salir de Suiza sin que la vieran, viajar por Francia, España... y seguro lo hizo con otro pasaporte porque el suyo estaba bastante limpio de registros. Es emocionante imaginar a Frances manejando el Topolino por la Riviera Francesa, y a su lado, en el asiento del copiloto, la lata de fotografías que Edda y ella habían salvado para la historia. Frances nunca mencionó esa parte. Solo le contó a su hija que el despegue de Lisboa con mal clima fue una pesadilla y que fue lo único que de verdad la asustó.

Y con ese último viaje para entregar las copias de los diarios de Galeazzo Ciano al Departamento de Estado en Estados Unidos parece que la carrera de inteligencia de Frances de Chollet terminó tan rápido como empezó.

---

[3] James H. Walters, *Scoop: How the Ciano Diary Was Smuggled from Rome to Chicago Where It Made Worldwide News. An Historical Adventure* (impreso de forma privada, 2006), 139.

La amistad de Frances con Edda Ciano no terminó. A través de lo vivido se convirtieron en una especie de hermanas: una amistad forjada en la adversidad y las penas de dos mujeres de mediana edad que ya no sabían a dónde iban. Frances estaba decidida a que Edda no fuera traicionada (u olvidada). Entregó las fotografías, visitó familiares en Estados Unidos y luego regresó a Suiza. Frances tomó el rol de asesora financiera de Edda. Ella iba a asegurarse de que Edda recibiera (de la publicación de los diarios) los fondos que necesitaba para asegurar la independencia de su familia.

El periódico de Paul Ghali, el *Chicago Daily News*, al principio ofreció tres mil quinientos dólares por los derechos para publicar los Diarios de Ciano, de los cuales el Departamento de Estado de Estados Unidos reservó el derecho de censor si era necesario para la seguridad nacional. Edda había considerado una suma mucho más grande y estaba desesperada. Al final, impulsado por las insistencias de Frances como la anfitriona de la casa de los espías, Allen Dulles y el Departamento de Estado aprobarían a Edda unas regalías no registradas, pagadas a través del periódico, de veinticinco mil dólares por los derechos mundiales en inglés. Era justo lo que los diarios merecían. Claramente serían una bomba y estaban destinados a convertirse en un bestseller. Allen Dulles lo vio cuando recibió las primeras traducciones de regreso a Estados Unidos en marzo de 1945. Ahí había evidencia para acusar a los alemanes (en especial a Joachim von Ribbentrop) de crímenes de guerra. Frances también se reservó los derechos en francés. Edda asignó para su amiga el único derecho de negociar contratos comerciales.

Con la publicación asegurada, Edda empezó a ponerse demasiado ansiosa por los efectos colaterales. ¿Cómo iban a sacarlos (a ella y a los niños) de Suiza y mantenerlos fuera de todo peligro? Hubo algunas conversaciones en los telegramas de Allen Dulles de regreso a Washington de Edda Ciano solicitando asilo en Estados Unidos, pero no llegaron a ninguna parte. Ninguno de los Aliados quería tocar el problema de la hija de Mussolini en la primavera de 1945, cuando la guerra aún no terminaba por completo. Eso dejó a Edda todavía como refugiada en Suiza y en sufragio, aunque sus amigos habían conseguido moverla a unas mejores habitaciones en Montreaux. El mayor miedo de Edda era hacer enojar a los suizos. "Debemos ser muy cuidadosos —le dijo Edda a Frances—. Por Dios, dile a Paul que tenga mucho cuidado […] porque si las autoridades se enteran de algo raro, iré a otro convento."[4]

Para finales de abril de 1945 los Aliados estaban a punto de ganar en Europa, y los cabos sueltos empezaron a atarse de manera apresurada. Los nazis tenían dos partes importantes de los papeles de Galeazzo: los papeles de pago anticipado, entregados como parte del escape planeado de la prisión, y "los chocolates". Hilde Beetz había sido asignada a traducir estos documentos y algunos escritos personales capturados de Benito Mussolini, mientras trabajaba en su casa en Weimar, Alemania.

Cuando Hilde terminó las traducciones, la Gestapo envió los manuscritos originales de Galeazzo y las traducciones al comando superior nazi, donde el paquete por fin llegó a manos de Adolf Hitler. Este revisó los materiales en posesión de los alemanes y en algún momento de abril o mayo de 1945, justo antes del final, ordenó en persona la destrucción de los Diarios de Ciano. Tanto los originales como las traducciones de Hilde perecieron.

Como todo el mundo sabe, el padre de Edda no sobrevivió aquellas últimas semanas de la guerra en Europa. Tampoco Clara Petacci, quien trató de salvar a Galeazzo la última noche en Verona. Mussolini vivió con miedo de lo que podría pasarle si traicionaba a Hitler. Pero al final, el peligro vino de otro lado. El 28 de abril, en

---

[4] Carta de Edda Ciano a Frances de Chollet, Colección Frances de Chollet.

un pequeño pueblo al norte de Italia, los partisanos de la resistencia local, después de haber rastreado a Il Duce, alinearon a Benito Mussolini y a su amante Petacci contra una pared y los mataron a tiros. Después colgaron sus cuerpos boca abajo en la plaza, una imagen aterradora captada por la cámara. En aquellos momentos finales, cuando enfrentó al escuadrón vigilante, ¿Mussolini habrá pensado en cómo su muerte era similar a la que él había ordenado para su yerno (una mañana de enero hacía poco más de un año)? ¿Habrá pensado en Edda, su hija favorita?

La furia de Edda surgió más fuerte que nunca. La prensa suiza reportó (cierto o no, nadie está seguro) que Edda, cuando escuchó sobre la muerte de su padre y, después, el abuso público de su cuerpo, se puso un vestido rojo brillante y salió a dar una caminata de celebración desafiante.[5]

Benito Mussolini fue ejecutado el 28 de abril. Dos días después, Eva Braun y Adolf Hitler se suicidaron en su búnker en Berlín. La guerra terminó oficialmente en Europa poco más de una semana después, el 8 de mayo de 1945, y antes de que el mes acabara el jefe de Hilde Beetz, Ernst Kaltenbrunner, sería arrestado, y Heinrich Himmler se suicidaría. En junio los Aliados arrestarían al peor enemigo de Galeazzo, el hombre que hasta los otros nazis odiaban: Joachim von Ribbentrop.

Hilde sabía que solo era cuestión de tiempo antes de que ella y su esposo fueran arrestados. Había pasado la guerra como espía nazi, trabajando con la Gestapo. Gerhard Beetz había sido comandante militar. Hilde se refugió en casa de su madre y trató de mantener un perfil bajo. Pero solo estaba esperando los golpes en la puerta y una sentencia de prisión.

---

[5] Wolfgang Achtner, "Edda Ciano", *The Independent*, obituario, 23 de octubre de 2011.

Claro, la Segunda Guerra Mundial continuó en el escenario del Pacífico hasta mediados de agosto, pero para aquellos en Italia, Suiza y Alemania había celebraciones salvajes y otros dolorosos ajustes de cuentas en mayo. Los suizos querían deshacerse de Edda Ciano. Nunca había sido una refugiada bienvenida. Qué hacer con ella y Emilio Pucci ahora eran preguntas abiertas. Emilio quería regresar a Italia, pero su estatus como oficial complicaba su repatriación y se arriesgaba a enfrentar una corte marcial por deserción. También era casi seguro que le harían un juicio y terminaría en prisión. Cordelia Dodson, su antigua amiga del Reed College y agente de la oss, intervino para tratar de salvarlo.

Cordelia le argumentó a Allen Dulles que, sin los heroicos esfuerzos de Emilio, Edda y los diarios nunca habrían llegado a Suiza. Cuando Allen Dulles fue completamente informado del rol que jugó Emilio en la preservación de los manuscritos y en el escape de Edda de Italia[6] estuvo de acuerdo en que, si Emilio ponía su historia en el registro para futuras acusaciones, harían algo para facilitar su regreso a Italia después de la guerra. En mayo y junio Emilio fue interrogado dos veces por el gobierno de Estados Unidos y registró en dos extensos documentos la dramática historia de su escape de Ramiola y su tortura en manos de la Gestapo. Emilio también dio información detallada sobre la ubicación de "los chocolates" (la parte de los diarios de Galeazzo que, hasta donde Edda y Emilio sabían, seguía escondida con el doctor Melocchi).

En cuanto la guerra acabó, Allen Dulles en persona viajó a Ramiola para recuperar los diarios y las joyas que Edda y Emilio dejaron escondidos en la estación eléctrica. Claro, no encontró nada. Hilde Beetz, enfrentada por las acusaciones del informante de la Gestapo, el padre Guido Pancino, los había "descubierto" en una oferta por salvar su vida y se los entregó a los nazis. Allen Dulles

---

[6] Durgin, "Framed in Death...", 54.

se enteró de que los alemanes le habían ganado el paquete y no necesitaba que le dijeran que Hitler ya había ordenado su destrucción. Para Allen Dulles era obvio que esa parte de los Diarios de Ciano se había perdido para la historia. Los estadounidenses recibieron de Edda una porción pequeña de los originales: cinco volúmenes delgados de lo que alguna vez fueron tres portafolios de papeles. Los diarios que poseían los Aliados (salvados por los esfuerzos conjuntos de Hilde, Edda y Frances) fueron crucialmente importantes. ¿Pero solo eran una muestra?

El 27 de mayo de 1945 Allen Dulles sostenía en las manos un paquete de papeles. Eran las traducciones de los diarios que Edda Ciano, con ayuda de Frances de Chollet, permitió que los estadounidenses fotografiaran aquella noche en Le Guintzet en la mesa de la cocina. Frente a Allen Dulles estaba Robert H. Jackson, designado por el presidente como jefe del consejo de Estados Unidos y el fiscal general en los juicios de crímenes de guerra que después se conocerían como los juicios de Núremberg por su ubicación. La exclusiva del Holocausto en Europa era tan fuerte en su depravación que el Tribunal Militar Internacional, por primera vez en la historia, intentaría traer a los mayores perpetradores ante la justicia. Los cargos serían crímenes contra la paz, conspiración, crímenes de guerra y crímenes contra la humanidad.[7] Allen Dulles en persona entregó el paquete de papeles al juez Jackson. Los documentos señalaban a Ernst Kaltenbrunner y al archienemigo de Galeazzo, Joachim von Ribbentrop.

Hilde Beetz, Edda Ciano y Frances de Chollet: cada una de ellas arriesgó su vida para que ese momento fuera posible.

---

[7] Robert D. Bush, "An Investigation into the Trial of a Nazi War Criminal: Joachim von Ribbentrop at Nuremberg, Germany, 1945-1946", tesis, Universidad de Richmond, 1963, 18.

Robert Jackson había esperado ese momento y lo anotó en sus cuadernos. Entendió por completo la importancia de los diarios de Galeazzo Ciano, aunque no comprendió que fueron tres mujeres quienes arriesgaron todo para salvarlos. Como Paul Ghali, Robert Jackson las eliminó de la historia, aunque sin saberlo. Escribió: "Dulles ha mantenido un puesto de la OSS en Suiza y es uno de los más valiosos para nosotros. Él tiene […] los diarios del conde Ciano […] Tras largas negociaciones, Dulles en persona consiguió los diarios. Contienen muchas cosas que se dicen perjudiciales para Ribbentrop".[8] Allen Dulles consideró el asegurar los Diarios de Ciano como una de sus mayores victorias de tiempos de guerra.

Para junio, el destino de Edda se había decidido. La regresarían a Italia. Como hija de Mussolini, su posición era precaria. Nada podía suavizar el hecho de quiénes habían sido su padre y su esposo. Nada podía cambiar el hecho de que ella y Galeazzo (antes de corregir el rumbo en medio de la guerra) eran fascistas. Los suizos, que nunca quisieron a Edda Ciano, estaban decididos a sacarla y Edda escribió una última carta a Allen Dulles confundida y preocupada por su futuro. No podía entender por qué la obligaban a regresar a un país donde sabía que la odiaban. "No soy un criminal de guerra (¿cómo podría serlo?). Mi gobierno no me solicita. Nunca en la vida hice nada en contra de los suizos. Si me envían de regreso a Italia pronto sabré el significado de la muerte."[9] Ella vio cómo terminó la historia para Galeazzo y su padre. Era cierto que ella nunca tuvo ningún rol político. Su apoyo a Mussolini y Hitler fue personal y simbólico. Pero el universo moral de Edda era miope. Nunca logró entender bien, incluso décadas después, su culpa como fascista. Solo veía la violencia que habían ejercido sobre su familia

[8] Niccoletti, "The Decline and Fall of Edda Ciano".
[9] *Idem.*

y los sacrificios que habían hecho al darle la espalda al fascismo en el verano de 1943 con el voto de Galeazzo en el Gran Consejo.

Al final la deportaron a Italia y la juzgaron por crímenes que incluían actuar a favor del fascismo, persecución de judíos y contribuir a desatar la guerra. En Italia fue sentenciada a arresto domiciliario durante dos años en la pequeña isla de Lipari, donde pronto encontró a un hombre guapo para hacerle compañía. Los niños Ciano se quedaron en Roma esos años con Frau Schwarz, su nana suiza.

Para Frances de Chollet, el final de la guerra fue el final de una aventura y un momento inolvidable y, a veces, de una claridad amarga y desgarradora. Ya periodistas como Paul Ghali la estaban excluyendo de la historia de la cacería de los Diarios de Ciano, no por alguna intención maligna, sino porque era irresistible que fuera un hombre el héroe de tan buena aventura de espías. Ella era la esposa de un rico banquero y una madre de cuarenta y tantos. Se esperaba que las mujeres de Estados Unidos y Europa que participaron en el esfuerzo bélico, desde la agente aficionada de Allen Dulles y las descifradoras de códigos en Bletchley hasta Rosie la remachadora, se retiraran a lo doméstico, preparando todo para los soldados que regresaban de la guerra. Para Frances ese retiro a lo doméstico era imposible. En esa época su matrimonio ya era irreparable. Ambos tenían otros amantes. Pronto Louis se divorciaría y con el tiempo se casaría con ese accesorio del salón de Le Guintzet en Friburgo: Roselyne Radziwill. Frances se estaba dejando llevar por la pasión de una relación con un general francés y viajó con él a Alemania en las semanas posteriores al final de la guerra, donde atestiguó y fotografió la terrible destrucción de las ciudades bombardeadas. Después sintió que, con su trabajo con Edda salvando los diarios, ella había participado en la lucha por vencer a los nazis.

Quizá esa participación no fue celebrada de manera pública. Pero ese verano Frances fue recompensada por sus esfuerzos como espía *amateur* con la cosa que más quería: su automóvil. Allen Dulles se aseguró de que eso pasara. Cuando ella y Louis abandonaron París en 1940, adelantándose a los problemas policiales por el trabajo de Louis en el contrabando de fondos fuera de la capital ocupada, Frances tuvo que dejar su amado Packard sedán gris. Lo estacionó en la bodega de la fábrica de champú Cadoricin, propiedad de un amigo de la familia. No tenía idea de si los alemanes habrían descubierto y confiscado su más querida posesión, pero soñaba que, de alguna manera, seguiría esperando por ella bajo las sábanas y en medio de cajas apiladas. Eso, le dijo a Allen Dulles, era el agradecimiento que quería por su contribución en la misión espía que él consideraba uno de los logros más grandes de la inteligencia estadounidense en Suiza en guerra: permiso para ir a París a buscarlo.

Allen Dulles, a su favor, no excluyó a Frances de la historia, al menos no en sus comunicaciones privadas al Departamento de Estado. "Una mujer estadounidense casada con un suizo llamada Mrs. Frances Cholet [*sic*] nos ha dado un gran servicio",[10] escribió a los oficiales en el departamento. "Ahora, ella aplica a través del Consulado para solicitar una enmienda en su pasaporte para Francia ya que tiene una casa y muebles en París […] Aunque el viaje no tiene significado militar directo, me gustaría apoyar su solicitud […] Les agradecería mucho que hicieran que nuestro enlace del Departamento de Estado mencionara esto."[11]

Frances consiguió el permiso. Con la visa a Francia en mano, viajó de regreso a París para buscar y traer su Packard, el cual descubrió lleno de polvo y resequedad tras cuatro años de estar guardado, pero a salvo. Jacqueline, pensando en su madre, imagina cómo fue a París, arregló el carro ella sola como una hábil mecánica y lo manejó con los vidrios abajo y la bufanda volando al

---

[10] Carta de Allen Dulles a Charles G. Cheston, 11 de abril de 1945, RG226, Archivos Nacionales de Estados Unidos.
[11] *Idem.*

viento… todo el camino de regreso a Suiza, cuando el resto de su mundo doméstico colapsaba a su alrededor. "Esa era mi madre", dice Jacqueline.[12]

El 25 de junio de 1945 el periódico de Paul Ghali, el *Chicago Daily News*, publicó su primera entrega serial de los diarios del conde Galeazzo Ciano, cubriendo los años de 1939 a 1943. Cada semana del mes siguiente las entregas cautivaron a Estados Unidos, hasta que se volvió un bestseller del *New York Times*, cuando lo lanzaron como libro en 1946. Solo aquellos en el círculo interno de conspiradores, quienes habían luchado por salvar los diarios y persuadir a Edda de que los entregara a los estadounidenses supieron lamentar lo que faltaba. Perdidos en Alemania estaban los primeros volúmenes de los años 1937 y 1938, así como los registros más completos de Galeazzo sobre sus conversaciones en la Oficina de Relaciones Exteriores y los diarios de Edda del periodo de guerra. Pero lo que estaba en los diarios oficiales que habían viajado a Suiza con Edda era suficiente para ser explosivo (y suficiente para causarle serios problemas a Joachim von Ribbentrop).

---

[12] Entrevista a Jacqueline de Chollet en 2021.

CAPÍTULO 19

EL JARDÍN DE ROSAS
30 de junio de 1945-16 de octubre de 1945

Heinrich Himmler estaba muerto, parte de una ola de suicidios en masa de los oficiales nazis de alto rango que se extendió por Alemania tras la decisión de Hitler de quitarse la vida en su búnker de Berlín. Ernst Kaltenbrunner y Joachim von Ribbentrop estaban en custodia de los Aliados, enfrentando juicios por crímenes de guerra. Wilhelm Harster, implicado en el asesinato de más de cien mil judíos, se había dado a la fuga.[1] Cuando por fin lo encontraron también enfrentó juicios por sus crímenes en Holanda e Italia. Wilhelm Höttl, arrestado a principios de mayo, se deslizó por la red. De manera astuta contactó a la OSS en Suiza en mayo de 1945, ofreciendo sus servicios como agente doble. Para salvarse, prometió volverse un cazador de nazis y empezó nombrando todos los operativos conocidos de la Amt VI.

Y así fue como el 19 de junio de 1945 el ejército de Estados Unidos, representado por el teniente French, llegó por fin a la puerta principal de una casa en Weimar donde vivía Hilde Beetz con su madre anciana. Durante semanas Hilde estuvo expectante y temerosa por este momento. Como espía y agente de los servicios de inteligencia del régimen nazi, Hilde, al igual que sus superiores,

---

[1] Richard Breitman, "Records of the Central Intelligence Agency (RG 263)", Interagency Working Group, Archivos Nacionales de Estados Unidos, abril de 2001.

esperaba ser juzgada y encarcelada por sus actividades en la guerra. Fue arrestada y llevada en custodia como una agente alemana. En su interrogatorio (gracias a la inteligencia ofrecida previamente a los estadounidenses por su jefe cazador de nazis, Wilhelm Höttl), de forma inevitable le preguntaron sobre su rol en la obtención de los papeles de Galeazzo Ciano para los alemanes.[2]

Sí, la agente Beetz había conseguido los diarios para los nazis como espía y los había traducido. Confirmó que la Gestapo envió a Berlín los originales y sus traducciones (cuando las terminó). No podía confirmar qué hicieron sus superiores con esos documentos, pero ella reportaba ante Kaltenbrunner, Himmler y, al final, Hitler. No dudaba que hubieran destruido los materiales. Los manuscritos contenían información dañina. Siempre supo que los desaparecerían.

Por eso, le dijo al teniente French, hizo copias secretas.

Hilde sabía que estaba violando órdenes directas. De manera explícita se le dijo que las copias no estaban permitidas. Cada noche, cuando terminaba el trabajo de traducción del día, entregaba los papeles al cuartel general de la Gestapo en Weimar para resguardo nocturno. Cada mañana, bajo estricta vigilancia, los volvía a sacar. Si la hubieran descubierto haciendo copias a escondidas durante las horas en las que estaba sola con los manuscritos, el cargo habría sido insubordinación y traición.

Pero Hilde había amado a Galeazzo. Él fue el gran amor de su vida, le confesó a su madre en lágrimas. Al traducir los manuscritos, día tras día, hora tras hora, había vivido con sus palabras privadas y pensamientos, frase tras frase. Su voz estaba, en un sentido muy real, con ella constantemente conforme trabajaba en los

---

[2] "Beetz, Hildegard, nee Burkhardt", notas de interrogatorio, 20 de julio de 1945, XX8382, Archivos de la Agencia Central de Inteligencia.

papeles. Los diarios de Galeazzo no eran fríos, no eran registros indiferentes de lo que había visto. No. Eran íntimos, chismosos e irónicos, justo como él. No solo hablaba de Roosevelt, Churchill, Hitler, Ribbentrop y la guerra, también de temas íntimos. Por ejemplo, de la tumba de su padre decía "mi juventud también está enterrada en esa tumba"[3] o de su esposa "que es inteligente y franca". A veces incluían cartas que Edda le mandó, donde escribía sobre "esa idiotez de la inconstancia que hace de la mía la más imposible de las familias", recordándole: "Querido Gallo, tomémoslo como venga, ¡con la frente en alto!".

Hilde fracasó en salvar a Galeazzo. Su último deseo al enfrentar la muerte fue ver sus diarios publicados, para que el mundo supiera la verdad de lo que había pasado en Italia. Hilde quería, al menos, cumplir su palabra. Tal vez lo más importante de todo: ninguna mujer que pierde al hombre que ama dejaría ir la última pieza de él... sin importar el riesgo. Entonces, según el reporte que Hilde dio al teniente Stewart French, hizo lo obvio: "Preservó copias de las entradas de los diarios del 22 de agosto de 1937 al 31 de julio de 1939, con papel carbón en sus traducciones".[4]

El teniente French estaba asombrado. Quería estar seguro de que entendió bien: ¿salvó copias de los diarios perdidos de Galeazzo Ciano y copias de las traducciones de todos sus papeles perdidos? ¿Dónde estaban? Hilde hizo una pausa. Los había enterrado, confesó, en una caja de estaño al fondo de su jardín de rosas. A menudo se sentaba ahí en las noches, a pensar.

El reporte oficial del teniente French, de estilo telegráfico, no se permitió ninguna descripción de la escena, pero la ocasión era trascendental. Esos eran algunos de los registros de guerra más importantes. Agentes por toda Europa continental estaban buscándo-

---

[3] *Ciano Diaries, 1939-1943: The Complete, Unabridged Diaries of Count Galeazzo Ciano, Italian Minister of Foreign Affairs*, ed. Hugh Gibson (Nueva York: Doubleday, 1945), 206, 257, 386, 524.

[4] Howard McGaw Smyth, "The Papers: Rose Garden", Agencia Central de Inteligencia, Historical Review Program, 22 de septiembre de 1993.

los. Todo lo que Stewart French registró fue que, pala en mano, representantes del ejército de Estados Unidos y la agente de inteligencia nazi Hilde Beetz caminaron entre las flores. Rápido encontraron la caja. La había enterrado poco tiempo antes, cuando Hilde se preocupó de que registraran su casa y le dio miedo perderlos. Adentro de la caja los papeles estaban secos y en excelentes condiciones.

Estos no eran todos los papeles de Galeazzo Ciano. El teniente French describió: "Frau Beetz ahora revela otros lugares escondidos de los papeles de Ciano. A. En Como Italia con una familia llamada Pessina [...] B. En Imersago Italia con Pio di Savoia antiguo embajador español en el Vaticano. C. Se cree que los documentos en estos 2 lugares son al menos igual de valiosos que los que ya están en su poder".[5] El teniente French escribió su reporte (el cual recibió el nombre en clave de Papeles del Jardín de Rosas) y envió los materiales de regreso al cuartel general del duodécimo ejército de Estados Unidos en Alemania.

El 30 de junio de 1945 el reporte de su asombroso descubrimiento llegó a oídos de Allen Dulles en Suiza. Poco tiempo después recibió los papeles de Galeazzo. Contra todos los pronósticos, ahora habían recuperado en Weimar del jardín de Frau Beetz no solo los dos volúmenes faltantes de los diarios de la época de la Oficina de Relaciones Exteriores de Galeazzo, también las Conversaciones y los archivos que el conde llamaba Germania. Habían encontrado "los chocolates" perdidos de Edda.

Estos dos paquetes de papeles que ahora Hilde revelaba, dejados atrás con Tonino Pessina y el antiguo embajador de España, fascinaron a Allen Dulles. ¿Eran copias o eran otros materiales, diferentes, nuevos, desconocidos? El servicio de espías de Allen Dulles los buscó. La Gestapo había visitado a la familia Pessina

---

[5] Memorando sobre Hilde Beetz, de Spearhead, Amzon, para Hitor, Weimar. 18 de junio de 1945, oss 1366, Archivos de la Agencia Central de Inteligencia, desclasificado en 2001.

poco después de que Edda escapó a Suiza y los sometieron a un interrogatorio aterrorizante. La familia insistía en que ellos no habían pasado ningún manuscrito a los alemanes y no sabían nada de esos papeles. Pero Tonino no podría ser criticado si hubiera decidido que era más seguro quemar los materiales. Los papeles que se dijo que se quedaron con el embajador de España desaparecieron sin dejar rastro.

Los estadounidenses ahora tenían un dilema. ¿Qué hacer con Hilde Beetz? Si su historia era cierta, había actuado como una agente doble autoproclamada para los Aliados (así lo veía Allen Dulles). Fue miembro del Partido Nazi, espía de la Amt VI durante la guerra y debía ser procesada como criminal de guerra. Podía esperar una modesta sentencia en prisión y una "desnazificación" (una degradación de gran alcance que terminaría con su carrera). Aunque había trabajado para socavar la misión alemana y para lograr que los diarios llegaran a los Aliados. En sus acciones había repudiado el fascismo no menos que Galeazzo Ciano.

La situación era políticamente sensible y requería un intenso escrutinio. ¿Cabía alguna posibilidad de que los manuscritos en su poder fueran falsificaciones? Estaban destinados a servir de testimonio contra Ernst Kaltenbrunner y Joachim von Ribbentrop en los juicios internacionales. Ser engañados por una espía alemana sería una gran vergüenza. "En este caso se llevaron a cabo esfuerzos extraordinarios para examinar los antecedentes y la experiencia de esta agente", dicen los archivos sobre Hilde Beetz.

Lo que aprendieron los estadounidenses fue impresionante. Hilde Beetz era una agente excepcional. Una de las mejores entre los mejores. Y gracias a Dios resultó que había estado trabajando de forma clandestina para apoyar a los Aliados. Al final de la Segunda Guerra Mundial, con la Guerra Fría llenando el horizonte, su valor potencial como espía en la Europa de posguerra era evidente. De manera más inmediata, ahí tenía a la agente que podía corroborar la información ahora ofrecida a los estadounidenses por su antiguo jefe, el cazador de nazis voluntario Wilhelm Höttl. Si él podía ser investigado, podría ser un recurso de gran valor que podía llevar a los estadounidenses a un gran número de criminales de guerra. Pero claramente también era convenenciero. ¿Se podía confiar en él? Si traían a Hilde Beetz como agente doble, Wilhelm Höttl tal vez le diría a Hilde (en quien confiaba sin escatimar esfuerzos y de quien, con toda probabilidad, todavía estaba enamorado) sus verdaderos motivos.

Para julio de 1945 los estadounidenses confirmaron que Hilde *había* actuado como agente doble, trabajando contra los intereses alemanes, en sus esfuerzos para salvar a Galeazzo Ciano y sus papeles. El trato se cerró. La antigua agente alemana de la Amt VI, Hilde Beetz, a cambio de su seguridad y para evitar acusaciones, espiaría para los estadounidenses en la Alemania de posguerra y les daría información a corto plazo, en especial de Wilhelm Höttl. "Debido a lo delicado del proyecto que va a emprender y a la posibilidad de que su asociación con CIANO algún día haga que alguien, por un malentendido, crea que estamos albergando a una malvada reina de los espías de fama internacional"[6] será investigada a fondo. La asignarían bajo la cubierta de secretaria, como una "agente doble potencial [en] operaciones contra las Estaciones de Inteligencia Soviéticas situadas fuera de Berlín".[7]

Fue una oferta que Hilde no pudo rechazar. No solo era el hecho de ir a prisión y ser sujeto de "desnazificación". Su esposo Gerhard Beetz también había sido arrestado como un oficial militar alemán y su destino de posguerra estaba pendiente. Entonces, podía seguir trabajando como agente de la inteligencia (un trabajo que le encantaba y en el cual era excelente) o podía enfrentar una década de castigos, desempleo y una posible sentencia de prisión. Los

---

[6] "Subject: Gambit's Lebenslauf and Analysis by AB 16", 5 de junio de 1946, LBX-347, Archivos de la Agencia Central de Inteligencia.

[7] "Project Proposal for CIB: GAMBIT", 13 de julio de 1946, LBX-435, Archivos de la Agencia Central de Inteligencia.

archivos estadounidenses registraron de forma abierta y sin rodeos que en su caso: "Nuestro control sobre ella es completo. Se le puede describir como una de las pocas alemanas con convicciones antinazis genuinas desarrolladas antes y durante la guerra. Tiene fuertes orientaciones hacia occidente. Por último, como [póliza de] seguro, su esposo es un oficial alemán ahora en custodia estadounidense".[8]

Ella y Gerhard Beetz se divorciaron en 1947, poco después del final de la guerra, pero el control estadounidense sobre Hilde continuó durante más de tres décadas, de una u otra manera. Primero la CIA la desplegó bajo una nueva identidad, como una agente encubierta con la tarea de "ayudar a los dobles agentes actuales y futuros en sus operaciones contra los soviéticos".[9] Tuvo un segundo matrimonio breve y fallido con un espía estadounidense. Luego intentó reconstruirse y se casó por tercera vez con un periodista en Alemania Occidental en la década de 1950. Pero todavía en 1982 la CIA debatió "reactivarla" como agente. Solo hubo una cosa que hizo que la CIA se detuviera sobre Hilde: como se indica en el archivo, ella "quizá está más familiarizada con la historia de nuestra organización y su personal que cualquier otro agente que haya dirigido esta base",[10] gracias a un oficial de caso en 1945 que también "se enamoró profundamente" de ella. Ese oficial de caso, de hecho, puede ser el mismo espía que pronto se volvió su segundo esposo. Quien sea que fuera, se siente una punzada de compasión por cualquier agente asignado a "dirigir" a Hilde aquel primer verano cuando la guerra terminó. Incluso en sus sesenta años, la CIA decidió que era imprudente tratar de pensar que alguien podía controlar a Hilde.

[8] *Idem.*

[9] "CIA and Nazi War Crim. and Col.", borrador de trabajo, capítulo 3, "Persons from All Spheres of Influence (U)", Archivos de la Agencia Central de Inteligencia, 42; Ray Moseley, *Mussolini's Shadow: The Double Life of Count Galeazzo Ciano* (New Haven, CT: Yale University Press, 2000), 264.

[10] "CIA and Nazi War Crim.", 46.

Pero la verdad también es algo más fuerte y más triste. En el verano de 1943 Hilde, a sus veintitantos años, se encontró en una crisis infernal de decisión e indecisión moral. Y como había sido una espía nazi, nunca volvió a haber para ella un camino recto, como tampoco lo hubo para Edda. Hilde fue la espía que nunca salió del aislamiento, nunca fue reconocida o aceptada. Edda siempre fue la hija de Mussolini.

No hay registros de que Hilde y Edda volvieran a hablar después de la guerra. Hacerlo habría sido peligroso para las dos. En especial para Hilde, como espía estadounidense en Alemania Occidental, con su cubierta "desnazificada", contactar a la hija fascista de Mussolini habría generado muchas preguntas. Tampoco habría ayudado a Edda contactar con una antigua operativa de inteligencia nazi, ya que la vida de posguerra de Edda empezó con una sentencia criminal en Italia cuando los suizos al final deportaron a su refugiada incómoda.

Frances y Edda sí permanecieron en contacto después de la guerra, al menos durante un tiempo. Lloraron juntas en noviembre de 1945 cuando la madre de Susanna, Virginia Agnelli, tan llamativa y temeraria como siempre, murió en un accidente automovilístico en un bosque de pinos fuera de San Rossore, al norte de Italia. Según uno de sus biógrafos, Virginia y su chofer perecieron cuando el carro que manejaba giró con brusquedad hacia el tráfico que venía en dirección contraria y chocó con un camión del ejército de Estados Unidos que venía en el otro carril.[11] Entre las "hermanas de la resistencia" que ayudaron a burlar a los nazis y entregar los papeles de Galeazzo Ciano a los estadounidenses y al tribunal de crímenes de guerra en Núremberg, Virginia Agnelli y sus hijas merecen ser contadas. La amistad de Virginia con Frances

---

[11] Judy Bachrach, "La Vita Agnelli", *Vanity Fair*, abril de 2001.

de Chollet sirvió como un punto importante de conexión entre Frances y Edda en un momento en el que establecer confianza entre extraños importaba. Ella luchó mucho para ayudar a Edda cuando estaba encarcelada en un "manicomio provincial" y fue leal a Emilio. Sus hijas Clara y Maria Sole actuaron pequeñas partes en el drama de inteligencia que se desarrolló en Le Guintzet en el otoño de 1944. Pero el rol de su hija Susanna fue fundamental.

Susanna Agnelli, tal vez una cuarta "hermana" honoraria en esta historia, fue la persona que conectó a Hilde, Emilio, Galeazzo, Edda y Frances en un círculo de amistad, y ella, a sabiendas, aceptó los riesgos de desafiar a la Gestapo. No se casó con el príncipe Lanza ni se volvió médico. Tras la guerra, Susanna Agnelli se convirtió en ministro de Relaciones Exteriores, el puesto una vez ocupado por su imperfecto, condenado, pero muy querido amigo: Galeazzo Ciano. Fue la primera mujer en ocupar ese cargo.

La amistad de Edda y Frances sobrevivió. Edda nunca olvidó la emoción o el terror de aquel "pequeño viaje" que ella y Frances hicieron de Monthey a Friburgo con los diarios de Galeazzo o cómo se escabulló de regreso a través de una ventana del asilo antes del amanecer, cuando su misión fue cumplida, diciendo adiós a Frances con la mano y una sonrisa. Edda escribió con melancolía a Frances: "Extraño nuestras charlas y misteriosas *rendez-vous*".[12] Las dos mujeres siempre compartirían también esa solidaridad particular que surge de conocer la tristeza de tener un esposo infiel y mujeriego. Cuando la guerra terminó, Frances ya había decidido que se iría a Estados Unidos.

Desde su reclusión en una isla de Italia, Edda le escribió a Frances en febrero de 1946, justo cuando el matrimonio de Frances estaba en las etapas finales de su rompimiento:

---

[12] Carta de Edda Ciano a Frances de Chollet, Colección Frances de Chollet, MC292, Public Policy Papers, Departamento de Colecciones Especiales, Biblioteca de la Universidad de Princeton.

292   HERMANAS DE LA RESISTENCIA

Querida Frances, ¿cómo va la vida? ¿Tuviste éxito en salir de Suiza y llegar a Estados Unidos? Hace tanto tiempo de nuestro pequeño viaje juntas […] Espero que la estés pasando de maravilla y sin contratiempos. ¿Cómo está Louis? ¿Saliendo como siempre? La muerte de Virginia fue un terrible golpe. Parece increíble. Realmente la Muerte siempre está en nuestra espalda lista para atraparnos. ¿Cómo está el clima? Aquí está bien, aunque hace mucho frío porque no hay calefacción. Escríbeme. Saludos a Louis. Con cariño, Edda.[13]

Como posdata, Edda agregó: "¿Por qué no vienes a Italia y a Lipari?".

Frances nunca visitó la isla. La sentencia de Edda iba a durar dos años, pero en junio de 1946 les otorgaron amnistía a todos los presos políticos. Al final, Edda solo estuvo diez meses encarcelada en la isla, después regresó a Roma con los niños. Para entonces Edda también se había enamorado. Su novio era un hombre joven, un local de la isla llamado Leonida Bongiorno, quien recordó después que cuando conoció a Edda en 1945 "parecía una pequeña golondrina herida".[14] Edda le pidió a Leonida que se fuera a vivir con ella a Roma. "Ven a vivir conmigo[15] —escribió en cartas apasionadas—. No abandones la felicidad que Dios te ofrece." Pero Leonida ya había pasado. Tenía una nueva novia, la mujer con quien pronto se casaría. En Roma, Edda se mantuvo fuera del centro de atención de manera cautelosa durante la siguiente década. Tras la guerra, nadie quería hablar del fascismo. Edda era la hija de Mussolini: un recordatorio viviente.

Emilio Pucci también regresó a Italia con su salud y fortuna arruinadas. En 1946, quebrado y todavía sufriendo dolores de cabeza por los interrogatorios de la Gestapo en Milán, se alistó de

---

[13] Carta de Edda Ciano a Frances de Chollet, Colección Frances de Chollet.

[14] Livia Perricone, "Una rondine ferita dalle ali infrante: Edda Ciano e il comunista", *Lipari*, 23 de febrero de 2015; véase también Marcelo Sorgi, *Edda Ciano e il comunista: L'inconfessabile passione della figlia del duce* (Milán: Bur, 2011).

[15] Eliza Apperly, "Letters Show Mussolini Daughter's Love for Communist", *Reuters* (Roma), 17 de abril de 2009.

nuevo con la nueva fuerza aérea italiana de posguerra y trató de vivir con un pequeño sueldo de oficial. Pero necesitaba recuperarse. En 1947 conoció su destino cuando se tomó unos días de descanso para respirar el aire frío de las montañas en Zermatt, Suiza. Muchos años antes Emilio dirigió el equipo de esquí en el Reed College, en Oregón. Él y Edda se conocieron por primera vez en las pistas en Cortina. Cosió la pijama de Edda para hacerle el cinturón que usó para caminar con los diarios de Galeazzo a través de la frontera… y diseñó para una amiga el primer traje de esquí de una sola pieza. Los diseños de Emilio Pucci pronto conquistaron el mundo de la alta costura. En la década de 1950 se volvió una estrella internacional. Para la década siguiente personajes famosos y celebridades estadounidenses de la talla de Marilyn Monroe o Jackie Kennedy usaban los audaces diseños de brillantes colores de la "Casa Pucci".

Con el final de su matrimonio y de la guerra, Frances de Chollet regresó a Estados Unidos. Después sintió que, en la historia de los diarios, todo el crédito se lo llevó Paul Ghali. Ante el público, fue el intrépido periodista quien consiguió la exclusiva. Con Edda, ella arriesgó su vida en el momento en que la Gestapo estaba cazando los diarios de Galeazzo y buscando cómo secuestrar a Edda. Manejó por las montañas, en la oscuridad, exponiéndose a ser capturadas. Reportó de forma directa a Allen Dulles en la casa de los espías como una agente *amateur*. Viajó con las fotografías en un vuelo secreto de Portugal a Washington. Pero la historia todavía la tenía en el anonimato. Frances solo era la "mujer estadounidense" o "mi amiga rubia": la *socialite* y "esposa de un banquero" que se involucró en un "favor". Era demasiado generosa para resentirlo. Todo lo que importaba, le decía a su hija, era que los diarios se habían salvado.

Frances supo, incluso antes de que la guerra terminara, que eso sería un momento fugaz. Susanna Agnelli, una generación más joven, quizá iba para una vida de escenario mundial, tal vez ocupar el cargo que una vez tuvo Galeazzo. Hilde Beetz y Cordelia Dodson, casi veinte años más jóvenes, tal vez seguirían con los espías, luchando por los Aliados en la Guerra Fría. Para Frances, de cuarenta y cinco años, justo el año que el conflicto terminó en Europa, la Segunda Guerra Mundial y el trabajo que había hecho fue una probadita de libertad a la mitad de su vida que pronto terminó. Tras la temprana muerte de Allen Dulles en 1969, Paul Ghali escribió una carta a Frances que resumía su experiencia:

> Estoy seguro de que la repentina muerte de Allen Dulles fue un shock tan grande para ti como para mí. Fue tan buen amigo nuestro en Suiza y tenemos tantos recuerdos que giran en torno a él [...] Todo lo que se ha escrito sobre él me recordó nuestro descubrimiento de los Diarios de Ciano y la maravillosa y generosa ayuda que me diste. Incluso tantos años después, sigo pensando que fue un triunfo por el cual tú y yo fuimos poco recompensados, pero por el cual tenemos muchas razones de estar orgullosos. Reviso mis archivos de Ciano y casi cada página me trae recuerdos de tu extraordinaria capacidad para mantener a Edda en línea y al final persuadirla de que nos diera los Diarios. Qué inteligente y hábil fuiste a lo largo de esta historia. Claro, como dijiste una vez antes de separarnos, *hiciste* algo tan importante que todo lo que siguió parecía trivial [...] Tu antiguo amigo, Paul.[16]

Hizo algo tan importante en Suiza que todo lo que siguió pareció trivial. Pero no hubo forma de que Frances agarrara el hilo. Ella había ayudado a impartir justicia y había servido a su país. Aunque en la forma de narrar la historia, Paul Ghali fue el protagonista y el héroe. Ella fue la que ayudó. Décadas después los hijos de Frances conmemoraron a su madre indómita con una banca

---

[16] Cartas a Frances de Chollet de otros, Colección Frances de Chollet, MC292, Public Policy Papers, Departamento de Colecciones Especiales, Biblioteca de la Universidad de Princeton.

que todavía está en Central Park en Nueva York. En ella pusieron una cita de Washington Irving que se encuentra al lado del recuerdo de Paul Ghali: "En el corazón de toda verdadera mujer hay una chispa de fuego celestial que se encuentra latente en el alba de la prosperidad, pero que se enciende, ilumina y resplandece en las oscuras horas de la adversidad".[17] En la hora más oscura de la Segunda Guerra Mundial, Frances brilló en silencio.

Frances nunca dejó un registro escrito de lo que pensó sobre las noticias que aparecieron en el otoño de 1945 o sobre las consecuencias de que lograra que Edda entregara los diarios en Le Guintzet, aquella noche cuando fueron copiados. Cuando Frances leyó en octubre de ese año que gracias a la evidencia (provista en buena parte por los diarios de Galeazzo Ciano) había surgido un veredicto para Joachim von Ribbentrop[18] en Núremberg... ¿qué habrá pensado?

El 16 de octubre de 1945 Ribbentrop (quien había hecho todo lo posible por destruir a Galeazzo y quien, al final, fue arruinado en parte por ese odio) fue llevado a la horca, encapuchado y atado... fue la primera ejecución de posguerra. No sería el último nazi burlado por esas mujeres complejas y valientes, las mujeres que salvaron los manuscritos en los cuales basó el juez Jackson algunos de sus argumentos más sólidos para las acusaciones. Un año después, en octubre de 1946, el gran jefe de Hilde, Ernst Kaltenbrunner,

---

[17] Jacqueline de Chollet, correspondencia personal, octubre de 2021; la cita es de The Sketch Book (1819) de Washington Irving.

[18] Los diarios fueron presentados como el Documento 2987-PS (Exhibit U.S.A.-166). Juicio de los principales criminales de guerra ante el Tribunal Militar Internacional, Núremberg, 14 de noviembre de 1945; véase la edición inglesa Trial of the Major War Criminals Before the International Military Tribunal, 1.º de octubre de 1946, 31:434-38, y 8 de enero de 1946, 4:567-568; Howard McGaw Smyth, "The Papers: Rose Garden", Agencia Central de Inteligencia, Historical Review Program, 22 de septiembre de 1993.

también fue colgado en Núremberg como resultado de la evidencia que proveyeron estas mujeres.

Frances no habría celebrado la muerte. Pero ella vivió en París durante la ocupación nazi, atestiguó la devastación de Europa continental y sabía suficiente como para reconocer la justicia.
Años después, en la década de 1990, cuando Frances recordaba
aquellos años, reflexionó: "Hay momentos que permanecen para
hacerme sentir agradecida de haber sido tan afortunada [...] porque muchos otros no [lo fueron]".[19]

Los juicios de Núremberg no expiaron los crímenes que se llevaron
a cabo durante la Segunda Guerra Mundial. Ningún juicio podría
corregir los agravios sufridos en Europa por tantos millones de
personas entre 1939 y 1945. Pero cualquiera que sea la pequeña
medida de justicia que aportaron los juicios de Núremberg, un círculo
de mujeres intrépidas hizo posible una parte importante de esa
justicia. "Estos diarios son de forma incuestionable, sin compara-
ción, el material de memoria italiana más interesante e importante
respecto a la Segunda Guerra Mundial",[20] dice en la actualidad
la CIA en la presentación de la sorprendente historia de los diarios.
Frances Winslow de Chollet. Hildegard Burkhardt Beetz. Susanna
y Virginia Agnelli. Cordelia Dodson. Y en toda su complejidad y
con todas sus debilidades: Edda Mussolini Ciano. Estas mujeres
ayudaron a salvar aquellos diarios y colocarlos en las manos de
los fiscales.

Tras la guerra, cuando la historia fue eclipsada por personalidades llamativas de hombres como el legendario Allen Dulles
o el periodista Paul Ghali, estas historias de mujeres cayeron en el

---

[19] Carta de Frances de Chollet para Rosalie Harvie-Watt, Colección Frances de Chollet,
Public Policy Papers, Departamento de Colecciones Especiales, Biblioteca de la Universidad de Princeton.

[20] Smyth, "The Papers: Rose Garden".

olvido. Pero en el momento vivido de lo que seguro es una de las misiones más importantes de rescate de la Segunda Guerra Mundial, ellas fueron las actrices principales, a veces por primera y única vez en sus vidas, y su inteligencia, determinación y coraje hacen posible algún camino recto. Ninguna de ellas era perfecta. Todas lucharon de diferentes maneras en el terreno complejo de la traición y la lealtad. Pero lo que lograron cambió la historia. Después de todo, ¿qué más podría parecer tan importante otra vez?

EPÍLOGO
DESAPARECIDOS
1945-presente

Sobre los diarios de Galeazzo Ciano todavía circula una extraña historia entre los habitantes ancianos de un pequeño pueblo en los Dolomitas italianos.

Los historiadores no están seguros de que se hayan recuperado todos los papeles de Galeazzo Ciano. No hay lagunas extensas en los diarios cronológicos oficiales que no se puedan contabilizar, pero ¿cuál fue el destino de los papeles que se quedaron con el embajador español en el Vaticano o de los documentos que se quedaron con la familia Pessina cuando Edda huyó a Suiza? ¿Qué hay de las historias de los papeles entregados con la ayuda de Delia di Bagno a la espía británica Christina Granville? ¿Fueron simples copias de los originales, dejadas en múltiples ubicaciones, como Galeazzo siempre dijo, o era otro, ahora perdido, paquete de papeles personales? Nadie lo sabe a ciencia cierta.

Pero en el pueblo de Erte,[1] enclavado en un valle montañoso de los Dolomitas italianos, los ancianos cuentan una historia. En el verano de 1945, unas semanas después del final de la guerra, se rumoraba que el sacerdote del pueblo, un hombre de "carácter esquivo y controversial", había sido agente nazi. Se llamaba padre

---

[1] Piergiorgio Grizzo, "Il segreto di Don Pancino era un diario perduto di Galeazzo Ciano?", *Vanilla Magazine*, s.f.

Guido Pancino. Un día dos autos grandes (que solo podrían ser automóviles del gobierno porque en 1945 ningún civil podía conseguir gasolina) se estacionaron enfrente de la iglesia y tomaron de las manos del padre dos cajas cerradas con candado.

El sacerdote guardó en secreto una tercera caja. El área que rodea Erte es famosa por sus acantilados. Cuando se fueron los hombres de los carros negros, el padre Pancino llamó al chico que mejor escalaba en el área. Le pidió al niño que escondiera esa caja "en un pequeño barranco en una cara escarpada del monte Cornetto, entre riscos y salientes estrechos".[2] Cuando el chico le preguntó qué había en la caja, le respondió: una pistola, un poco de oro y muchos papeles.

---

[2] *Idem.*

AGRADECIMIENTOS

La autora desea agradecer y reconocer la generosidad de Jacqueline, hija de Frances y Louis de Chollet, por facilitar las colecciones de la familia; el acceso al libro de visitas en tiempos de guerra de Le Guintzet; su manuscrito no publicado; fotografías privadas y el permiso para citar las cartas de la Colección Frances de Chollet en la Biblioteca de la Universidad de Princeton. Este libro tiene su origen en una conversación una tarde en el verano de 2012 en Provenza, donde Jacqueline compartió la historia de la extraordinaria aventura de su madre en tiempos de guerra.

Mi agradecimiento a los estudiantes de doctorado (tal vez doctores para cuando este libro aparezca impreso) Andrew D. Finn y Kristin Starkowski en Princeton que ofrecieron generosa asistencia con los recursos y a Stef Mills por la traducción de los materiales de Hilde Beetz. Todas las traducciones de los reportes de inteligencia de Hilde Beetz son de Stef Mills; todas las traducciones del italiano son de la autora. La autora es la única responsable de cualquier error u omisión en las citas. En el libro, las citas se limitaron a determinados fragmentos, pero las notas ofrecen una bibliografía completa de todas las fuentes que se consultaron.

Como siempre, mi gratitud a Stacey Glick y Lou Pitt, mis agentes, por toda su inteligencia y entusiasmo; a Lauren Abramo en derechos internacionales por asegurarse de que este libro alcance a un mundo de lectores; a mi editora en Grand Central Publishing,

302   HERMANAS DE LA RESISTENCIA

Karen Kosztolnyik, con quien fue un gran placer trabajar como autora otra vez. Gracias a Rachel Kelly, Matthew Ballast en publicidad, Alana Spendley en marketing, y a toda la gente en Grand Central Publishing que hizo posible la publicación de este libro.

Más cerca de casa, gracias al generoso apoyo financiero para este proyecto otorgado por el Consejo de Artes de Canadá y por el caballero extraordinario de la casa Miles: mi esposo, Robert, y mis hijastros Edward y Rory. Ellos proveyeron (a una a veces irascible escritora) con mucho café, miradas muy sufridas, animadas preguntas incluso sobre la Gestapo durante nuestro largo encierro pandémico y una buena cantidad de paz y quietud. Pienso que todos podemos decir al unísono que estamos, una vez más, contentos de haber sobrevivido como familia la experiencia de otro libro escrito. Mi amor y, aunque no lo digo muy seguido, mi agradecimiento a los tres, y por supuesto a Frankie, Francesco, King Rooster (descanse en paz) y Widget, a quienes siempre recordaremos. Gracias a mi madre, Charlene Mazzeo, y a mi esposo, Robert Miles, por leer el manuscrito en proceso. Gracias a mi amiga Heidi Davis por las largas caminatas en Mount Newton, discutiendo tú sabes qué. Eso es lo que hace que una escritora siga adelante.

Hermanas de la resistencia de Tilar J. Mazzeo
se terminó de imprimir en febrero de 2023
en los talleres de
Impresora Tauro, S.A. de C.V.
Av. Año de Juárez 343, col. Granjas San Antonio,
Ciudad de México